6차 산업을 디자인하라

일본 6차 산업 희망 보고

"우리 텃밭의 잡초를 뽑아주며 농사일을 도와주는 할머니 이야기를 소개한다. 평생 농사를 지었다는 그 할머니는 청계산 부근에서 70년 이상 농사를 지었는데, 농사는 재미가 없고 농사지은 것을 파는 것이 재미있다고 한다. 할머니는 직접 기른 콩으로 두부를 만들고, 참깨농사를 해서 참기름을 짜, 여러 지역을 돌아다니면서 판다. 할머니가 이고 다니면서 파는 두부와 참기름은 맛이 좋아서 할머니가 오기를 기다리는 고정 고객을 많이 확보했다고 한다. 그렇다. 농사가 지금처럼 1차 산업에 머물러서는 재미가 없다. 가공품을 생산하거나 직매장을 통한 직거래로 2차 산업화하면 재미가 난다. 어메니티를 활용한 그린투어리즘과 농가식당 운영으로 3차 산업화하면 신명이 나지 않을 수 없다. 이것이 바로 70여 년 농사를 지은 농군 할머니에게서 확인한 주옥같은 사실이다." (2009년 발행한 책의 서문 중에서)

필자가 2005년 일본 농촌을 배낭여행으로 둘러보고 돌아와 『밥상 경제학』을 낼 때나 2009년 『문화를 파는 농촌에 희망이 있다!』를 낼 때만 해도 우리나라에서는 '6차 산업'이라는 말이 일반화되어 있지 않았다.

그러나 2014년 5월 '농업의 6차 산업화 법'이라 불리는 '농촌 융복합산업 육성 및 지원에 관한 법률'이 국회 본회의를 통과했고, 정부와 농협은 6차 산업화 지원 협의체를 각 도별로 구성했다. 이에 앞서 지난 2013년 정부는 오는

2017년까지 매출 100억원 이상 6차 산업화 주체 1천개를 육성하고, 매년 고령 농민과 여성 농민 일자리를 5천개 이상 창출하여 4.6% 수준인 농외소득 연평균 증가율을 7.5%까지 상승시킨다는 구체적인 정책을 발표한 바 있다.

농산물 생산(1차 산업)을 바탕으로 가공과 직매(2차 산업)를 하고 농촌관광과 농가식당 운영(3차 산업)을 연계시키면, 즉 1차×2차×3차=6차가 되는 것이니, 이것이 곧 6차 산업의 개념이다. 농업의 6차 산업화가 농업·농촌 문제 해결의 길이라는 것이다.

이 책은 우리 정부와 농협도 이제 농업의 6차 산업으로 전환을 공식화했으므로, 앞에서 언급한 책 두 권에서 6차 산업에 적합한 일부 사례를 추리고, 두 번째 책 발간 이후 일본 농촌을 견학하면서 기록한 자료를 추가해 오늘의 트렌드에 맞도록 재편집해서 출간하기로 했다.

다만 일본의 사례를 우리 농업과 농촌에 바로 적용하기는 어려운 점도 있다는 것을 인정하지 않을 수 없다. 우선 일본 지방자치의 역사는 400년 이상 된다. 100년 이상 된 기업도 우리는 2~3개에 불과한데 일본은 5만개나 된다. 일본은 지방 산업의 뿌리인 특산물과 역사가 깃든 문화가 그대로 보존되고 있고, 지역 내에서의 생산과 소비 순환이 가능하다. 또 어느 지역에서나 그곳의 경제를 이끌어 가는 공직자나 문화인 등 희생적인 지도자를 만날 수 있다.

그러나 일본과 일본인에게는 없는 우리의 장점도 있다. 바로 요즘처럼 격변하는 시대에는 역동성이 우리의 크나큰 장점이다. 우리의 장점을 살리고 진정성 있게 소비자와 국민에게 다가간다면 우리 농업에도 미래가 있다고 생각한다.

1980년대 일본에서는 '새우·오페라 현상'이라는 말이 일반인들에게 유행처럼 회자되었다. 영국과 서유럽에서 시작된 새우 소비와 오페라 관람객 증가 현상이 미국을 지나 일본에 상륙했다는 것이다. 새우 소비와 오페라 관람객 증가는 사회의 성숙도를 표현한다고 보았다. 한국도 일본에 10~20년쯤 뒤이어 새우·오페라 현상과 같은 사회 현상을 겪는 경우가 더러 있다. 1950년대부터 시작된 마을 만들기 운동의 연장선에서 진행된 농업의 6차 산업화가 이제 본격적으로 우리나라에 상륙한 것이다.

'여행은 최고의 학문'이라는 말이 있다. 사전에 준비하고 가는 여행은 최고의 학문이지만 준비 없이 가는 여행은 그냥 놀러 가는 것밖에 안 된다. 이 책이 도시민들로 하여금 우리나라 농촌 여행에 대한 흥미를 유발하게 하고, 농촌으로 여행을 떠나도록 이끌어 준다면 농촌으로의 여행 또한 '새우·오페라 현상'의 하나라 해도 무방하리라 생각된다.

이 책의 재편집 출간은 농민신문사의 최종현 사장님, 류준걸 사업국장님, 최인석 기획출판부장님의 전폭적인 협조와 조언이 있었기에 가능했음을 밝힌다. 또한 필자의 앞선 책 『밥상 경제학』을 발행했던 이가서(사장 하태복)의 출판권 양해도 큰 도움이 되었기에 특별히 감사드린다.

이 책이 로컬푸드 직매장이나 농산물 가공사업 및 농가식당 등의 운영을 생각하는 지방행정·농민단체·농협의 종사자와 농민들의 눈에 띄어 우리 농업·농촌이 지속적으로 발전하고, 나아가 6차 산업 발전의 작은 계기가 된다면 더 바랄 것이 없겠다.

2014년 6월

현 의 송

목 차

6차산업을
디자인하라

1부
6차 산업을 디자인하라

1

오오야마농협의 농촌 부흥 운동

6차 산업의 효시 오오야마(大山)농협-유기농 식당 운영

오오야마농협은 60년 전부터 '매실, 밤을 심어서 하와이 여행가자'라는 캐치프레이즈를 내걸고 산골 마을을 발전시킨 일촌일품(一村一品) 운동으로 유명하다. 지금은 이 농협이 6차 산업의 발상지로 널리 알려져 있다. 후쿠오카(福岡)를 아침 8시에 출발하여 큐슈(九州) 고속도로와 오오이다(大分) 고속도로를 달려 히다(日田) 인터체인지에 9시 30분에 도착했다. 히다 시에는 에도(江戶) 말 메이지유신을 일으킨 지도자들을 교육시킨 히로세(廣瀨淡窓)라는 대학자가 있어 전국적으로 많은 사람이 모여들어 공부한 곳으로 유명하다. 여기서부터 산길을 30분 정도 달려 겨우 오오야마에 도착했다.

가기 전에 홈페이지를 통해 조사해 보았다. 인상적인 것은 첫 페이지에 초대 조합장 고(故) 야하다 하루미(矢幡治美) 씨의 '종자를 뿌리고 꿈을 추구한다.'는 붓글씨가 실린 점이다. 그 뒤에도 제1NPC(New Plum and Chestnuts) 운동, 제2NPC(Neo Personality Combination) 운동, 그리고 제3NPC(New Paradise Community) 운동 등을 농협 홈페이지 절반에 걸쳐 소개하고 있고, 나머지 50%는 생산농산물 소개와 직매장, 식당에 관한 자료가 실려 있다.

제1NPC 운동은 1961년에 시작되었고 매실·밤나무를 심어서 농가 경제를 부흥시키자는 운동이다. 소득 증대 운동인 셈이다. 제2NPC 운동은 새로운 인격의 결합체를 만들자는 운동이다. 소득만이 아니고 정신적인 여유와 풍요로운 인간을 만들고, 이벤트나 각종 행사를 통해서 서로가 격려하고 온화한 인격의 결합체를 만들자는 것이다. 제3NPC 운동은 오오야마를 낙원으로 만들자는 운동이다. 오오야마에 사는 주민 모두가 여유와 삶을 즐길 수 있는 지구 환경과 생명체를 배려한 사랑의 네트워크를 만들자는 것이다. 소득 목표는 달성되었다. 이제는 농촌에 살더라도 도시처럼 문화적인 생활을 할 수 있다면 농촌이야말로 이상적인 생활 장소라는 것이다.

나를 안내해 주던 야하다 세이고(矢羽田正豪, 60세) 조합장은, 내가 오오야마 농협을 15년 전에 방문했었고 초대 조합장 야하다 하루미(矢幡治美)의 책을 한국에서 번역·출간한 적도 있다고 이야기했더니 태도가 달라졌다. 야하다 조합장은 지금도 제3NPC 운동은 진행 중이고 창립자의 이념을 잃어버리면 망한다고 밀했다. 일본의 소니도, 도요타 자동차도 창업자의 창업이념을 기본으로 경영 방침을 세워 나가니까 훌륭한 회사가 되었다고 설명한다.

그러나 시대의 변화를 알아차리고 새로운 변화를 시도하는 이 농협을 보고 감격스러움을 느꼈다. 이들이 추구하는 것은 농업의 6차 산업화 바로 그것이다. 소량 다품목 생산해서 직매장 9개를 통해 직매하고, 가공해서 부가 가치를 높이고, 신선한 아침에 수확한 유기 재배 농산물로 요리해서 식당에서 음식으로 제공한다. 농가 주부들은 일자리가 생겼다. 30년 동안 가정에서 전통 요리를 해 온 실력을 농가식당에서 발휘하게 되어 자랑스럽다는 것이다.

1990년에 개업한 농가 레스토랑 <오가닉 농원>과 직매장, 매실 숙성 및 가공품 판매장은 국도변 1,300㎡의 천변 부지에 있다. 이 모두를 합해서 이 단지를 <고노하나 가르덴>이라고 한다. '고노하나'는 풍년을 가져다 주는 신화 속 신의 이름을 따오고, '가르덴'은 독일의 클라인가르덴에서 따왔다.

농협이 유기농 식당 경영-대인기

고노하나 가르덴의 총 매출고는 20억엔(2013년)이다. 그중 음식점 4개소 (2개소는 후쿠오카에 있음)의 매출액이 5억엔이다. 나머지 15억엔은 관내 3 개소, 벳푸 2개소, 후쿠오카 3개소 그리고 읍내 바자르관 1개소에서 직영으로 판매된다. 연간 구매 고객이 190만명으로 매년 10%씩 늘어간다.

오전 11시 20분쯤 되었을 때 야하다 조합장은 오가닉 농원으로 식사하러 가자고 한다. 12시경이 되면 줄을 서야 하니 미리 가자고 한다. 오가닉 농원

오오야마 농가식당

은 국도변에 목재 단층으로 수수하게 지어진 140석 규모의 대형 식당이다. 80여 종의 요리가 진열되어 있고 뷔페식이다. 요금은 1,400엔이다. 소박한 시골 요리들이 대부분이다. 요리의 종류는 바자르관에서 출하된 그날의 농산물에 따라서 결정된다. 두부, 곤약, 시금치, 무말랭이, 토란 종류, 고구마튀김, 버섯 요리, 죽순 요리, 산채무침, 토종닭 튀김, 버섯 밥, 각종 채소 샐러드, 버섯 카레 등 헤아리기 어려운 요리들이 즐비하다. 이를테면 오래전부터 이 지역에서 먹어 오던 전통 음식들이다. 100% 이 지역에서 유기농재배로 생산된 식자재를 사용하는 것을 원칙으로 한다.

여기 농가식당을 찾는 사람들은 80%가 후쿠오카에서 2시간 걸려서 일부러 오는 손님들이다. 손님의 절반은 한 번 왔던 사람이 또 오는 경우가 대부분이다. 다이어트를 하는 젊은 여성들에게 특히 인기다. 요리는 이 지역의 농가 주부들이 만든다. 그들은 30년 이상 가정에서 전통요리를 해 왔기 때문에 요리에 대해서는 전문가다. 처음에는 자기들이 만든 음식을 누가 사서 먹느냐고 망설였으나 지금은 일자리가 생겨 즐겁다면서 연구하면서 열심히 한다.

후쿠오카점은 아파트 한 칸을 농협에서 얻어 주고 주부들 11명이 합숙하면서 170석의 식당을 운영한다. 이 농협의 농가식당이 시선을 끌자 바로 다음날 고이즈미 전 총리가 식당을 방문했다면서 야하다 조합장은 무척 자랑스러워했다. 농가식당이 부가가치도 높고, 농협

오오야마 직매장을 방문한 고이즈미 전 총리

의 새로운 사업으로 정착시켜야 한다면서 후쿠오카와 벳푸에 각각 1개 점씩 내년 중에 2개 점을 더 증설할 계획이라고 한다.

농산물 직매장 대도시에 오픈-후계 조합장 양성

농산물 직매장도 9개소에서 직영한다. 1990년 50명의 생산자로부터 시작된 농산물 직매장이 지금은 1,950명의 농가가 참여해서 680품목의 농산물과 가공품을 연간 15억엔 판매하는 직매장으로 발전했다. 직매장 운영 방식은 여느 농협이나 같다. 판매수수료로 15%를 공제하고 출하자에게 정산하며, 오후 6시까지 안 팔린 농산물은 농가가 거둬 가는 것을 원칙으로 한다.

야하다 조합장은 20대부터 NPC 운동의 후계자이다. 초대 조합장 야하다 하루미 씨는 당시 영농부장인 야하다 세이고(현 조합장) 씨를 30년 전에 자기의 후계자로 지목하고 강도 높은 훈련을 시켰다. 신선 농산물과 가공 농산물의 세일즈 활동을 20년 동안 담당했다. 그러면서 느끼게 된 것이 소매상이 너무 많은 이익을 보고 있다는 것을 알게 되었다. 더구나 시장에서는 규격에 맞는 농산물만 취급하고 그 외 것은 취급도 해 주지 않아서 농협이 직매에 나서기로 했다고 설명한다. 20년 동안 세일즈하면서 360개의 거래처를 확보했고, 지금도 안전 농산물을 생산하여 도매시장을 통하지 않고 직거래한다. 이렇게 슈퍼마켓이나 유통업체, 가공회사에 납품하는 액수가 10억엔 정도 된다. 이외에 시장 출하물량이 11억엔이므로 전체 판매 사업액은 고노하나 가르덴 매출액 20억엔을 포함하면 41억엔에 이른다.

야하다 조합장은 세일즈 활동을 오래 하면서 식당을 운영하는 것이 꿈이었다. 너무 많은 이익을 음식점이 차지하는 것을 보고 농가식당을 경영하기로 했다. 그래서 처음에 반대도 있었지만 자기가 주장해서 농가식당을 개업했다고 한다.

끊임없는 새로운 사업과 신제품 개발

이 농협은 5년 전부터 설날 음식상(床) 배달 사업을 한다. 도시에 거주하는 가족들은 부모님이 계신 고향으로 귀향하는 습관이 있다. 그러나 고령의 조합원들이 설음식을 준비하는 데 힘들어 하는 것을 보고 농협에서는 설상을 12월 31일에 주문받아 전 직원이 가정까지 배달하는 사업이다. 1년에 한번이지만 2억엔(약 20억원)의 매출을 올린다. 여기서 얻은 수익금 약 1억엔은 50%는 농협 수익으로 하고 나머지 50%는 전 직원에게 특별 상여금으로 지급된다.

야하다 조합장은 국내외 여행을 자주 한다. 여행은 최고의 학문이라고 자주 이야기한다. 우리나라에도 자주 오는 편이다. 여행하면서 재래시장이나 백화점 식품관에서 음식을 모두 맛본다. 맛있는 것은 일부러 찾아보고, 농가식당의 메뉴 개발을 연구한다. 몇 년 전 우리나라 남부 지역을 방문한 적이 있다. 그때 들에 있는 흑색미, 녹색미, 적색미를 보고 종자를 구해 일본으로 갖고 갔다. 그 다음 해 부터 오오야마농협은 흑색미, 녹색미, 적색미를 '고대(古代)미'라 이름을 붙이고, 200g씩 포장해서 525엔(약 5,300원)에 팔았더니 불티나게 잘 팔렸다고 한다. 일본은 가족 수가 적으니 소포장해야 하고, 소포장할수록 가격은 비싸지만 일반인들이 비싸다는 생각 없이 쉽게 구입하게 된다는 것이다. 흑색미, 녹색미, 적색미라고 하기보다는 고대미라고 하면 소비자의 호기심을 유발할 수 있다는 점도 주효했다.

황무지로 변한 산골 논밭 26ha를 매입해서 농업 공원을 만들고, 여기에 고대미를 재배하고, 도시 어린이들을 초청하여 고대미 벼 베기 체험을 한다. 이 고대미를 제분하여 <고대미 빵>을 개발하여 고노하나 가르덴에서 판매한다. 점심시간이면 식당 이용과 고대미 빵을 구입하기 위해 줄을 서 있는 모습을 흔히 볼 수 있다.

26ha의 밭과 논에 국내외의 다양한 꽃과 식물을 심고, 고대미를 재배하며 식당과 직매장을 건설하여 내년에 개업할 예정이다. 21세기는 도시인들이 잃어버린 고향을 찾는 시대가 될 거라고 한다. 그래서 고향을 그리워하는 도시인들이 고향을 느낄 수 있도록 농업공원을 만들고 농협은 농사 체험 식당 운영과 직매장을 운영할 계획이다.

오오야마 고대미 빵 판매장

45년 동안 농가 수 변함없어

조합원 885호(준조합원 203호 포함), 호당 경지 면적 40a로 농지도 적고 자원도 없는, 전국에서도 가장 가난한 농촌이 NPC 운동을 한 지 60년 동안 농가 호수가 전혀 감소하지 않았다는 것을 이들은 큰 자랑으로 생각한다. 이 것은 소득 측면에서 농가 경제를 부흥시켰기 때문이다. 농협의 제안으로 계속해서 일자리를 만들고 꿈을 제시했기 때문에 가능했던 것으로 판단된다. 예를 들면 이렇다. 1961년부터 농가들이 논에 매실을 심고 밭에는 밤나무를 심어서 어느 정도 소득을 올리고, 하와이 여행도 대부분 다녀왔다. 1970년부터는 자두, 포도, 배, 유자, 크레손, 허브류 등 소량 다품목을 생산하기 시작했다. 논농사를 그만두고 소(牛), 돼지 사육을 중지했다. 쌀 창고 등 빈 창고를 이용해서 날씨에 영향을 받지 않는 버섯 재배를 시작한 것도 이때부터다. 버섯 재배에 사용한 톱밥을 이용해서 유기질 비료를 만들고, 농협에서 농가의 밭에 유기질 비료를 살포해서 토양을 기름지게 했다. 여기서 생산한 농산물은 신선하고 품질이 좋아서 슈퍼를 대상으로 시장 가격보다 20% 비싸게 직거래한다. 이렇게 해서 <오오야마>라는 브랜드를 확립했다. B품이나 C품은 잼이나 주스로 가공해서 6명의 젊은 세일즈 전문 직원이 판매한다. 그렇게 해서 360개의 도매상과 직거래를 하게 되었다.

오오야마의 농협과 농가는 소득만으로는 만족할 수 없다고 생각하여, 문화부를 만들고 해외 연수도 하고, 매년 연말이면 매실 숙성고에서 유명한 음악가를 초청하여 콘서트도 연다. 이 마을 주민의 50%인 약 800여명이 모인다.

조합원 600명에 농협 직원 300명-자기 자본 비율 26%

주변 농협의 자기 자본 비율이 4% 정도인데 이 농협은 26%를 유지한다. 예수금 61억엔, 대출금 잔액 15억엔으로 신용 사업은 총수익 중 10%도 안 된다. 전체 직원 300명 중에서 신용 사업·공제 업무 합해서 11명이 담당한다. 조합원 수가 600명에, 임직원이 파트타이머 포함하여 300명이다. 농가가 자기 농협이라는 의식이 강하고 서로가 신뢰 관계를 갖고 농협 운동을 해 왔기 때문에 지금과 같은 직매장도 가능했고, 오가닉 농원이라는 농가식당도 가능했던 것으로 보인다. 읍 행정 기관은 인접한 히다 시에 합병되었으나 농협은 합병할 이유가 없다고 잘라 말한다.

소득 증대를 목적으로 한 제1NPC 운동은 일하고 싶다는 욕구를 충족시켰고, 여유 있는 인재 양성을 목적으로 한 제2NPC 운동은 배우고 싶다는 욕구를 충족시켰다. 마지막으로 삶을 즐길 것을 목적으로 한 제3NPC 운동은 서로 사랑의 욕구를 충족시켰음이 틀림없다. 이 세 가지 욕구가 계속하여 나선형처럼 상승 작용을 일으켜 오늘의 오오야마 지역을 만들었다는 생각이 들었다.

오오야마농협의 도전은 아직 끝나지 않았다고 야하다 조합장은 말한다. 일본인이 식생활로 지급한 금액은 80조엔 정도, 그중에서 농민이 생산한 것은 10조엔에 불과하다. 농민의 생산액을 얼마나 많이 늘릴 것인가 하는 것이 지금부터의 과제라고 힘주어 말한다. 이 농협의 사업과 활동을 조사 연구하는 도쿄대학교의 교수가 농업의 6차 산업이라는 말을 최초로 사용했다. 그 교수는 1차 산업인 농업을 기초로 지역 농업을 발전시켜야 한다는 점에서 '1×2×3의 6차 산업'이 되어야 한다는 주장이다. 즉 0×2×3은 0이 되므로 6차 산업은 있을 수 없다는 것이다. 농업의 6차 산업화는 필연적이라는 주장이다.

시대 변화와 소비자의 기호나 트렌드에 맞추어 끊임없이 새로운 품목, 새로운 작물, 새로운 사업을 제시하면서 변신해 가는 이 농협은 일본 농협인들의 관심의 대상이다.

2

농업 변혁 시동 건 후나가다 종합 농장

6차 산업 종합 농장-후나가다 농장

2005년 11월 초 큐슈의 오오야마농협에 가는 도중에 야마구치(山口) 현 아도우(河東) 읍에 있는 후나가다 농장을 찾았다. 요코하마(横浜)대학의 다지로 요이치(田代洋一) 교수가 일본에 있는 동안 꼭 한 번 가 보라고 소개를 했기 때문에 방문하게 되었다. 후나가다 농장을 보면 한국 농업에도 시사점이 있을 것이라고 다지로 교수는 말했다. 출발하기 일주일 전에 인터넷으로 자료를 검색하고 전화로 방문하겠다고 연락하니까, 입장은 무료이나 설명을 받으려면 5명 이내는 1만엔, 6명부터는 한 사람씩 추가할 때마다 1천엔을 더 내야 한다고 했다. 두 사람이라니까 신청을 받는 사람이 1만엔을 내야 한다고

후나가다 농장의 씨클라멘 재배농장

했다. 너무 비싸다는 생각이 들어 설명은 듣지 않고 구경만 하기로 하고 출발했다.

후나가다 농장 입구에 들어서자 탐스러운 사과가 열린 과수원이 2ha 정도 있고, 오른쪽으로 대형 사일로가 2개 보이고 축사가 3~4동 자리

잡고 있었다. 그 옆으로 2,600m² 규모의 퇴비 공장이 있고, 퇴비 공장 옆 언덕 쪽에 유리 하우스가 10여 동 있고, 분홍색, 노란색 씨클라멘이 4만 본 재배되고 있었다. 향기 있는 씨클라멘이 최근에 인기라고 한다. 씨클라멘 화분 하나에 1,500~3,000엔에 직매하고, 연간 매출액이 6천만엔이라고 한다. 맨 왼쪽 언덕에는 우유, 치즈, 햄, 소시지 가공 공장이 있고, 그 밑으로 쌀, 잡곡 등 농산물과 우유, 치즈, 햄, 된장, 간장 등 30여 종의 가공 제품 직매장이 있었다. 정면 중앙에 넓은 목초지가 펼쳐져 있었다. 그 밑으로 700명 수용이 가능한 비닐하우스 바비큐 식당이 있었는데 머리 위로 포도가 주렁주렁 열린 것을 보면서 직영 목장에서 생산한 소고기를 먹을 수 있었다. 갈비 1인분에 3천엔이다.

그날은 상당히 쌀쌀한 가을 날씨인데도 초등학생과 유치원생들이 농장의 목초밭을 뛰어다니면서 마음껏 즐기고 있었고, 젖소의 착유 체험을 하는 학생들도 눈에 띄었다.

검정 양복을 입은 20여 명 이상의 단체가 한 여성의 설명을 들으면서 따라다니는 모습이 보였다. 자세히 보니 농협 배지를 붙이고 있어서 이들을 따라다니면 자세한 설명을 들을 수 있을것 같아서 슬며시 뒤쪽에 따라다니면서 설명을 들었다.

이 농장은 야마구치 현의 동북부에 위치하고 야마구치 시에서 1시간, 히로시마나 기다규슈 시에서 2시간 거리에 위치한다. 1964년 동경 올림픽 개최 후 일본 경제가 고도성장을 하면서 읍의 중심 산업이었던 농업은 타 산업으로 사람들이 유출되면서 쇠퇴의 길을 걸었다. 결국 65세 이상의 고령자 비율이 현 내에서 가장 높은 지역이 되고 말았다.

여기서 이 농장의 사장 사카모토 가즈아키(坂本多旦) 씨를 중심으로, 경영 기반은 적지만 경영 의욕이 강한 읍내의 젊은이들을 모여 협업 경영을 모색하기 시작했다.

1964년 두 사람이 최초로 판부(坂剖)원예를 설립해서 씨클라멘 재배를 시작했다. 그 당시 사카모토 씨는 21세였다. 1969년에는 4-H 클럽 이후 <경영 연구회>의 회원 3명을 포함해서 낙농 중심의 공동 경영 농장 <후나가다 종합 농장>을 설립했다. 공동 경영 조직의 결성 동기는 중산간 지역의 소규모 농가 후계자 한 사람으로는 자립 경영 농가가 될 수 없다고 생각했기 때문이다. 그래서 5명이 협력해서 낙농을 하기로 했다. 하지만 그들은 낙농 경영의 꿈과 정열은 있지만, 토지도 자본도 거의 없었다. 그들이 모여서 협의한 결과 유휴화되어 있는 읍 소유의 초지를 장기 임대하도록 읍 당국에 진정서를 내기로 했고, 이것이 받아들여졌다.

후나가다 그룹의 조직과 사업 내용을 보면 다음과 같다. 그룹 전체의 목표를 농업의 6차 산업화에 두고 있다는 점이 특징이다. 농산물의 생산을 기본으로 하는 (유)후나가다 종합 농장과 가공 판매를 중심으로 하는 (주)밀크타운을 축으로 한 <생명 종합 산업>이 있고, 음식 판매와 농업 체험 등 교류 사업을 하는 (주)그린힐과 꽃과 딸기를 생산하고 판매하는 교류 시설인 (주)하나노우미(花の海)를 축으로 한 <공짜 리조트> 부문으로 나눌 수 있다.

현재의 사업 상황을 보면, 낙농 비육우를 축으로 원예, 벼농사, 퇴비, 과수, 시설 원예까지 종합적으로 농산물을 생산하는 체제를 갖추었다. 한편 지역에서 농업자의 고령화나 후계자 부족 등을 보고 주변 농가와 제휴해서 벼수확을 도와주고 대신 볏짚을 받아 사일리지화하는 사업도 하고 있다. 유우와 비육우에서 나온 축분을 활용해서 퇴비를 만들어 직영 벼농사에 사용하고, 목초, 꽃, 과수원에 비료로 사용한다. 벼농사에서 나온 볏짚은 소의 사료로 사용하고, 왕겨는 태워서 꽃 재배와 과수원에 사용한다. 이를 '후나가다식 순환 시스템'이라고 안내자는 설명한다.

그러나 규모 확대와 함께 축산 환경 문제 등으로 지역 사회와 마찰이 일어나고, 그때부터 쌀, 우유의 생산 조정 시책이 시작되어 규모 확대 경영을 재검토해야 하였다. 그 결과 이제까지의 규모 확대 노선을 지역 사회 그리고 도시 지역과의 공생(共生)을 목표로 한 지역 순환 경영으로 경영 방향을 변경했다. 1986년에는 도시 지역 초등학교 3년생과 부모들을 대상으로 1일 관광 농장을 열었다. 예상 외로 농업의 현장 체험이 어린이와 부모들의 오감(五感)을 자극하고 농업과 생명애의 공감을 일으키게 된 점에 놀랐다. 여기서 힌트를 얻어 사카모토 사장은 '지금부터의 국내 농업의 마케팅 전략은 체험 관광이다'는 생각으로 끊임없이 교류 관광 사업을 확대해서 오늘에 이르고 있다.

연 관광객 20만 명, 매출액 8억 엔

사카모토 사장은 도시와 농촌 교류를 소비자의 신뢰 확보와 농산물 브랜드 육성의 유력한 수단으로 활용하고, 관광 산업에 의한 지역 사회 전체의 활성화에 공헌한 공로로 '농업 경영을 기반으로 관광 교류 공간 창출의 카리스마'라는 명칭의 관광 카리스마 상을 받았다.

농업 환경의 변화에 따라 후나가다 그룹도 크게 변화했다. 1975년 경에는 성우(成牛), 자우(仔牛) 포함해서 760두의 소를 사육하는 대규모 농장이었으나 2005년에는 유우가 100두, 육우가 130두로 대폭 축소했다. 그 대신 개장 때 1천 명에 불과했던 관광객은 20만 명으로 대폭 늘었다. 상근 고용 인원이 60명이고, 비상근 인원은 600명에 이르는 대규모 농장으로 발전했다. 생산 중심 농업에서 가공과 직접 판매 그리고 체험 관광에 중점을 둔 농업으로 변신한 것이다. 그 결과 총 매출액은 1988년 3억 엔이었으나 2005년에는 8억 엔으로 두 배 이상 늘었다. 이는 과소(過疎)의 농산촌 지역인데도 소비자 중심의 기업적인 농업 경영으로 농업을 6차 산업화할 수 있다는 것을 증명한 셈이다.

　전국 각지에서 농촌 지역 활성화 사례로 인기를 끌고 있는 미치노에키(国の驛) 사업도 1990년 사카모토 사장이 히로시마에서 개최된 지역 활성화 교류회에서 개념과 아이디어를 제시한 것이 시발점이 되었다. 1993년에 국토건설성은 정부의 직할 사업으로 제도화하기에 이르렀다. 민간인의 아이디어가 불과 3년 만에 국가의 사업으로 받아들여진 드문 사례라고 한다.

공짜 리조트 구상

　후나가다 종합 농장의 교류 사업의 기본은 '생산 현장을 매료(魅了)시킨다.'는 점과 '농업이 있는 풍경을 보존한다.'는 두 가지이다. 그 당시 일본 전국이 리조트 개발 붐이었다. 자연을 파괴하는 리조트 개발이 많이 시행된 시기였다. 사카모토 씨는 환경 보존의 관점에서도, 농업 경영의 관점에서도 가능한 한 투자를 적게 하고 환경과 자연을 보존하는 방향으로 도시와 농촌의 교류 사업을 검토했다. 이것이 '공짜 리조트 구상'이다.

　본격적인 교류 사업을 추진하기 위해 생산 부문과 분리해서 바비큐 등 음식 부문과 가축 등과 접촉이 가능한 이벤트를 기획하고 시행하는 체험과 학습 부문을 담당하는 <그린힐아트> 회사를 1987년에 설립했다. 또 1990년에는 치즈, 우유, 아이스크림, 소시지, 햄 등의 가공식품을 제조, 판매하는 <밀크타운> 회사를 설립했다.

　체험 종류도 다양하다. 스케치 대회, 초등학생 대상의 마라톤, 송아지 체중 알아맞히기, 착유 체험, 씨클라멘 화분 낚기, 소시지 교실,

우유짜기 체험

셔벗 교실, 사과 따기, 포도 따기 등 연중 다양한 행사가 펼쳐진다. 체험 참가료는 무료가 많고 실비만 받는 것도 있다.

농업 외부의 다양한 노하우 적극 수렴

사카모토 씨의 경영 수완이 탁월한 점은 다른 업종이나 외부인의 의견을 귀담아 듣고 절묘하게 활용한다는 점이다. 패색이 짙은 농업 내부에서만 생각해서는 창조적인 아이디어는 떠오르지 않는다. 그래서 외부의 노하우를 흡수하고 지역 주민의 협조를 구하는 장치로 1985년 <교류의 고향 연구회>를 설립했다. 이 연구회는 농업인은 물론, 대학교수, 언론인, 은행인, 디자이너, 건축사, 상점 경영자, 교육자 등 다방면의 인재들이 참여했다. 또 사장 스스로 대학의 강사 또는 국가나 현 정부의 자문위원을 맡은 것도 농업 외의 사람들과의 접점 확대로 아이디어나 노하우를 얻기 위함이다. 홍보력이 약한 지방기업으로서의 재산은 도시의 다양한 인맥과 즐겁게 찾아오는 방문자라는 신념이 있었기 때문이다. 이 농장의 사업이 지역 경제와 사회에 다양한 파급 효과가 있고, 공존공영이 가능해진 것이 큰 성과라고 안내자는 설명한다. 이를 위해 이 읍의 농산물인 쌀, 꽃, 채소류, 과일 등을 후나가다 종합 농장에서 직판하고 홍보 행사도 한다는 것이다.

농업은 생명 교육장

1일 관광 농장 운영 이후 초등학생을 중심으로 가족 단위 방문객이 늘기 시작해서 우유, 햄의 가공 시설에 견학 코스를 만들면서 관광객이 급증했다. 최근에는 부녀자, 젊은 청소년, 손자를 데리고 나온 중년 부

놀이공원

부들이 점점 늘어나고 있다. 이처럼 농업을 주제로 한 도시와 농촌의 교류를 통해서 안전(安全), 안심(安心), 환경(環境), 교육 문제를 생각하게 되었다는 점이 매우 중요하다고 설명한다. 즉 농업 관광 교류를 통해서 농업이 단순한 1차 산업만이 아니고 '생명 교육의 장'으로 도시 지역에 정보가 발신되고 있다는 점을 실감할 수 있었다.

후나가다 종합 농장은 농업의 6차 산업화를 들고 나왔다. (유)후나가다 종합 농장을 축으로 한 농산물을 종합 생산하는 1차 산업과 (주)밀크타운을 축으로 한 농산물을 가공하는 2차 산업, 그리고 (주)밀크타운과 (주)그린힐아트의 직판, 택배 판매 등의 판매 시스템과 농장 개방 체험 활동 등 도시와 농촌의 교류 사업을 축으로 한 3차 산업으로 분류한다. 이렇게 '6차 산업(종합 산업)=1차 산업(농업)×2차 산업(농산 가공)×3차 산업(교류, 그린투어리즘, 음식 판매)'을 목표로, 창업 이래 40년 동안 농업을 진화시켰다. 농업이 제로(0)가 되면 이 구조는 일순간 제로가 된다는 점을 나타내고 있다. 요는 농업 경영이 모든 사업의 기반이라고 안내인은 설명한다.

일본 농업의 문제

현재의 일본 농업 문제에 대해 사카모토 씨는 이렇게 보고 있다.

"소비 구조와 생산 구조의 부조화가 가장 큰 문제이다. 즉 현대의 소비자는 높은 가격 상품을 20%, 중간 가격 상품을 30%, 낮은 가격 상품을 50% 요구하고 있다. 그러나 생산자는 높은 가격 상품 70%, 중간 가격 상품 20%, 낮은 가격 상품 10%를 생산하기 때문에 부조화가 일어난다. 따라서 소비자는 왜 우리가 요구하는 상품은 없느냐고 이야기한다. 식품 가공 판매업자는 저비용의 외국 농산물을 수입해서 대응하고 있는 실정이다. 소비자의 니즈를 정확히 파악하고 농산물을 생산 공급해야 한다."

사카모토 씨는 1996년 전국농업법인연합회를 주도해서 설립하고, 초대 회장을 2004년까지 맡았다. 전국농업법인연합회는 500개 법인이 참여한 임의 단체로 출발했으나 1999년에 사단 법인화하고 1,500개 법인이 회원으로 가입했다. 농림수산성은 규모나 사업량이 큰 유일의 조직인 법인연합회를 다른 농민 단체와는 다르게 중요시하는 경향이다.

농업의 패러다임 전환

마지막으로 후나가다 종합 농장의 사업과 활동이 일본 농업, 농촌에 미친 영향은 크다. 우선 아도우 읍이라는 산간 지역에서도 조직적 농업을 전개함으로써 농업의 핵심은 물론 농촌의 핵심도 형성하고, 농업과 지역 사회의 안정화에 공헌할 수 있다는 점을 보여 준 점이다. 두 번째는 농업의 범위를 농산물 생산과 같은 협의의 생산 중심 농업 영역에서만 보지 않고, 도시 소비 측 영역에서 요구되는 가공, 판매, 교류, 체험 등 폭넓은 시야에서 농업을 발상하고 행동으로 전개한 최초의 사례라는 점이다. 즉 농업 농촌의 가능성을 개척해 보인 셈이다. 세 번째는 농업 농촌이 갖는 자원과 능력을 생산, 유통, 판매, 서비스로 사업화해서 농업 농촌의 6차 산업화를 구체적으로 보여 준 효시적인 사례라는 점이다. 그 후 히로시마의 히라다 관광농원 등 여러 지역의 사례가 연이어 나왔다. 네 번째로 그린투어리즘 등 도시 농촌 교류를 <그린힐아트>의 사업과 무료 농장 개방을 통해 처음부터 이를 사업화한 점이다.

말하자면 일본 농정이 농업만 생각하는 생산주의적 농정에서 도시의 처지에서 보는 광의의 농정으로, 이 농장은 농업의 패러다임을 대전환한 것으로 평가되고 있다. 농업의 새로운 방향성을 제시한 실천적 사례로 주목받고 있다. 이를 벤치마킹해서 성공적인 법인이 속속 나타나고 있는 점은 소득 수준의 향상과 함께 라이프스타일이 바뀐 증거가 아닌가 생각된다.

3

농업 디즈니랜드, 사이보쿠

식(食)의 일괄 공급 시스템 갖춘 테마파크

도쿄 북쪽 사이타마(埼玉) 현 히다카(日高) 시에 있는 <사이보쿠> 농업 공원을 방문했다. 신주쿠(新宿) 역에서 세이부신주쿠 선 열차를 타고 약 50분 걸려서 사야마(狹山) 시에 도착했다. 다시 버스를 타고 20여 분 가서 사이보쿠에 아침 10시에 도착했다. 평일 오전인데도 가정주부들로 초만원이다.

직매장 내부

최근 인기가 상승하여 연간 4백만명의 관광객이 찾는 유명한 테마파크인 사이보쿠는 가축의 육종 개량을 목적으로 창업한 <사이타마 종축 목장>이 운영하고 있다. 최근 농업을 주제로 한 관광 농장은 늘고 있지만 손님 유인력 면에서 이 정도 되는 농장은 드물다.

사이보쿠 직매장 외부

주요 시설은 15ha의 부지 내에 돼지고기와 햄, 소시지를 파는 슈퍼마켓과 대형 식당, 쌀과 채소류 등 각종 농산물 직매장인 낙농(樂農) 광장, 천연 온천장 등이 군데군데 배치되어 있고, 사이사이에 승용차 1천대 주차가 가능한 주차장도 정비되어 있다. 이런 시설의 뒤쪽으로 파크 골프장과 도자기 체험장 등 공원이 배치되어 있다. 850개 품목을 연간 52억엔 판매한다. 사이보쿠가 직접 판매한 것이 43억엔이고, 인접한 농가들이 직매장에서 판매한 금액이 9억엔이므로 이를 합하면 52억엔이 된다. 직원이 380명이다. 매월 정기적으로 햄, 소시지 등을 사는 택배 판매 회원이 6만 2천명에 이른다. 도코로사와(所澤) 시 등 인접 지역에 5개 직매장도 내고 있다.

여기서 판매하는 돼지고기와 햄, 소시지는 종축 목장이 운영하는 세 곳의 지방 목장에서 사육한 돼지고기를 가공한 것이다. 나머지 농산물은 농장 인접 농가 52명을 중심으로 구성된 <낙농심우회(樂農心友會)>가 출하한 농산물과 전국의 유기 재배 등 고품질 농산물을 생산하는 20여 농가나 조직체를 엄선해서 출하한 농산물이다. 여기에는 사와다(澤田)농협의 김치 종류도 있고, 우마지(馬路)농협의 유자 가공 제품도 진열되어 있다. 쌀은 돗토리 현의 다나카(田中) 농장과 니가타(新潟) 우오누마(魚沼) 쌀 등 전국의 유명한 쌀이 현미 상태로 전시 판매된다. 다나카 농장의 쌀은 현미 1kg에 690엔이고, 니가타 우오누마 쌀은 850엔에 팔린다. 소비자들은 현미를 사서 즉석에서 백미로 찧어서 가져간다. 농가들은 여기에 진열되어 판매되는 것을 무척 영광스럽게 생각하는 것 같다.

1975년 개장 초에는 단 20m²에 불과한 돼지고기 판매점으로 출발한 사이보쿠는 점진적으로 증설해서 지금은 농업 관계자뿐만 아니라 일반 경제계에서도 주목하는 농업을 중심으로 한 성공적인 테마파크 즉 디즈니랜드로 알려졌다. 텔레비전이나 잡지에도 자주 소개되고 사장 본인이 저술한 책도 10여 권이 된다.

이처럼 사이보쿠에 끊임없이 고객이 늘고 인기를 유지하는 배경에는 고객의 소리에 귀를 기울이고 시설을 정비하고 소비자의 요구를 먼저 알아차려서 대응하는 경영 스타일이 있다. 소비자들은 사이보쿠에 발을 딛자마자 자기도 모르게 정신적으로나 육체적으로 평안함이 느껴진다고 한다. 입구에 들어서면 넓은 초원이 펼쳐지고, 연중 무슨 꽃이든 피어 있다. 사람들은 벤치에 한가롭게 앉아서 잡담을 나누거나 소시지를 먹는다. 이 분위기 속에서 긴장감이 풀리고 물건을 사고 식사를 하는 등 즐거운 기분으로 돈을 쓰게 된다고 한다.

사이보쿠의 사사키(笹崎) 사장은 수의사 출신이다. 처음엔 종축 양돈장을 설립하여 돼지의 품종 개량을 통해 일본인의 식생활을 개선하려고 했다. 그래서 영국 등 선진국을 다니면서 좋은 품종을 도입해서 일본인의 구미에 맞는 품종으로 개량했다. 육돈을 생산하여 양돈 농가에 공급하는 사업이다. 그러나 돈육 수입 개방과 함께 양돈업을 하는 농가가 점점 줄어 육돈 공급 사업도 침체되었다. 그래서 인접 야마나시(山梨) 현과 미야기(宮城) 현 내에 농장을 만들고 양돈을 직접 시작하게 되었다. 그렇게 생산된 생돈을 도매 시장에 출하했으나 지방질이 너무 적다고 저질품 평가를 받았다. 그럴거라면 소비자에게 직접 팔겠다며 종돈장이던 현재의 자리에서 20m²짜리 농장을 시작하게 되었다.

미트 토피아 선언

사사키 사장은 '푸른 목장에서 식탁까지'라며 생산에서 판매까지의 일관 시스템을 갖추었다. 그 다짐은 지금도 회사의 경영 슬로건으로 삼고 있다. 돼지고기의 직매점 신설과 식당 경영 등은 '미트 토피아' 구상의 일환이다. 미트 토피아는 미트(고기)와 유토피아(이상향)를 조합한 신조어다. 즉 유전자를 조합해서 맛이 독특하고 일정한 원종 돈을 만들고, 그 원종 돈에서 종돈을 만들고, 다시 종돈에서 경제적 가치가 있는 육돈을 생산한다. 그렇게 생산한 육돈은 식육으로 스스로 가격을 붙여 직영점에서 판매한다. 다시 그 고기를 사용해서 햄, 소시지 등을 가공해서 직영 점포에서 판매한다. 맛있는 돼지고기를 먹을 수 있도록 식당도 경영한다. 즉 맛있고 순수한 식육 가공품을 직접 제공하는 이상향을 의미하는 미트 토피아 구상은 '푸른 목장에서 식탁까지'라는 경영 방침을 실현한 것이다.

아그리 토피아 선언

사이보쿠는 최근에 농업 전 부문에 미치는 '아그리 토피아' 구상을 내걸고 미래의 농업 경영 형태를 제시하고 있다. 이것은 미트 토피아가 고기 중심의 일관 공급 체제인 것을 농업 전 부문에 확대해서 이상향을 실현하고자 함이다. 한 발 더 나가서 새로운 메디아의 시대에 적응할 수 있는 테마파크, 즉 '농업 디즈니랜드'를 만들겠다는 구상이다. 이를 위해서 지역 주민들의 휴식 장소인 농림 공원을 만들고, 농축산물 물산관, 식품관, 꽃 관엽식물 온실, 도서관, 돼지박물관 등의 창설을 기획하고 있다. 결국, 사이보쿠에서는 농업의 전 부문에서 생산, 판매, 서비스까지 제공하고, 낙농(樂農)의 관점에서 여유로움과 평안함도 제공하는 이상향을 구상하고 있다.

이처럼 끊임없는 시설의 발전은 주로 여성 고객의 요구를 수용한 결과라고 한다. 모처럼 왔으니 식사할 곳이 필요하다는 여성 고객들의 이야기를 듣고 식당을 만들었고, 고기를 팔고 있으니 채소류도 팔아 주면 좋겠다는 이야기를 듣고 채소 직매장을 만들었으며, 물건을 사는 동안 어린이들의 놀이터가 필요하다는 이야기를 듣고 세 마리의 새끼 돼지를 방사한 <돈돈하우스>를 만들었다.

사이보쿠의 '식(食)의 일관 공급 시스템'은 하나의 사업체가 육종도 하고, 생산에서 가공, 판매, 서비스업까지 하는 특징이 있다. 그것은 농업 외에서 일어나는 식품 산업의 사업을, 농(農) 측에 끌어들여 포함한 결과다. 즉 일본인의 식생활비는 80조엔이 든다. 그러나 농민이 농산물 판매로 받는 것은 10조엔에 불과하다. 나머지 70조엔은 식품 산업의 몫이었다. 이 식품 산업의 몫 70조엔을 얼마만큼 농업 측이 흡수할 것인가가 금후 농업의 과제라는 생각이다.

여기서 사이보쿠가 일본 농업계에 던진 의의를 정리해 본다.

첫 번째는 매출액을 대폭 배가 하였다는 점이다. 즉 생산만의 판매액을 '1'로 한 경우, 가공을 함으로서 판매액이 '2~3'배가 되고, 더욱이 직판하거나 음식점 판매 등으로 판매액이 '5~6'배가 된다. 즉 사이보쿠는 농산물 생산액이 10억엔인데 이를 가공해서 부가가치를 높여 20억엔이 되고 다시 이를 직접 판매하고 음식으로 서비스해서 43억엔으로 증가시켰다.

두 번째는 취업자 수도 배가된다는 점이다. 매출액 증가와 거의 동일 수준으로 배가된다.

세 번째는 지역 주민들의 활력을 회복시켰다는 점이다. 건강한 생활을 하게 되는 것이 여러 곳에서 실증적으로 증명된다. 일자리가 생기고 농산물이 팔리는 장소가 마련되기 때문이다. 또 농산물 생산은 노인들에게 즐거움을 준다. 그래서 지역 전체가 활성화된다.

네 번째로 농업을 쇠퇴에서 발전으로 전환시킨다는 점이다. 많은 지역에서 농업이 쇠퇴해 가고 있으나 사이보쿠처럼 식(食)의 일관 공급 시스템으로 농산물을 생산·가공·판매함으로써 농업을 발전적 방향으로 전환시킬 수 있다는 점이다. 이 지역에서는 농지 이용이 다시 활발해지고 지역 농업도 활성화 되고 있다. 낙농심우회와 협력해서 지역산 농산물이 직판되면서 25년간 농업을 그만 둔 농가가 별로 없다.

마지막으로 이처럼 식의 일관 공급 시스템은 농업을 발전의 방향으로 전환시키고, 식생활을 개선하는 역동적인 힘이 있다. 즉 농업의 매출액 증가, 취업자 증가, 지역 주민의 활력 향상, 소비자의 농업에 대한 이해 증진 등은 농업을 발전 전망 있는 산업으로 전환시킬 수 있는 요소가 되고 있다.

라이프 토피아 구상

이처럼 사이보쿠의 활동은 21세기의 농업의 방향을 제시하였다. 여기서 중요한 것은 소비자들은 생산적 행위 이외의 농(農)적인 경관이나 정서 등에도 관심이 있음으로 이들을 포함해서 고려해야 한다.

이 점에서 사이보쿠는 농업과 음식 문화는 물론 생활문화를 통합해서 경관, 정서를 모두 포함한 산업의 창출이 중요하다고 보고, '라이프 토피아'(라이프와 유토피아를 합성한 말)를 제창하고 있다.

이런 사이보쿠의 활동이 국제적으로도 인정받아 수상 경력도 많다. 1997

년에는 세계 햄 소시지의 올림픽이라고 알려진 제28회 SLAVAKTO에서 금 상을 포함하여 13개의 상을 받았고, 국제챔피언 배(杯)를 수상했다. 1999년 에는 독일농업협회 주최의 국제식품품질경기회의 간편식품 부분에서 29개 의 수상과 해외 출품사 중 최우수상을 받았다. 그 뒤에도 많은 수상을 해서 2004년 현재 총 472개를 수상했다.

방문한 고객들에게 농산물의 올바른 선택을 위한 정보를 제공하고, 고객 과 사이보쿠가 상호 연대해서 생활 혁명을 일으켜 라이프 토피아를 실현하 기 위해 『심우(心友)』라는 월간 정보지를 10만부 발행해서 무료 배부한다. 『심우』에서 사사키 사장은 '인생은 사람과 사람 마음의 교류와 연대, 그리고 상부상조하는 가운데 살아가는 것이다.'라고 자기의 생활 철학을 표현하고 있다. 그래서 정보지 이름도 『심우』라고 했다는 것이다.

어느 나라나 농업 문제를 안고 있지만 발전 형태에 따라 그 종류는 다양하 다. 발전 형태별로 농업을 분류해 보면 다음과 같다.

첫 번째가 생산형 농업이다. 생산에 중점을 두는 농업 형태이다. 생산으로 할 일은 끝났다고 보는 농업이다. 농협이 팔아 주던지 필요한 사람이 사 주면 된다는 것이다. 생산해서 자급하고 남은 것을 파는 전통적인 농업 형태다.

두 번째는 정치형 농업이다. 생산 조건 개선을 요구하고 판매처 개발을 요 구하는 농업이다. 집단의 힘으로 농업 문제를 해결하려는 농업 형태다.

이 두 형태의 농업은 생산 중심적 농업이라고 볼 수 있다.

세 번째는 경영형 농업이다. 소비자 생활상의 요구를 수용하면서 소비자 가 필요로 하는 농업이 무엇인지, 어떻게 하면 농산물을 효율적으로 팔 것인 지를 생각하면서 하는 농업 형태이다. 즉 기업적인 마인드로 기획하고 판매 하고 경영하는 농업 형태이다. 자본주의 하의 농업 형태라고 볼 수 있다.

네 번째는 문화형 농업이다. 그린투어리즘, 체험 농업, 도시와 농촌의 교류 활동, 경관 보존, 전통문화 중시, 전통 식품 판매 등 슬로우 라이프, 슬로우 푸드를 농업의 범주에 포함해 사업화하는 농업 형태이다. 즉 농업의 다원적인 기능을 농업 속에서 사업화하는 농업이다. 세 번째와 네 번째는 생활론적 농업이라고 볼 수 있다.

우리의 농업은 어느 형태의 농업인지 한번 생각해 보았으면 한다. 분명 21세기형 농업은 세 번째와 네 번째의 농업 형태가 되어야 한다는 생각이다.

사이보쿠는 단순한 농업이나 양돈의 테마파크는 아니다. 농업과 음식 생활을 밀착시켜서 새로운 생활문화를 제공하는 네 번째의 농업에 와 있다. 그래서 방문자도 평안하고 즐거워한다. 종래의 생산 중심의 농업만 생각하면 소비자와 거리는 점점 멀어지고 농업도 전망이 없다. 앞으로의 농업은 생활론적 농업으로 생각해야만 문제가 풀릴 수 있다는 생각이 들었다.

4

소비자 감동 경영, 오콧페 노스플레인팜(주)

대지와 목초와 사람이 건강한 목장, 오콧베 노스플레인팜(주)

　2011년 9월 15일 북해도의 아사히가와(旭川) 공항에서 북쪽으로 160㎞ 떨어진 오콧페(興部) 읍 노스플레인팜(north plain farm)을 견학했다. 야트막

북해도 오콧페 다이고쿠 낙농가의 농가식당

한 언덕과 넓은 평야 그리고 늘 푸른 쪽빛 하늘에 둘러싸인 넓은 초원에서 소도 사람도 건강하게 자연의 리듬에 순응하면서 평화롭게 살아가는 목장인 것 같다. 군데군데 젖소가 여유롭게 풀을 뜯고 있는 모습이 정겹게 느껴진다.

오콧페 읍은 북해도의 최북단이고 오호츠크 해에 면해서 무척 추운 지역이라 벼농사는 못 하는 지역이다. 오콧페 읍은 인구가 4천명이고 사람보다 소가 더 많은 지역이다. 그래서 낙농업이 오래전부터 발달해 왔고 연어와 털게 등이 많이 잡혀 어업도 발달했다. 1월에는 북극에서 빙하가 녹으면서 만들어진 유빙(流氷)이 떠내려와 장관을 이룬다고 한다.

이곳에서 110년 전부터 3대째 목장을 경영하는 다이고쿠(大黑) 씨는 착유우 52마리, 육성우 46마리, 육용비육우 60마리를 사육한다. 109명의 임직원이 소를 키우고 채소류 등 식자재도 모두 직접 생산한다. 사료는 95%를 자급 사료로 충당한다. 유제품, 육가공품, 과자, 빵, 생캐러멜 등 100여 종류의 가공 제품을 판매하고 직영 식당과 직판장 5곳을 운영한다. 연간 매출액은 10억엔이다. 작년에는 8억 5천만엔이었는데 매년 20% 정도 성장한다.

우리 일행을 반갑게 맞이해 준 다이고쿠 히로시(大黑宏, 52세) 사장은 착유우와 육용우 모두 가능한 한 방목하고 지역내 순환과 초지형의 사양 관리를 원칙으로 하고 있다고 설명한다. 이 원칙을 실현하기 위해 초지 면적을 111ha(방목지 30ha, 사료 포장 81ha), 밭 1ha, 산림 50ha를 소유하고 있다. 기후 등 자연환경은 어렵지만 오호츠크 해의 풍토와 정면으로 도전해 가면서 자연의 순환을 중요시하고 사람과 가축이 건강한 관계를 맺어 가면서 목장을 운영한다. 이 농장의 제품과 서비스의 원점에는 이러한 정직한 자연 순환형 농업의 자세가 있다고 설명한다.

국가 보조금 불필요

이 회사의 홈페이지에는 다음과 같은 사훈이 걸려 있다.

(1) 대지(大地): 북해도 오호츠크, 천연색의 아름다운 대지, 여기 오콧페 읍이 우리 고향.

(2) 목초(牧草): 소는 무엇보다 중요한 것이 건강과 영양이 풍부한 목초, 그러한 목초를 기르기 위해 땅심 높이기부터 승부(勝負)를 겨뤄야 한다.

(3) 소: 진짜 맛있는 우유는 건강한 소에서 얻을 수 있다. 그래서 언제나 소들과 마주 보고 대화한다.

(4) 사람: 진짜로 맛있는 것은 건강을 유지해 주는 식품이다. 이러한 생각을 하는 한 사람 한 사람이 중요하고 노스플레인팜의 개성이다.

다이고쿠 사장은 21세기의 농업은 건강한 토양을 만들고, 건강한 목초와 건강한 소를 길러, 소비지와 생산지가 협력해 가면서 열린 농업을 해야 한다고 사훈을 설명한다 또 원료만 생산하는 것이 아니라 조금이라도 농민의 손으로 만든 제품을 소비자에 보내기 위해서는 제품 생산을 새로운 스타일의 농업으로 발전시켜야 한다. 그러기 위해서 아이스크림, 햄, 소시지, 자연 치즈, 생캐러멜 등 농축산물의 연구 제조를 추진하여 지역 특성을 살린 다양한 활동을 하고 있다며 이 목장의 운영 방침을 설명한다.

다이고쿠 사장은 우유 가공 공장, 낙농 교육장, 과자 및 빵 공장, 육가공 공장, 캐러멜 공장 등 많은 시설을 설치하면서도 국가나 지방 정부의 보조금을 한 푼도 받지 않았다는 점을 강조하면서 농민도 자립할 수 있음을 보여 주고 싶었다는 말을 잊지 않는다. 청소년의 건전한 정서 함양을 위해 교육 목장으로 인정도 받고 지역 사회를 위한 활동도 한다.

명품 생캐러멜 인기 폭발

이 회사는 농장의 생산물을 최대한 활용하여 제품을 생산하고 더 많은 부가가치를 창출할 수 있도록 가공을 직접 하기로 했다. 안전하고 속임이 없는 맛이 좋은 품질로 타당한 가격을 받는 것을 제품 생산의 기본으로 한다. 주요 제품은 저온살균 우유, 하우다계 치즈, 모짜렐라 치즈, 발효 버터, 드링크 요구르트, 하드 요구르트, 소프트 크림믹스, 햄버거, 크로켓, 과자, 생캐러멜 4종류 등이다. 특히 소프트 크림과 생캐러멜은 폭발적인 인기를 끌고 있다. 신선한 생유로 만든 생크림을 충분히 사용하여, 동(銅)냄비에서 천천히 열을 가하면서 수공을 많이 들여 생산한 생캐러멜을 입에 넣으면 눈 녹듯 살며시 녹는 맛이 일품이라는 자랑이다. 우유, 벌꿀, 무염 버터의 풍미가 맛이 있어 200년의 전통을 가진 모리나가(森永) 제과의 캐러멜보다 7배 비싼 가격으로 팔린다.

직영 식당 2곳, 직매장 1곳, 자매 식당 4곳을 이용해서 소비자들에게 농업과 제품을 직접 판매하여 호감을 산다. 또 창업 당시부터 택배 사업에 힘을 쏟았다. 북해도 북쪽의 지역에서 직접 택배 판매가 가능한 것도 택배 사업에 노하우를 갖고 있기 때문이다. 직영 식당과 자매 식당이 식자재를 100% 자급하고 무농약으로 재배한다.

무농약 채소 등을 택배로 한정 판매할 때는 이른바 패키지로 미에르 옥수수 5개, 뷰화이트 옥수수 5개를 세트로 3,300엔에 판매한다. 감자 10kg, 단호박 1개를 세트로 4천엔에 판매한다. 무농약으로 생산한다는 것을 소비자가 이해하기 때문에 언제나 품절 상태가 된다.

오콧페 읍의 모든 유치원과 보육원, 초·중학교의 급식용 식자재를 전량 이 농장이 담당한다. 물론 어린이들의 착유 체험과 각종 가공 체험을 통한 교류 활동도 적극적으로 하고 있다.

소 1마리, 직원 1명 매출액 1천만엔

이 목장은 인구 4천명 오콧페 읍의 고용 창출에도 중요한 역할을 한다. 109명 모두가 지역 주민이다. 낙농 전업이면 50마리 착유로 한 가족이 생활할 수 있는 규모이나 우유와 고기를 가공함으로써 많은 고용을 창출할 수 있다는 것이다. 단순한 계산으로 현재 52마리의 착유우와 육용홀스타인 60마리로 109명의 고용을 가능하게 했다는 설명이다.

제조 부문에 20명이 종사하고 직영 식당과 택배 부문에 50명이 종사하니 고용인의 70%가 역시 2차 산업과 3차 산업에 종사한다는 이야기다. 일자리 창출 면에서도 농업의 6차 산업화가 필요하다는 증거다. 소 1마리에 사람 1명 고용이 가능하고 매출액도 1인당 1천만엔을 올릴 수 있다는 계산이다.

이 지역에는 생캐러멜을 소규모로 생산하는 곳이 50개소가 있고, 가정에서 치즈를 생산하여 판매하는 곳도 5개소가 있다.

지역 사회와 환경 보호 중시

노스플레인팜은 차세대에 영속할 수 있는 농업 육성을 원칙으로 하고 소비자와의 솔직한 교류를 중요시하는 회사를 만들 것을 기업 이념으로 정하고 있다. 농업이란 자연 환경 아래에서 생명의 재생산을 반복하는 산업이기 때문에 차세대에 계속되어야 하며, 농민은 제조자이기는 하지만 99%가 소비자의 관점에서 생각하고 행동해야 한다고 다이고쿠 사장은 강조한다.

임직원의 다음과 같은 행동 규범을 정해 매일 낭독하고 실천하도록 하고 있다.

(1) 항상 자신도 소비자라는 관점을 가진다.
(2) 상호 존경과 위엄으로 대하고 일하기 좋은 환경을 만든다.
(3) 사업 운영상 불가결한 요소로 다양성을 수용한다.

(4) 지역 사회와 환경 보호에 적극적으로 공헌한다.

(5) 장래의 번영을 위해서는 이익 창출이 불가피하다는 것을 인식한다.

식당에서 어느 정도 설명이 끝나고 목장과 초지를 한 바퀴 돌아보자면서 나섰다. 오호츠크 해가 내려다보이는 푸른 초원을 보여 주면서 거듭 건강한 목초 생산이 낙농업의 기본이라고 강조한다.

작년에 치즈를 생산 판매하기 위해 창업한 우치보리(內堀, 39세) 씨 집으로 안내됐다. 부부가 2종류의 치즈를 생산하여, 국도에 있는 역과 집에서 직접 판매하는데 일손이 딸려서 미처 공급을 못 하는 경우도 있다는 설명이다. 사장이 왔는데도 막상 우치보리 본인은 작업 중이라면서 나와 보지도 않았다. 자기 목장에서 근무했던 직원들이 주위에서 창업하는 경우가 많다고 하면서 카무(花夢) 음식점을 경영하는 집에 가서 차 한 잔을 시켰다. 이들이 경쟁자가 되기도 하지만 서로 상생의 길을 걷도록 한다. 이것이 지역 사회를 발전시키는 길이고 상호 발전할 수 있다는 것이다. 그는 가끔 이들을 순회하면서 성공하도록 조언도 하고 협조도 아끼지 않는다고 말한다.

낙농의 기본은 방목이고 건강한 토양에서 자란 건강한 목초로부터 출발해야 한다. 노스플레인팜은 기본에 충실했다는 점이 성공의 열쇠가 아닌가 생각된다. 농업으로 지역의 고용 창출에도 큰 역할을 하고 있는 점이 우리에게 시사하는 바가 크다. 일본의 많은 농가들이 국가의 보조금에 의존하는 경우가 많은데 보조금 한 푼 받지 않고 매출액 10억엔을 올리는 농업 기업으로 성장한 점이 훌륭하다. 모든 면에서 99%를 소비자의 입장에서 생각하고, 지역 사회와 공생하기 위해 끊임없는 노력하는 모습이 아름답다.

5

안전·안심으로 6차 산업 견인, 하코네 목장

안전·안심의 6차 산업- 북해도 하코네(箱根) 목장

　북해도 하코네 목장은 230마리(육우 130마리, 유우 100마리)의 소와 260 ha의 초지를 조성해서 일찍부터 유기 축산을 실현하고 있는 체험형 관광 목

하코네 목장의 놀이터

장으로 유명하다. 대산농촌문화재단이 주관하는 농촌지도자 연수단과 함께 삿포로 시에서 남쪽으로 46㎞ 떨어져 있는 하코네 목장을 방문했다.

하코네 목장의 연매출액은 5억엔이고 치즈, 아이스크림 등 낙농 제품과 육가공 제품, 곡물, 채소류, 양파수프, 감자수프 등 각종 가공 제품을 생산해서 관광객을 대상으로 판매한다. 그 외에 도쿄에도 직영 매장이 있어 많은 매출을 올리고 있다. 소비자가 원하면 택배로 판매하기도 한다. 이 목장은 1948년 가나가와 현 하코네 읍에 설립되었으나 하코네 지역을 관광지화하면서 1969년 지금의 위치로 확장 이전해 3대째 운영되고 있다. 계약직을 포함하여 40명의 직원이 이 목장에서 일한다.

유기 축산 실현

이 목장은 안전한 사료를 먹인 안전한 쇠고기와 우유를 생산하는 데 전력을 다하고 있다. 소도 홀스타인과 저지, 브라운스위스, 수우(水牛), 와규(和牛) 등 5종류를 사육해서 용도에 맞는 고기와 우유, 치즈, 버터를 생산한다. 광대한 농지에서 인간과 환경에 유익한 유기 재배를 실현한다는 철학으로 낙농을 한다. 소에서 나온 퇴구비는 작물 재배에 필요한 토양의 영양소로 중요하게 활용된다. 일본 유기농업연구회의 JAS 인증을 받았다.

목장의 체험 행사는 20여 가지로, 참가자들은 넓은 초원에서 마음껏 뛰어놀 수 있고 말타기, 소 타기, 젖 짜기, 햄·소시지·버터·아이스크림 만들기, 농산물 수확 체험, 눈썰매 타기 등을 경험할 수 있다. 연간 체험 관광객은 6만 명 정도이고 그 수의 60%가 학생이다. 학생들은 3시간 정도 목장의 다양한 작업을 직접 체험하는데, 학생 수가 점점 늘고 있다. 요금은 착유 체험 735엔, 승마 735엔, 소시지 만들기 1,575엔, 감자 캐기 840엔 등이다.

안전·안심 추구, 90% 자급 유기 사료

하코네를 비롯한 일본의 목장들을 살펴보면, 시대의 변화에 따라 목장들이 안전·안심 중심의 생산과 경영 다각화 등 관광형 종합 농장으로 변신하고 있는 점을 볼 수 있다. 그들은 안전과 안심의 첫걸음은 자급 사료의 공급이라고 생각하여, 초지를 확보하고 사료 곡물을 생산하여 건초와 기름진 먹이를 90% 정도 자급하는 체제를 갖추었다. 25년 전 쇠고기 수입이 자유화되면서 수입 쇠고기에 대응하기 위해 목초지에 8년 윤작과 유기 재배를 시작했다. 지금은 목초는 물론 모든 농산물을 유기 재배하고 있다.

1984년부터는 목장 내에 스테이크 하우스를 개업하고 햄, 소시지 체험 공방을 운영했다. 1987년 쇠고기 수입이 본격화되면서 쇠고기 가공 제품을 생산하고 '안전·안심의 농산물 생산'을 캐치프레이즈로 내걸고 일반 관광객의 입장을 허용했다.

한편, 유럽 본고장의 명품 치즈를 원하는 소비자들의 욕구를 충족시키기 위해 1999년부터는 지중해 수우(水牛) 15마리를 수입해서 사육하여 모짜렐라 치즈를 생산하고 있다. 수우의 우유는 홀스타인 소보다 단백질이 3배 많고 치즈 맛이 훌륭하다는 평을 받고 있다.

환경 변화에 따라 농업의 6차 산업화

본래 종축 개량에 관심이 있었다는 가쓰마타 가쓰히로(勝俣克廣) 사장은 감자 수확을 하다가 작업복 차림으로 우리를 마중하러 나왔다. 그는 먹을거리에 대한 안전과 안심을 요구하는 소비자의 요구에 맞춰 유기 재배 농장의 현장을 직접 확인하게 한다고 말한다. 직접 체험을 해 본 소비자는 생산자를 신뢰하게 된다는 것이다. 가쓰마타 사장은 소비자의 믿음을 얻기 위해 자신의 목장을 관광 목장으로 전환했다고 말했다.

목장의 입구에 있는 100여 명 수용이 가능한 식당에서는 목장에서 생산한 쇠고기 스테이크(3,500엔)와 목장에서 가공한 치즈, 소시지, 신선한 유기 채소를 사용한 요리 등을 맛볼 수 있다. 낙농 중심의 목장에서 쇠고기, 채소 및 곡물의 생산은 기본이고 낙농 제품을 가공하는 가공업에, 관광객에게는 체험까지 판매하는 일종의 기업으로 변화하였다. 농업의 6차 산업화를 시대 변화에 맞추어 단계적으로 실천하는 모습을 볼 수 있다. 그런 시대의 변화와 소비자의 요구에 맞춘 변화를 통해서 목장을 성공적으로 경영하고 있는 점을 눈여겨보아야 할 것이다.

6

식문화를 창조하는 우마지무라농협

유자초간장·유자드링크류를 가공·택배하는 유자마을

우마지무라(馬路村)로 가기 위해 아침 8시에 고지(高知) 시의 호텔을 나섰다. 자동차에 네비게이션이 있어 쉽게 고지 시내를 빠져나와 55호 국도를 1시간 정도 달렸다. 야스다 시 근처에서 다시 현도로 들어가 자동차 1대가 겨

우마지무라농협-발송센터

우 통행할 수 있는 좁은 산길을 한 시간 정도 달려서 우마지무라에 도착했다.

산만 보이고 논과 밭은 손바닥 정도뿐인 그야말로 산골인데 사람이 살고 있다는 것이 오히려 신기할 정도였다. 나중에 슈도대학의 히구마 교수에게 들으니 이곳 사람들은 전쟁에 패하자 도망와 숨어 살게 되었고 그 때문에 단결심이 무척 강하다고 한다.

우마지무라는 유자로 먹고사는 동네다. 1,000여 명의 주민 가운데 농협 조합원은 500여 명이고, 30여 종의 유자 가공품으로 연간 30억엔의 매상을 올린다. 유자를 구입하는 택배회원이 전국에 35만명 있는데, 이들이 고정고객으로서 매출액의 50%를 차지한다. 전국에 산재하는 35만명의 고객관리와 택배판매를 위해 이 농협만의 콜센터와 발송센터를 별도로 운영한다. 가공품 중에서는 유자초간장이 가장 인기가 있어 판매액의 절반가량을 차지한다. 유자 1kg의 수매가는 170엔 정도이며 연말에 kg당 60엔씩 특별배당을 해준다.

우마지무라농협의 예금은 67억엔, 가공공장 등 유자와 관련된 부서의 직원이 70명, 신용과 공제 등 기타 부문 직원이 16명이니 이곳을 '유자농협'이라고 불러도 이상할 것이 없다.

우마지무라농협-콜센터

유자가공품으로 30억엔, 35만명 통신 판매

이러한 성과는 지난 20여 년 동안에 이뤄온 것이다. 그리고 여기의 중심에 농협직원 한 사람이 있다. 바로 이 농협의 대표이사 도우타니(東谷, 53세) 조합장이다. 도우타니 조합장은 26살 때 유자재배 영농지도원으로 농협에 채용되었다.

우마지무라 지역은 전에는 영림서가 2개나 있을 만큼 임업이 주산업인 고장이었다. 그런데 임업이 어려워지면서 고온다습한 경사지를 이용해 유자를 재배하게 되었다. 산비탈에 심은 유자 묘목이 성목이 되고 본격적인 생산이 시작되었지만 농가 대부분이 고령이고 그나마 겸업농가여서 품질 좋은 청과용 유자 생산이 불가능하다는 것이 문제였다. 생산은 늘어나는데 판로가 없자 관심은 자연스럽게 유자 가공품으로 쏠렸다. 아니, 살아날 길이 가공품을 생산하는 것밖에는 달리 있을 수가 없었다.

1980년부터 유자가공제품 생산을 시작했으나 그것도 만만치 않았다. 고치(高知)현 지역에는 유자 가공품이 널려 있을 정도로 많았기 때문이다. 그래서 현(懸) 밖으로 눈을 돌릴 수밖에 없었다.

그때 생각해 낸 것이 백화점 특판 행사였다. 유자를 짜서 즙을 내고 거기에 소금을 더해서 만든 가공품과 유자된장을 트럭에 싣고 백화점마다 돌아다녔다. 이런 행사를 계속하자 우편으로 사겠다는 사람들이 조금씩 생겼다. 그러면서 고객명부가 작성되기 시작했다.

이때 큰 전환점이 다가왔다. 당시는 농산촌경제의 활성화가 국가의 중요 과제 가운데 하나로 떠올랐다. 그 수단으로 1촌1품(一村一品) 운동이 주목을 받고 있었다. 이를 돕기 위해 지역특산품 판매행사가 도시의 백화점 등 곳곳에서 개최되었다. 그 일환으로 1988년 도쿄의 세이부(西武)백화점에서 기획한 전국 101촌(村)특산품 전시회에서 우마지무라의 유자 가공품이 최우수상을 수상한 것이다. 마침 지방언론에서도 수상 사실을 대대적으로 보도해 주었다. 이것은 10년이 지나도록 적자를 면하지 못하고 있던 유자 가공공장은 물론이고 우마지무라 지역에 빅뉴스가 아닐 수 없었다. 직원들은 자신감을 갖게 되었고 광고의 중요성에 대해서도 알게 되었다.

동네 전체의 이미지를 몽땅 상품화

우마지무라는 고치 현 내에서도 이름이 거의 알려지지 않은 동네였다. 하지만 이때부터 주민들의 의식이 바뀌면서 활력이 넘치기 시작했다. 주민들은 동네 전체를 몽땅 상품화하여 팔기로 결의했다. 동네의 풍경도, 사투리도, 생활문화도, 모두 유자와 함께 판매하기 위해 지혜를 모은 것이다.

이와 함께 시대를 앞서서 드링크 종류도 개발했다. 검은색의 굵은 선으로 투박하게 그린 유자 디자인과 소박한 산골 어린이 모습의 판화를 라벨에 담아 부착했다. 개발 초기에는 맛이 제대로 나지 않았지만 도우타니 조합장은 실망하지 않고 이것을 자기 아들한테 시음시키면서 계속해서 품질을 개선해나갔다. 그리고 마침내 맛이 괜찮다는 합의를 얻게 되었다. 지방 TV에 2개월 동안 광고를 시작하자 우마지무라와 함께 드링크는 큰 인기를 얻게 되었다. 지방의 사투리와 함께 소박한 산촌 소년이 등장한 것이 큰 반응을 불러 일으킨 것 같다. 광고비의 50%는 행정 보조를 받았다. 시판에 돌입하자 반응은 생각보다 훨씬 좋았다. 1994년에는 황태자가 고치에 와서 드링크 음료를 마시는 일이 있었고, 홍보가 저절로 되어 마침내 우마지무라라는 이름이 전국에 알려지게 되었다.

지역사회와 결혼했다는 영농지도원 출신 농협 조합장

"지역사회와 결혼한 것처럼 지금까지 살아왔다."는 우마지무라농협의 도우타니 조합장은 "인근 농협과의 합병은 절대 안할 것"이라고 말한다. "지역 주민들이 바라지 않을 뿐만 아니라 합병을 하면 지역의 특성을 살릴 수도 없으며 신용사업 중심으로 갈 경우 농산촌 지역사회가 소멸하고 말 것"이라는 이야기다. 바깥으로 통하는 길이 너무 좁아서 불편하지 않느냐고 물으니 "길이 좋으면 이 지역의 특성이 없어지고 자고 갈 사람도 바로 돌아가 버릴 것이다. 불편한 길이 지역을 위해서는 오히려 유리하다."고 말한다.

현재 우마지무라 통신판매 리스트에 등록된 사람이 35만명이다. 그리고 연간 10만명이 이 지역을 방문한다. 물론 이 지역이 유자 가공품의 통신판매만으로 알려진 것은 아니다. 은어 낚시를 위해 찾는 사람도 있다. 우마지무라 풀코스 마라톤도 전국으로부터 선수들을 불러 모은다.

그러면 "마을 발전의 중요한 포인트가 무엇이냐?"고 물으니 도우타니 조합장은 "유자를 식용으로 하는 식문화 창조"라고 강조한다. 이제 일본에는 유자의 식문화가 정착돼 가고 있는데, 이것을 유지하고 발전시키는 것이 농협직원의 역할이라는 것이다. 그는 "한국에서 유자 가공품을 일본에 수출하기 때문에 일본 농가가 어려움을 겪고 있으니 한국에서도 유자의 식문화를 창조해야 한다."며 다소 엄살 섞인 부탁을 했다.

11시 30분이 되었는데도 점심 이야기를 꺼내지 않기에 마지막으로 공장을 좀 둘러보겠다고 하니 공장장을 불러 안내하도록 해주었다. 공장에는 30여 종의 가공품을 파트별로 제조하고 소포장을 하며 발송을 하느라 분주했다. 그리고 입구의 한 공간에서는 10여 명의 여직원들이 전국에서 전화주문 오는 것을 컴퓨터에 입력하느라 여념이 없었다. 이 여직원들의 전화응대가 우마지무라의 이미지를 좌우한다. 이어폰을 끼고 주문사항을 입력하는 직원들의 표정이 진지하기 이를 데 없었다. 그러니 인구 1,000명의 작은 지역 농협이지만 35만 명의 고객을 확보했고 행정의 연간 예산보다도 많은 매출액을 올리는 것 아니겠는가.

일본 농민의 노벨상 아사히 농업상 수상

우마지무라농협은 지역활성화 운동이 높이 평가되어 1995년 아사히(朝日) 농업상을 받았다. 훌륭한 농업단체에 수여되는 이 상은 농업에 종사하는 일본 사람에게 노벨상 정도로 여겨진다. 이 상의 수상으로 우마지무라농협은 과소(過疎)화와 고령화로 어려움을 겪고 있는 산동네 주민들에게 희망의 등불이 되었다.

우마지무라농협과 지역사회가 장차 어떻게 될 것인가 물어보았다. 도우타니 조합장은 자신감 넘치는 표정으로 "내년쯤에는 유자 화장품을 개발할 계획"이라고 밝혔다. 유자는 원래부터 피부에 좋다는 것이 알려져 있으므로 시판에 들어가면 쉽게 인기를 얻을 것으로 확신하고 있었다. 또 하나는 "테마파크 조성을 생각하고 있다."고 한다.

한국이나 일본이나 활기가 넘치는 마을을 방문해보면 공통적인 것이 있다. 자연조건이나 자원도 어느 정도 작용을 하지만, 결정적인 역할은 언제나 '사람'이 한다는 점이다. 우마지무라도 동네와 결혼했다고 자부하는 도우타니 조합장과 같은 사람이 있기 때문에 이러한 발전이 가능했을 것이다.

유자 한 품목으로 30여 종의 가공품을 생산해 35만명의 회원에게 연간 30억엔을 택배판매하는 우마지무라농협은 농업의 6차 산업화로 성공한 지역으로 평가받고 있다.

6차산업을
디자인하라

2부
마을을 바꿔라

1

연중 볼거리 가득한 히라타 관광농원

6차 산업화 실현- 히라타(平田) 관광농원

히로시마 현립대학의 모치다(持田) 교수 안내로 2005년 12월 14일 히라타(平田) 관광농원을 방문할 수 있었다. 히로시마 현 중북부에 위치하고, 히

히라타 관광농원 사과따기 체험

로시마 시 중심부에서는 자동차로 1시간 30분 정도의 거리에 위치한 이곳은 분지(盆地)로 안개가 많은 중산간 지역이다.

마침 눈이 흩뿌리는 날씨 때문인지 관광객이 많지 않아서 히라타 가쓰아키(平田克明, 65세) 사장이 손수 만든 자료와 파워포인트로 두 시간 동안 차분하게 설명해 주었다. 그의 설명을 들으면서 뛰어난 경영 감각과 확실한 농업관 그리고 올곧은 생활 철학을 느낄 수 있었다. 특히 농업을 핵(核)으로 한 농촌 지역 개발에 강한 자신감을 피력하는 점에 큰 감명을 받았다.

히라타는 해발 450~500m의 산 정상과 계곡 등에 조성된 15ha의 면적에서 포도, 딸기, 사과, 매실, 일본 배, 서양 배, 복숭아, 자두, 밤 등 20여 농산물을 연중 생산하는 관광농원이다. 연간 매출액은 약 6억엔에 이르고 연간 관광객이 10만명으로 매년 20%씩 증가한다고 한다. 1985년 설립 당시에는 연간 관광객이 1만명에 불과했다고 한다.

200톤 과일을 직판, 농업의 6차 산업화

히라타 관광농원에서는 200여 톤의 각종 과일을 생산한다. 생산한 과일의 60%는 관광객이 1인당 입장료 1,800엔(딸기)에서 700엔(사과)을 내고 수확해서 가져가도록 하고 있다. 나머지 30%는 택배 등으로 판매하고, 10%는 잼과 주스 등으로 가공해서 판매한다. 농장에서는 또 100석 규모의 양식과 일식 음식점도 연중 운영한다. 사실상 생산 전량을 직매하는 것과 다름없다.

이러한 형태가 최근 일본에서 말하는 '농업의 6차 산업화'라는 것이다. 농산물 생산에서 끝나던 1차 산업을 6차 산업으로 발전시키지 않으면 안 된다는 것이 일본 농업계의 주장이다.

히라타 씨는 1962년 돗토리(鳥取)대학 농학부를 졸업하고 곧바로 나가노(長野) 현 농업 시험장과 히로시마 현 과수 시험장에서 포도 연구원으로 공무원 생활을 시작하여 23년간 계속했다.

1984년 히라타 씨는 부친이 경영하고 있던 사과 농장과 인접한 농사 조합 법인의 포도 농장(약 10ha)이 고령화 등으로 경영이 악화하여 도산 지경이라는 이야기를 들었다. 또 고향으로부터 히로시마 현의 과수 시험장 연구원인 히라타 씨가 포도 농장의 경영을 맡아 다시 일으켜 달라는 요청도 있었다.

그는 중견 연구원으로서 장래가 촉망되는 사람이었으나 '연구원은 다른 사람이 맡아도 되지만 고향의 농업을 부활시킬 사람은 나밖에 없다.'고 생각했다. 또 '본래 자연이 좋아 농업을 전공했으니 농업 이외의 사람에게도 농업을 접할 기회를 만들어 주어야겠다.'고 결심했다. 그는 마침내 아버지가 경영하고 있는 사과 농장과 함께 영농 조합 법인의 포도 농장 경영을 인계받아 1985년 유한 회사 히라타 관광농원을 설립했다. 즉 23년간의 연구원 생활에 종지부를 찍고, 44세에 이모작 인생을 시작하게 된 것이다.

젊은이들에게 매력 있는 농업 제안

히라타 씨는 농원 설립과 동시에 농원 운영의 기본 이념을 분명히 했다. '첫째, 농업을 평생 직업으로 해도 손색이 없다는 것을 실증적으로 보여 주는 농원이어야 한다. 둘째, 젊은이들이 농업을 직업으로서 매력을 느낄 수 있는 농원이어야 한다. 셋째, 농업을 중심으로 테마파크를 창설해야 한다. 넷째, 농업 후계자 육성을 위한 교육장 역할의 농원이어야 한다. 다섯째, 지역의 종합적 활성화에 일익을 담당하는 농원이어야 한다.' 등이 그것이다.

히라타 사장은 농업이 평생 직업으로서 손색이 없음을 실증적으로 보여 주고 있다. 히라타 사장은 관광농원 설립 당시에는 사과와 포도만을 재배했으나, 과수 연구자로서 배운 경험과 지식을 활용해서 연중 관광객이 찾아오는 시스템을 만들겠다는 구상을 했다. 그는 경영을 착실히 해서 돈을 벌고 점진적으로 투자를 확대하여 밤, 자두, 복숭아, 앵두, 서양 배 등을 심었으며 계속해서 과수 종류를 늘려갔다.

최종적으로 2001년에 돌담 딸기 재배를 시작하면서 드디어 겨울에도 수확 체험이 가능하게 되어, 방문객은 계절과 관계없이 농작물 수확 체험을 즐길 수 있게 되었다. 예를 들면 1월~3월에는 딸기, 4~5월은 양앵두, 5~6월은 자두와 복숭아, 6~7월은 포도, 8~9월은 포도와 배, 10~11월은 밤과 사과, 12월은 딸기와 서양 배 등의 수확 체험이 가능하도록 품목과 품종을 배치했다.

연중 볼거리가 있는 관광농원

관광농원 안에 있는 고급 양식 음식점 <마루메로>는 젊은이들이 많이 찾는데 뷔페 요리와 함께 피아노 콘서트를 즐길 수 있다. 옛날 민가를 옮겨 지은 일본 요리 식당에서는 지역에서 생산한 채소와 관광농원에서 수확한 과일을 제공하면서 다양한 이벤트를 개최한다. 지역에서 생산한 농산물을 요리해서 판매하는 식당이라는 점이 높이 평가되어 관광농원으로서의 가치가 높아지고, 연중 손님이 끊이지 않는 효과도 나타나고 있다.

포도밭 페스티벌도 개최한다. 자연 속에서 여유 있는 시간을 보내면서 다양한 사람과 교류하고, 캠프 활동을 통해서 예술과 자연과 함께하는 생활을 즐기자는 것이다. 죽세공예와 각종 농작업 체험도 한다. 이곳에서는 연간 3천여 명이 농작업 체험을 한다.

벚나무 '소유주제'도 실시하고 있다. 현재 회원은 1천명이다. 졸업식, 생일, 결혼식 등의 기념으로 벚나무를 심도록 하고 관리비로 1만엔을 받는다. 그 벚나무의 생육 상황을 확인하거나 꽃 구경을 하기 위해 4인 가족이 1년에 평균 두 번은 찾아온다. 단순히 생각해서, 벚꽃 때문에 8천명의 관광객이 찾아오고 한 사람이 3천엔씩을 소비하면 연간 2,400만엔의 매출액이 창출된다는 계산이다.

히라타 사장은 연구자로서의 경험을 살려 감(減)농약 재배에 의한 안전한 과일 생산을 위해 노력하는 한편, 노동 시간 단축으로 경비를 절감하면서 다양한 과일을 연중 생산하고 있다. 예를 들면 과수의 병해충 방제를 위해 포장을 철저히 관찰하고, 이러한 예찰을 근거로 농약 살포 횟수를 최대한 억제한다. 포도의 경우 농약 살포 횟수가 지역 표준은 11회이지만 이 농장에서는 4회면 충분하다.

농업도 리스크 관리를

히라타 관광농원에서는 주력 품목인 포도의 농번기 노동 시간을 단축하기 위해 휴면기나 생육 초기부터 불필요한 잔가지나 꽃눈을 남기지 않고 전정과 꽃눈 관리를 한다. 그 결과 10a당 총 노동 시간이 <피오네> 품종의 경우 현(懸)의 지표는 492시간인데 이 농장에서는 178시간으로 단축되었다. 이외에도 농원의 안정적 경영을 위해 리스크 관리를 철저히 하고 있다. 리스크 관리 방법은 다음과 같이 크게 다섯 가지로 구분할 수 있다.

첫째, 가장 두드러진 방법인데, 다품목 소량 생산 방침으로 20여 품종을 시기별, 장소별로 분산 배치하여 재배한다. 태풍이 오더라도 피해를 최소화하기 위해서다.

둘째, 태풍이 오기 전인 8~9월에 전체 매출액의 80%는 달성될 수 있도록 작목을 배치한다.

셋째, 등외품이나 태풍으로 낙과된 과일도 잼 등으로 가공해서 판매한다.

넷째, 매년 통계 조사를 통해 어떤 작목을 관광객이 선호하는지 파악하여 고객 요구에 맞추어 작목 배치를 한다. 최근 통계를 보면 매년 사과와 포도의 수확 체험 고객은 감소하고, 딸기와 양앵두의 수확 체험은 20%씩 증가하고 있다.

다섯째, 시설 규모에 알맞게 관광객이 분산해서 연중 고루 올 수 있도록 볼거리와 먹을거리 등을 매년 새롭게 창조한다. 주차장의 차량 수용 면적은 200대인데, 이를 초과한 고객이 오면 불편을 주게 되고 다음에는 찾지 않게 되기 때문이다. 이를 위해서 등나무꽃이 5월 연휴 때에 맞춰 개화하도록 온도 조절을 하기도 한다.

시장 경제 원리 도입

이 농원에서는 정규 직원 20명과 파트타이머로 10명이 채용되어 일한다. 업무 부문마다 사원 중에서 관리 책임자를 지정하고, 사원의 기술력을 증진해 중간 관리직으로서의 능력 향상을 도모한다. 관리 책임자는 담당 작목의 병해충 방제 등 작업 체계와 독자적인 판매 매뉴얼을 작성해서 파트타이머에 대한 노무 관리 책임을 담당한다.

또 사원 각자에게 작업이나 판매 목표를 부여한다. 그 달성도에 따라 급여를 결정하는 목표 관리형 능력주의 임금 체계를 취하고 있다. 연간 목표 달성을 위해서 사원이 책임을 갖고 추진함으로써 사원의 자주성이 발휘되고, 사원 스스로 능력 향상과 관광농원의 발전에도 많은 도움이 되기 때문이다. 기필코 목표 달성에 책임을 진다는 조건으로 언제든지 휴가를 가도 좋고 휴가 일수 또한 제한이 없다. 농한기인 겨울에는 한 달 정도 장기 휴가를 가도 된다. 즉 경쟁 원리를 도입하면서도 여유 있는 노동 조건을 부여하고 있다.

히라타 관광농원을 찾은 관광객 중 70%는 과거에도 이곳에 들른 적이 있는 사람들이다. 이 농원은 사훈(社訓)으로 '양심과 남을 배려하는 마음'을 내걸고 있다. 고객 만족을 우선으로 하는 농업 경영과 매일 아침 사훈에 맞는 통일된 의식 등 철저한 사원 교육을 통해서 서비스 향상을 도모하고 있다. 관광객의 70% 이상이 재방문자이고, 처음 방문하는 사람도 대부분 다른 사람으로부터 소문을 듣고 찾아왔다는 것은 결코 우연히 이뤄진 것이 아니다.

적극적인 농업후계자 양성과 지역 사회에 공헌

농업후계자 양성에도 소홀하지 않고 있다. 후계자를 양성하지 않는 산업은 미래가 있을 수 없다. 그래서인지 유명한 농장에 가면 반드시 후계 농민 양성 과정을 두고 있다.

히라타 관광농원에서는 중국, 인도네시아, 프랑스로부터 누계 28명의 해외 연수생을 받았고, 농업 취업을 목적으로 8명을 연수시켜 실제로 4명이 독자적으로 농장을 개설했다. 초·중·고등학생의 체험 학습과 공무원이나 기업의 사원 연수를 위해 찾는 인원도 연간 3천명이나 된다.

이 지역의 과수 재배 농가들과 가공 조합을 만들어 태풍으로 손해를 입은 과일이나 등외품은 잼, 주스 등 30여 품목의 가공품으로 생산한다. 이렇게 생산한 가공품을 지역의 특산품으로 직매장과 근처에 있는 국도변, 역(驛) 등에서 판매한다.

또 자금이나 경험 부족, 농지 확보 등의 어려움으로 농업에 뜻을 두고 있으나 취농하지 못하는 젊은이들을 관광농원에 취직시켜서 자금과 경험을 축적하게 한다. 이들이 어느 정도 능력을 갖추게 되면 주변 지역 이주와 함께 취농하여 농촌에 정착하므로 히라타 관광농원은 산간 지역의 활성화를 위해서도 중요한 역할을 하고 있다.

히라타 사장은 뛰어난 경영 감각과 훌륭한 경영 실적이 높이 평가되어 수상 경력도 다양하다. 2004년 일본 정부가 주관하는 농림수산제에서 일본 농업인 최고의 영예인 '천황배(杯)'를 수상했고, 그 해에 NHK가 주관하는 '일본농업상'을 받았다. 이에 앞서 2003년에는 국토교통성과 농림수산성이 주관하는 '관광 카리스마'로 선정되는 영예도 얻었는데, 이 상은 정열과 노력으로 지역의 관광 진흥 및 활성화에 공헌한 지역 사회의 지도자에게 수여하는 것이다.

히라타 사장은 "원폭 돔이 있는 히로시마 시의 관광객은 과거 10년 동안 25% 정도 증가하는 데 그쳤지만 농산촌 지역의 관광객은 300% 이상 증가했다."면서 농업 관광의 장래를 밝게 전망하고 있었다.

파워포인트로 설명을 마친 히라타 사장은 "21세기는 농업의 시대이고, 농산촌의 시대가 될 것이며, 그것을 반드시 실증해 보이겠다."고 자신 있게 말했다.

2

마을이 드라마 촬영지로 변신한 후라노

농촌 경관을 관광 자원으로-후라노(富良野)

    후라노 시는 쌀과 옥수수, 콩, 감자 등 곡물과 채소, 낙농을 기간 산업으로 하고 겨울철 스키와 여름철 라벤더 관광을 중심으로 하는 인구 2만 2천명의

후라노 도미타팜에서 본 농촌경관

작은 도시이다. 하지만 연간 관광객이 주변 4개 지역과 함께 500만명이 모이는 중심 역할을 한다. 후라노 시는 하늘이 언제나 가을 하늘처럼 높고 푸르고 맑으며, 자연경관이 아름다워 예술인들이 많이 모이는 곳으로도 유명하다. 사진, 그림, 도자기, 드라이플라워, 목공예, 칠기, 유리공예 등 예술 작품을 전시하고 제작, 판매하는 곳도 전망 좋은 언덕에 드문드문 있는 것이 인상적이다.

후라노 시에 있는 도미타(富田)팜은 라벤더를 26ha 재배하여 향수와 비누, 입욕제, 베개, 라벤더 소프트크림 등 수백 종의 관련 제품을 생산하여 연간 8억엔을 직접 판매하는 관광형 농장이다. 한 가마에 200kg의 라벤더를 넣고 압력을 가해 오일 1~1.5ℓ와 증류수 50ℓ를 생산한다. 라벤더 오일 10%와 다른 꽃의 오일 90%를 혼합하여 향수 제품을 생산한다. 이 농장에만 연간 100만명의 관광객이 6월과 7~8월에 집중적으로 모여든다.

도미타팜은 1958년 유한 회사로 출발했다. 사장 도미타 타다오(富田忠雄, 77) 씨는 농협 청년부 출신으로 라벤더가 좋아서 주위 사람들은 대부분 중단할 때도 계속 라벤더를 재배하고 관련 산업을 일으켜 지역을 활성화한 점이 인정되어 북해도 산업공헌상, 북해도 신문문화상을 수상했고, 프랑스의 프로방스 라벤더 수도기사(修道騎士)의 칭호를 받았다.

한 농촌을 무대로 드라마 20년 방영

후라노 시가 전국적으로 유명해진 배경은 <기타노구니카라>(북쪽의 나라에서)라는 텔레비전 드라마가 1981년부터 2002년까지 20년간 전국에 방송되면서 부터이다. 이 드라마의 각본을 쓴 구라모토 소(倉本聰) 씨는 동경 출신으로 각본가이자 극작가이고 연출가로 유명하다. 농촌 경관과 자연환경이 아름다워 그는 후라노 시에 이주해 살면서 후라노 시를 배경으로 한 드라마를 제작했다.

물론 그 이전에도 스키장과 라벤더 농장도 유명했지만, 대규모 관광지로 알려지지는 못했다. 이 드라마를 통해 시청자들은 후라노의 나지막한 언덕들과 윤작하기 위해 다른 작물을 교차해서 재배하는 자연 그대로의 농촌 경관, 다양한 동식물 등 순수한 지역자원을 객관적 입장에서 조망해 볼 수 있었다고 한다. 그리고 오랫동안 이 지역에서 살아온 주민들은 지역자원의 장점을 느끼지 못했다. 당연히 농촌 지역에 있는 것으로 과소평가했다.

드라마는 농촌의 자연과 문화 등 후라노 시의 환경을 잘 표현하고 있다. 작가를 통해서 후라노 지역 내부로부터 정보가 발신되고 이를 외부가 반응해서 관광객이 몰려들어 유명 관광지로 알려졌다. 이 드라마가 후라노를 외부로부터 관광지화시킨 중요 요인이라는 점은 분명하다.

이 드라마는 단순한 허구는 아니다. 후라노 시의 역사나 배경, 문화, 정신 등을 출연자들의 일상생활 속에서 묘사하고 있다. 사계절의 웅대한 경관과 자연, 동식물의 영상이 마지막 장면에서 강한 인상을 남긴다. 그래서 시청자들은 후라노가 사람과 자연이 공존하는 농촌 지역이라는 점을 인식하게 된다. '아무것도 없는 농촌'이라고 생각하는 지역의 주민에게 '무엇인가 있다'는 점을 인식하게 하고, 이 점을 외부인들이 인정했다는 것은 지역 주민으로서는 자부심을 느끼게 하고 관광업에 적극적으로 참여하게 하였다.

보는 관광에서 체험 관광으로

관광 형태도 고차원화하고 있다. 후라노 지역의 관광 형태는 스키를 즐기는 겨울철 관광이 중심이 된 계절집중 통과형 관광이었다. 드라마의 영향을 받아 라벤더 등 여름 관광이 등장하면서 두 계절집중의 관광 형태가 되었다. 그리고 자가용과 렌터카로 둘러보는 통과형 관광이 주류를 이루었던 과거에

비해 최근에는 관광객들 사이에서 '보는 관광'에서 '체험하는 관광'으로 관광 형태가 변화하고 있다. 더욱 알차게 지역을 알고 접촉해 보고 싶고 실제로 체험해 보고 싶어하는 욕구가 있음을 확인할 수 있다. 관광지로서 참가 체험의 관광은 바쁜 걸음으로 통과하지 않고 천천히 머물면서 지역의 장점을 더욱 깊게 알려줄 수가 있다. 관광객과 관광지의 욕구가 일치해서 참가하고 체험하는 관광으로 변화하고 있는 점이 눈에 띈다. 보는 관광 형태는 한 번으로 만족하고 바로 지친다. 체험형 관광은 계속 반복이 가능하다. 보는 관광은 피크 시즌에 맞추어 단기간에 집중된다. 체험하게 되면 계절과 관계없이 연간 관광이 가능해진다.

체험형 관광은 에코투어리즘으로

체험형 관광은 자연 체험과 '농업 체험 수학여행'으로 나눌 수 있다.

후라노는 자연 자원이 풍부하다. 다이세츠(大雪) 산 주변의 원시 비경과 자연이 있어 옛날부터 사람과 자연이 서로 위협과 은혜를 주고받으면서 공존해 온 지역으로 유명하다. 이 지역에서는 자연 체험형 관광이 20년 전부터 시작되었고 지금은 중요한 산업으로 인식되고 있다.

체험형 상품은 래프팅, 열기구, 낚시, 카누, 트래킹 등의 자연 체험과 도자기 체험, 햄·소시지 체험, 승마, 유리공예, 염직, 잼 만들기 등이 있다.

관내에서는 젊은이들 중심으로 네이처 클럽을 만들어 에코투어리즘의 개념을 지역 공통의 이념으로 승화시킬 계획이다. 에코투어리즘은 지역의 자연이나 문화를 관광 자원으로 생각하고 지역 자원의 보호·보전과 이를 위한 지역 경제의 활성화를 기본으로 한 자연 지향형 관광을 말한다.

중고생은 7일 이상 농작업 체험

농업 체험도 활성화되고 있다.

관광 산업이 아무리 발달하여 경제 파급 효과가 크다고 하더라도 기간 산업은 역시 농업이라는 점을 강조한다. 그래서 시대의 흐름이나 욕구의 다양화 등 여러 가지 요인으로 관광 중에 농업 체험이라는 새로운 레저 형태의 관광 상품이 탄생한 것이다. 이제까지 관광농원 등은 관광업 측면에서 접근한 형태의 관광 상품이었으나 '팜인(farm in)'은 농업자가 주체가 되고 농업 측면에서 관광업에 접근한 형태라고 볼 수 있다. 주로 낙농업과 쌀, 채소 등 다양한 농업인들이 팜인을 경영한다.

팜인은 공기나 맛있는 물을 포함한 농촌의 풍요로운 자연환경과 아름다운 전원 풍경, 여유로운 공간, 거기에 사는 사람들의 순박함과 따뜻한 인정이 있어서 피곤한 도시인들에게는 안성맞춤이다. 팜인은 농림수산성 등 행정 기관이 적극적으로 지원한다. 1995년에는 농촌휴가법이 제정·공표되었다. 재단법인으로 농림어업체험협회도 설립되었다. 2000년에는 전국 그린투어리즘 협회가 출범되고 연 2회씩 지방을 순회하면서 각 현 단위로 전국 대회가 개최된다.

수학여행을 농업 체험과 농촌 체재를 경험하는 기회로 삼으려는 수요가 늘고 있다. 후라노는 지명도가 높고 자연환경이 좋아서 수학여행을 오는 학교 수가 점점 늘고 있다. 도쿄 남쪽의 고등학교가 제일 많다. 초등학생은 교육위원회나 시·읍·면 단위가 주체가 되어 시행한다. 문부성은 중고생들의 수학여행으로 농업 체험과 농촌 체험을 7일 이상 하도록 지침을 내리고 있고, 초등학생은 2007년부터 시범으로 하고 있다. 체험은 단순한 관광성의 가벼운 노동이 아니라 농민들과 같은 정도의 노동을 하는 경우가 60%가 넘는다. 시기는 5월과 8~9월이 가장 많고, 한 학교의 학생 규모는 보통 200명 수준이다. 후라노 시는 2001년에 106개 학교에서 3만 5천명의 학생을 농업 체험을 하기 위해 수용한 적이 있다.

후라노는 카레 요리가 유명하다. 최근에는 카레 우동을 개발하여 관광객들에게 인기를 끌고 있다. 지역 주민이 지역의 신선하고 다양한 식자재를 풍부하게 사용해서 요리하므로 맛이 뛰어나다는 평을 받는다.

라벤더 관련 축제가 6~8월에 거의 매일 개최된다. 나카후라노 라벤더 축제, 가미후라노 라벤더 축제와 불꽃 축제, 가마야마 호수의 태양과 숲과 호수 축제 등 다양한 라벤더 축제가 열린다. 인터넷과 홍보물을 통해 라벤더 꽃의 소규모 구획 단위 개화 정보를 알려서 관광객의 편의를 도모한다.

전국에 180개 와인 공장

주요 관광지는 드라마 <기타노구니카라(북쪽 나라에서)>의 자료관을 위시해서 후라노 연극 공장, '주워 온 집', 후라노 와인 공장, 습지 공원 등 15개소가 유명하다. <기타노구니카라(북쪽 나라에서)>의 자료를 오래된 창고에 모아 전시하고 있다. 후라노 연극 공장은 전국 최초로 NPO(non profit organization) 법인 지정을 받은 공설민영(公設民營) 극장이다. 연출은 물론 대도구, 의상, 음향까지 모든 것을 관객과 함께 만드는 공간이기도 하다. 영화 감독이며 극작가로 유명한 구라모토 소가 '후라노 숙(塾)'을 만들어 연극을 지도하고 공연도 하는 공간이기도 하다. 후라노 숙 출신의 배우 중에는 유명한 탤런트나 배우로 활동하는 사람도 많다.

각종 폐기물로 만든 '주워 온 집'은 드라마 중에 주인공이 자동차나 유리병 등 각종 폐자재를 활용하여 건설한 집으로 유명하다. 대량 폐기(大量廢棄) 사회에 대한 경종의 의미가 있어 오히려 이상스러운 풍모가 인기를 얻고 있다.

후라노 와인 공장은 후라노 시청이 30년 전 설립해서 직영하고 있는 와인 공장이다. 시청 소유의 포도밭이 20ha이고, 농가 위탁 재배가 40ha 등 모두 60ha의 포도밭에서 생산한 포도를 가공하여 20종류의 와인과 주스를 연간 45만병을 생산하여 북해도에서만 한정 판매한다. 연간 관광객은 20만명이 모인다. 일본 전국에는 180여 개의 와인 공장이 있는데 후라노의 와인 공장은 그중에 하나로서 농촌의 일자리 창출에도 중요한 역할을 한다.

라벤더는 마음과 몸을 평안히

라벤더는 꿀풀과의 여러해살이 풀로 지중해 연안이 원산지다. 정신 안정을 위해 사용하는 대중적인 허브 종류로 로마 시대에 목욕할 때 입욕제로 사용하였기 때문에 라틴어의 'LAVO'는 '씻는다'라는 의미의 학명이 붙었다. 라벤더의 향기에는 정신을 진정시키는 효과가 있다. 그중에서도 몸의 리듬을 조절하는 작용이 있어, 수면의 리듬이나 몸의 리듬을 조절하는 향기는 심신의 긴장을 풀어 준다.

일본에 라벤더가 들어온 것은 1937년이다. 소다(曾田, 소다 향수회사 창업자) 씨가 프랑스의 향수 회사에 부탁해서 라벤더 종자 5kg을 입수해서 전국에 시험 재배한 것이 시초이다. 후라노 지역이 적합한 것으로 판단되어 46ha의 농장에서 재배하여 1942년 처음으로 증류해서 라벤더 오일 추출(抽出)에 성공했다. 1953년에 농업으로서의 본격적인 보급 확대를 추진하는 계획 하에 북해도 농무부가 북해도 농업시험장에 우량 품종의 선발 시험을 시작했다. 이러한 노력과 시행착오를 거쳐 후라노 지방의 라벤더가 탄생했다.

후라노 지역에서 가장 많이 재배하는 라벤더는 요테이, 오카무라사키, 하나모이와, 농자조소 3호 등 4종류가 있다.

최근 라벤더는 원예 식물로서도 인기가 있어 가정에서 재배하는 사람도 늘고 있다. 그러나 고온 다습을 싫어해서 장마가 있는 곳에서는 재배하기가 까다롭다. 양지바른 곳, 배수가 좋은 곳, 통풍이 좋은 곳에서 재배해야 한다. 추위에는 대단히 강한 작물이며, 한 번 심으면 10~20년은 재배할 수 있고 조건이 좋으면 30~40년은 재배할 수 있다. 잡초에는 아주 연약하므로 주의해야 한다.

지역 경제는 지역의 힘으로

우리나라나 일본이나 농촌이 어려운 것은 마찬가지이다. 그러나 길이 없는 것이 아니다. 반드시 시장 경쟁주의만이 능사는 아니다. 지역 경제를 살리는 것은 지역 내에서 찾아야 한다. 도시에 없는 아름다운 전원과 전통문화의 가치를 인식할 때다. 농촌에서 한결같이 살아온 우리는 그것의 가치를 인식하지 못한다. 바로 외부의 눈으로 한 극작가에 의해 20년 동안 같은 농촌 지역을 배경으로 드라마를 제작하고 방영할 수 있었다는 것은 농촌의 가치를 일반 국민과 사회가 인정하기 때문이라고 생각한다. 그래서 내발적(內發的) 농촌발전론이 주류를 이룬다.

농업을 기간 산업으로 한 후라노 지역의 농촌 관광을 보면 드라마로 인해 외부의 반응에 자극받은 지역 주민이 지역의 문화와 자연환경, 그리고 동식물의 가치를 인정하고 아름답게 가꾸고 보존하는 과정에서 관광이 활성화될 수 있었다는 점을 알 수 있다.

지역의 매력 포인트를 발산하는 것이 농촌 관광의 첫걸음이다. 그래서 농촌 관광은 지역에 있는 것이라야 한다. 그렇다면 우리의 농촌 관광은 지역을 아름답게 만들고 가꾸는 일부터 시작해야 하는 것이 아닐까?

3

그린투어리즘의 메카, 우키하

단감 산지가 그린투어리즘으로 유명

후쿠오카에서 남쪽으로 약 1시간 달려 우키하(浮羽) 시를 방문했다. 일본의 큐슈 지역을 방문할 때마다 후쿠오카에서 구마모토, 오이타, 가고시마 방향으로 가기 위해 우키하 지역을 통과한 적이 있는데, 그때마다 우키하 지역은 자연경관이 아름답고 풍요롭다는 생각이 들어 한 번쯤 꼭 들르고 싶다는 생각을 하고 있던 참이었다.

우키하 시는 인구 3만 4천명이고 9,600가구가 사는 도시형 농촌 지역이다. 1차 산업이 18%, 2차 산업이 31%, 3차 산업이 51%로, 2차·3차 산업 비중이 높은 것이 일본 농촌 지역의 공통점이다.

관광객 100만명, 원예 농산물 1만 5천톤 생산

우키하 시를 방문하는 관광객은 연간 100만명에 이를 정도로 그린투어리즘으로 유명한 지역이다. 우키하 시에 있는 니지농협은 1996년 3개의 읍 농협이 합병하여 탄생했고, 조합원이 1만명이고 예수금은 500억엔 규모로 큰 농협은 아니다. 그러나 농산물 판매 사업은 원예유통센터를 통해서 1만 5천톤의 농산물을 연중 120명의 상근 직원이 자동선과 포장하고 로봇을 최대한 이용하여 인건비를 절약하면서 효율적으로 농민들의 판매 사업을 돕고 있다. 무엇보다 반자동 포장 작업과 선과, 포장, 운송 보관 작업에 로봇을 활용함으로써 애초 300명의 직원을 120명으로 감축해 운영하게 된 것이 경영에 큰 도움이 되고 있다는 설명이다. 유통센터에서 취급하는 주요 농산물은 단감 8천톤, 토마토 3천톤, 포도 850톤, 딸기 600톤, 배 770톤 등이다.

농민들이 수확한 농산물을 벌크 상태로 선과장에 가져오면 선별과 포장, 운송, 판매 등의 작업이 진행된다. 판매된 농산물값은 통장으로 입금된다. 수수료는 20~25% 정도로 높은 편이나 농민들의 불만은 없다고 한다. 농가에서 해야 할 선별과 포장 등의 작업이나 운송 등을 모두 농협이 대행하기 때문이다. 예를 들면 감은 1kg에 수수료가 41엔이고 포도는 55엔이다.

이 유통센터의 특징은 잔류 농약 검사를 철저히 한다는 점이다. 출하된 농산물을 대상으로 사용 금지 농약 등 117개 항목을 연간 1,500건 정도 분석해서 농약 성분이 과다하게 검출되면 출하 정지 등의 조치를 한다. 출하 당일 샘플을 검사해서 잔류 농약이 나오면 주의 조치하고, 7일 후 다시 그 농가의 농산물을 채취하여 잔류 농약이 나오면 출하를 정지한다. 그 농가가 다시 출하하기 위해서는 반드시 생산이력서를 제출해야 한다.

유통센터는 24억엔을 투자하여 3만3,000m²의 부지에 9,900m²의 건물을 2002년 완성했다. 그러나 문제점도 있다. 24억엔을 투자해서 최고의 시설을 갖춘 유통센터를 설치했으나 전체 판매 실적이 10년 전 90억엔에서 60억엔으로 줄었고, 전국 제일을 자랑하는 단감의 판매 실적도 20억엔에서 15억엔으로 줄었다고 한다. 농협은 <이노(耳納)의 고향>이라는 농가 식당과 직판장도 운영하고 있다. 직판장은 출하 농가가 800가구이고 상시 출하하는 농가는 300가구 정도다. 매출액이 많은 품목은 도시락, 반찬 종류, 농산 가공품, 과일, 꽃, 채소류 등이라고 한다. 100% 관내에서 생산된 것을 연간 5억엔 정도 판매한다. 직판장과 농가 식당 사이를 어린이들이 놀이터로 이용할 수 있도록 잔디밭과 마차, 자동차 등 놀이 기구를 배치해 놓았다.

이 지역은 각종 과일이 풍부하고 자연경관이 아름다운 자연조건을 살려 1995년 '도시와 농촌 교류'를 키워드로 하는 '맑은 물과 녹음, 그리고 과일의 고향'이라는 캐치프레이즈로 독특한 그린투어리즘 사업을 추진하고 있다.

다양한 농산물과 국립공원·온천 등 자연경관 활용

이 지역은 쌀과 보리 이외에도 미노(耳納) 산록에는 넓은 과수 지대가 형성되어 있어서 단감, 포도, 복숭아, 배, 딸기, 토마토, 가지 등 다양한 농산물이 재배되고 있다. 특히 이 지역의 북쪽으로 미노 산맥이 가로막고 있어 연간 평균 기온이 15.9℃로 온난하고, 평균 강수량도 2,155㎜ 정도로 기상 조건이 농산물 생산에 매우 적합하다. 그중에서도 단감 종류인 <부유>는 일본 제일의 산지로 유명하다.

채소는 상대거래를 하는 시금치와 딸기, 토마토 등의 시설원예가 발달했다. 특히 토마토는 정부의 고수익형 원예 농업 확립 대책 사업의 도입으로 재배 면적이 확대되고 신규 재배자와 후계자의 증가로 현(縣)으로부터 우수상을 받은 바도 있다. 또 화훼는 카네이션의 출하량이 현 내 제일의 산지로 유명하다. 그 외에도 정원수는 생산 판매의 거점으로 전국에서도 유명한 산지로 알려졌다.

이시다(石井) 사다오 씨의 토마토 재배 농장을 견학했다. 30년간 토마토를 재배하고 있으며, 최근에는 1천평의 유리하우스를 시설해서 토마토 묘목 8천본을 심고, 10월부터 이듬해 4월까지, 1단부터 25단까지 재배해서 100톤을 수확한다. 토마토 재배에는 양액 재배 방식을 취하고 있다. 배지는 5년간 사용하고 1단부터 2단까지는 호르몬 교배를 하고 그 이후는 벌을 이용해서 교배한다. 시설비는 6천만엔이 투자되었는데 45%는 국고 보조를 받았다고 한다. 토마토의 당도는 보통 6도 정도이고 8도 이상 토마토는 별도의 높은 가격으로 판매된다. 토마토는 보통 1㎏ 300엔에 판매되고 연간 3천만엔의 소득을 올린다. 비닐하우스의 난방비 절감을 위해서는 온도를 고르게 유지해야 하는데, 그 때문에 하우스 중간마다 선풍기를 배치했다.

우키하 시는 미노 산에서 흐르는 풍부한 물과 녹색의 자연경관이 아름다워 미노 산 전체가 치쿠고(筑後) 강 현립 자연공원으로, 그리고 치쿠고 강 유역 주변 전체가 야바히타 히코 산 국립 공원으로 지정되었다. 그 외에도 국민 보양 온천지로 지정받은 치쿠고 강 온천이 있다. 우키아 지역은 임야청의 수자원 숲 100선(選), 환경청의 일본 명수(名水) 100선, 농림수산성의 전국 계단식 밭 100선에 수록되는 등 자연자원으로 형성된 관광 자원이 풍부하다.

우키하 식의 그린투어리즘 추진

주민들은 먼저 우키하 나름의 독특한 그린투어리즘을 추진하기로 했다. 자연환경과 문화가 있으므로 지역 전체가 '자연 박물관'이 되도록 산림과 물자원을 살린 자연관광을 추진하기로 했다. 지역에 산재한 자원을 하나의 그린투어리즘 소재로 보고 아름다운 경관을 만들어 내는 것과 동시에 이것들을 상호 기능적 제휴하는 역할을 하도록 하고, 마지막으로 이를 담아내는 그릇의 역할로 경관(景觀)과 풍경(風景), 풍토(風土)를 정비해 나가기로 원대한 계획을 세우고 있다.

그들은 손자 세대가 자랑할 수 있는 고향을 만들기 위해 3가지의 이념을 구체화하기로 했다. 그중 하나는 도시 주민과의 다양한 교류 추진이다. 유럽을 중심으로 보급되어 온 그린투어리즘은 교류의 형태가 장기 체재를 전제로 하고 있다. 그러나 일본이나 한국의 휴가 형태를 생각하면 장기 체재형 교류는 생각할 수 없는 것이 현실이다. 그래서 150만명의 대도시 후쿠오카에서 1시간 거리라는 입지 조건을 살려서 '당일치기부터 정착까지'라는 폭넓은 시각으로 도시 주민과의 교류를 추진하고 있다.

주민 주도형 그린투어리즘

한편, 그린투어리즘은 주민 주도형 운동이 되어야 한다고 말한다. 그린투어리즘이 활발한 농촌은 '아름다운 마을'이며, 거기에는 평안함과 여유가 있으므로 도시인이 방문하고 교류한다고 본다. 아름다운 경관을 만들기 위해서는 10년이 걸리고, 자랑스러운 풍경을 만들기 위해서는 100년이 걸리며, 문화로 정착되는 풍토를 만들기 위해서는 1,000년이 걸린다고 한다. 그렇다면 지역의 개성과 경관을 지키고 풍경을 보존하고 풍토를 형성하기 위해서는 행정의 힘만으로는 불가능하고 지역 주민 한 사람 한 사람이 '아름다운 마을 만들기'에 참가하여 자신감과 프라이드를 가질 수 있도록 지역 주민이 주체가 되어 추진해야 한다.

마지막으로 그린투어리즘은 종합적 지역 경영이 되어야 한다는 점이다. 그린투어리즘은 농가 레스토랑이나 농가 민박, 농산물 직판장을 하는 사람을 위한 것은 아니다. 직·간접적으로 마을 전체에 경제적인 파급 효과를 가져와야 한다. 농림업은 물론 상공업, 서비스업을 모두 포함하여 지역 전체의 경영 전략을 추진한다는 발상이 중요하다.

구체적인 실천 사례도 다양하다. 큰 성황을 이루었던 '다랑논 상상화(彼岸花) 순례 이벤트'가 그 대표적 실례이다. 지역 주민들은 전혀 느끼지 못했던 다랑논에 피어 있는 정열적인 상상화(彼岸花)를 본 외지인이 탄성을 지르면서 즐거워하는 모습을 본 지역 주민들은 이를 이벤트화하기로 했다. 그다음 해부터 신문이나 텔레비전에 방영되면서 연간 3만명이 방문하는 유명한 지역이 되었다. 처음에는 전혀 자신이 없었지만, 도시인들의 감동 소리를 들을 때마다 자신감과 프라이드를 느낄 수 있는 고향을 실감하고 지역 주민 모두의 적극적인 참여가 있게 되었다.

보물찾기 지도 제작 배부

우키하 지역의 그린투어리즘 성공에는 숨겨진 보물찾기 운동도 주효했다. 상상화 이벤트의 성공을 계기로 지역 주민은 모르지만, 밖에서 보면 보물이 될 수 있는 것을 지역 주민 모두가 참여하여 찾아보는 '지역 내 보물찾기' 행사를 시작했다. 각 지역으로부터 나온 인물, 장소, 건물, 유물 등 모든 것을 대상으로 그린투어리즘 연구회에서 수집해서 사진과 함께 『지역 내 보물찾기』이라는 지도책을 발간해서 보급했다. 그중에는 이치노세(一之瀨) 도자기도 있다. 이 도자기는 임진왜란 때 붙들려 온 조선인 도공들에 의해 구루매(久留米) 번주(藩主)의 도자기를 구웠다고 한다. 이를 계기로 지역 주민 모두가 스스로 사는 지역의 훌륭함을 발견하고 잘 모르고 있던 보물과 문화에 대해 이해하고 자신감과 프라이드를 갖게 되었다는 점이 큰 소득이었다는 설명이다.

우키하 지역의 그린투어리즘 성공 요인은 두 가지이다. 첫 번째는 1995년 우키하 마을이 전국 4개소 중 그린투어리즘 추진 모델 육성 지역의 하나로 지정되었다. 이를 계기로 주민들의 추천을 받아 주민 중 120명이 <그리투어리즘 연구회>를 조직하여 우키하 형 그린투어리즘에 대해 연구 활동을 계속하면서 지역의 리더를 양성했다는 점이다. 이들 지도자는 마을마다 순회하면서 설명회나 좌담회를 통해서 계몽 활동을 계속했다. 그 활동은 전 주민이 그린투어리즘에 참여하도록 적극적인 역할을 했다.

경관 10년, 풍경 100년, 풍토 1천년

두 번째는 NHK TV가 <우키하 소년들의 여름>이라는 드라마를 제작·방영하면서 유명해졌다. 우키하 마을이 추진하고 있는 도시와 농촌의 교류 사업이나 각종 이벤트 행사, 그리고 계단식 밭의 훌륭한 어메니티(경관), 우키하 마을 전체가 갖고 있는 자연의 아름다움과 풍요로움을 공영 방송인 NHK가 높이 평가하여 90분간의 드라마를 제작·방송하게 되었다.

드라마의 주 내용은 이 마을에 사는 초등학생과 도시 초등학생의 아름다운 우정과 교제를 영상으로 엮은 것이다. 이 드라마를 통해서 도시민들은 우키하 마을 자연의 풍요로움과 아름다움, 맑은 물, 사람들의 따스한 마음, 그리고 이러한 농촌의 역할을 유지해 주는 농업의 중요성을 새롭게 평가하는 계기가 되었다고 한다. 이제는 오래전에 우키하 마을을 떠났던 사람들도 "다시 우키하로 돌아가고 싶다."는 말을 자주 할 정도가 되었다.

1만 5천톤의 원예작물을 생산, 60억엔을 판매하는 농촌 지역이지만 3차 산업인 그린투어리즘에 지역 주민들이 쏟는 노력은 대단하다. 그린투어리즘이 성공한 지역은 반드시 공통점이 있다. 옛 모습 그대로의 어메니티를 유지하고 있다는 점과 주민 스스로 자기 지역의 자연환경과 문화에 대해 자부심을 느끼고 있다는 점이다. 아울러 이를 이끌어 가는 리더 그룹이 존재한다는 사실이다.

경관을 만들기는 10년이 걸리고, 아름다운 풍경은 100년이 소요되며, 전통문화와 풍토로 자리를 잡기까지는 1,000년의 세월이 걸린다는 점을 귀담아들었으면 한다.

4

도농 교류의 모델, 이이다

이이다(飯田) 시 - 공민관 교육과 사과나무 가로수

　이이다(飯田) 시는 도쿄에서 4시간, 나고야(名古屋)에서 2시간이 걸리는 교통이 불편한 지역이다. 전에는 양잠이 주산업이었으나 지금은 배, 사과, 곶감 등 농산물이 많이 생산되고 낙농 등 축산업도 발전한 인구 18만명의 중산간 농촌형 소비 도시이다. 제2차 세계대전 후부터 들어온 정밀 기계 공업도 이 지역 산업의 한 축을 이루고 있다.

　이이다는 '교육 우선'의 도시로 유명하다. 일본에는 '공민관 교육'이라는 독특한 시스템이 있다. 인구 3천명에 하나꼴로 공민관이 있는데, 이것은 향토의 부흥과 주민 스스로 주인공이 되기 위한 민주주의 학교 운영이라는 목적을 갖고 발족한 일본 특유의 사회 교육 기관이다. 공민

사과나무 가로수 길

관에는 행정 기관에서 나온 직원이 1명 정도 상주하면서 각종 교육 연수 프로그램을 실행하고 행사 주관을 지도하며 기타 상담 활동 등을 한다. 이이다에도 20개의 공민관이 있어 이 지역 사회 교육의 센터 역할을 하고 있다.

이이다는 공민관을 통해서 지역 주민들에게 취미 생활과 스포츠 등 문화 활동 기회를 제공하는 것은 물론, '이이다의 미래를 어떻게 설계할 것인가?'라는 주제에 대해 모두가 생각하고 상호 토론하게 하였다. 이러한 공민관 교육은 주민들의 의식을 개혁하고 지역에 대한 자부심을 심어 줌으로써 오늘의 이이다 시를 만드는 데 밑거름이 되었다. 또 도시 지역과의 교류 활동도 공민관 교육이 기반이 되었기 때문에 성공할 수 있었다.

이이다는 사과나무 가로수로도 유명하다. 1947년 대화재가 발생해 시내 중심부가 전소한 일이 있었는데, 다시는 그런 비극이 되풀이되지 않게 하려고 도시 계획을 새로 수립하면서 방화벽 역할을 하도록 동서와 남북으로 광폭의 도로를 만들었다. 그리고 1953년 관내 중학교 교장의 제안으로 남북으로 연결된 도로의 중심에 사과나무를 심어 중학생들이 50여 년 동안 관리해 오고 있다. 이이다 시를 찾는 사람들에게는 아름드리 사과나무가 늘어선 시내 중심부의 길을 걷는 것이 빠뜨려서는 안 되는 관광 프로그램이다.

수학여행을 농촌 체험으로-문부과학성 지침

고령화율이 30%인 이이다 시는 1995년부터 '워킹홀리데이'라는 제도를 운용하고 있다. 이것은 농업에 관심이 있는 사람 혹은 농업을 새로 하고 싶은 사람과 일손이 부족한 농가를 연결해 주는 프로그램이다. 농가는 숙식을 제공하고 워킹홀리데이 참여자는 농작업을 하면서 농사기술을 배우며 자신을 재발견하는 기회로 삼기도 한다. 절반 정도는 3박 4일 일정을 이용하는데 종종 1개월씩 하는 사람도 있다. 워킹홀리데이에 참여하는 인원은 연간 880여

명이다.

일본 문부과학성은 중·고 학생들에게 전통문화를 전승하고 농업과 식생활에 대한 이해를 증진하기 위해 1997년 농촌 체험이 가능한 국내 여행을 수학여행으로 할 것을 권장하는 지침을 각 교육위원회에 시달했다. 문부성은 이후 홈페이지를 통해서 농촌체험 우수 사례를 소개하고 각종 단체에 강사를 파견하거나 교재를 제공하는 등 교육 현장에 대한 지원 체제를 강화하고 있다. 지역 간 교류나 장기 숙박 체험 등도 추진하면서 전국의 학교는 2005년까지 연간 7일 이상의 농촌 체험 활동을 하도록 지도하고 있다. 이와 때를 맞춰 이이다 시는 160여 종의 농작업 체험 프로그램을 개발하고, 400여 참여 농가를 선정해 교육하는 등 시스템 정비에 나섰다.

도시와 농어촌 교류 전문 관광 공사 설립

2001년에는 이이다 시를 중심으로 인근 읍·면과 농협, 지방 언론사, 지방 금융 기관, 지방 기업 등 18개 기관이 함께 참여하여 제3섹터 방식의 남신슈(南信州) 관광공사(주)를 설립했다. 자본금 2,965만엔, 시청과 농협 등 관련 기관에서 파견된 직원이 8명인 작은 회사다. 관광 공사는 체험 교육 여행을 비롯하여 기업 연수, 그룹 여행, 문화 여행, 각종 세미나 등을 위해 이 지역을 방문하는 사람들에게 알선과 수배를 담당한다. 체험 프로그램은 이 지역의 자연과 문화를 활용한 에코투어리즘이나 그린투어리즘 등 지역 주민과의 직접 교류를 중심으로 다양한 프로그램을 준비하고 있다. 프로그램마다 지도자가 양성되어 있는데 이들은 해당 분야의 전문가로 활약하는 이 지역 사람들이다.

이 회사의 아라이(新井, 68세) 사장은 많은 도시인들이 이이다를 방문하여 지역 문화를 이해하고 감동과 즐거움을 맛보기를 바라고 있다. 이를 위해 교류와 관광을 버무린 시스템이 만들어지도록 많은 기획을 하고 있다. 즉 관광을 이용해서 지역 경제의 활성화를 도모하고 동시에 방문자와 교류함으로써 지역 주민에게는 자신감을 심어 주는 것이다.

아라이 사장은 진정한 체험 여행의 중요성을 강조한다. 지역 주민들은 자연·역사·문화·산업·스포츠 등 다양한 분야를 생업으로 삼기도 하고, 생활 일부분으로 즐기기도 하면서 그것들과 관련이 있는 삶을 누리고 있다. 도시에서 온 체험자는 보여주기식 관광용으로 만들어진 것이 아닌 주민들의 생활 속에 있는 그대로의 모습을 보고 함께 체험하면서 감동을 해야 한다는 것이다. 체험 교류를 통해서 서로가 감동하고 좋은 인간관계가 구축되는 기회로 삼을 수 있도록 주민과 행정이 일체가 되어 노력하고 있다고 강조한다.

160여 종의 체험 프로그램

이이다 시 관광 공사의 프로그램은 크게 목적별 모델 코스와 체험 프로그램으로 나뉜다.

목적별 모델 코스는 중·고생 수학여행을 위한 교류 중심 코스로 농가 민박과 농작업 체험이 이루어진다. 또 중학생 자연 교실 학습용으로 환경 교육코스 등이 있다. 환경 학습 프로그램은 <거목과 이야기하면서>라는 프로그램 등 26개가 있다. 학생들로부터 미리 희망하는 체험 종류, 농가의 농업 형태, 가족 구성, 애완동물 여부 등 희망 사항을 받고 이를 농가 정보와 매치시켜 4명씩

포도 수확 체험

숙박시키는 세심한 과정을 거친다.

자연 체험 프로그램은 3~7시간씩 시간대별로 등산과 역사 문화 탐방 프로그램 등 30개가 있다. 또 농작업 체험 프로그램으로는 사과 따기, 모내기, 양잠 작업, 숯 만들기, 버섯종균 심기, 메밀 수확 등 18개 과정이 있다. 전통공예 체험 프로그램으로 초목염색, 도자기 굽기, 목공제작, 죽세공, 볏짚공예, 종이 인형 만들기 등 22종이 있다. 이 많은 프로그램 중 가장 인기 있는 것은 42%의 학생들이 꼽은 농작업 체험이라고 한다.

체험 프로그램 등으로 이이다 시를 관광하는 사람은 연간 5만여 명으로 매년 10%씩 증가한다. 수학여행으로 참여한 학교 수도 220개 학교에 이른다. 5만여 명 중 약 절반이 5월과 6월에 오는데, 이 두 달 동안에 70만엔의 소득을 얻는 농가도 있다. 관광객에 의한 직접적 소비는 약 3억엔, 경제적 효과는 7억엔으로 추산한다. 관광 회사는 수수료로 여관으로부터 10%, 그리고 농가로부터 5%를 받는다.

이이다 시는 별도의 관광 공사를 만들어 도시-농촌 교류를 통한 지역 활성화를 도모하고 도시 소비자에게 일본의 전통문화와 농업 및 식생활에 대한 이해를 증진한 점을 높이 평가받아 2003년 도시농촌교류활성화기구(재)가 수여하는 '오라이 일본 대상' 총리상을 받았다. 또 2005년 4월 일본관광협회에서 매년 시상하는 '우수 관광지 만들기 대상' 총무대신 상을 수상했다. 여기서는 자연, 사람, 역사, 문화, 산업 등의 지역 자원을 활용한 체험 프로그램을 창안한 점이 높이 평가되었다.

5 ✿

전통문화 유산을 상품화한 시라가와 사람들

전통과 생활문화를 지키는 시라가와(白川)의 사람들

　일본이 근대화의 대세에 향하고 있을 때 그 흐름에 합류하지 못한 지역이 한두 곳이 아니다. 시라가와 촌(村)은 교통편이 나쁘고 생활환경이 불편하여 근대화의 흐름에 편승하지 못한 대표적인 지역이다. 시라가와는 나고야(名古屋)에서 버스로 2시간 걸리는 기후(岐埠) 현 오노 군에 위치하고 특별한 자원이 없는 산간지에 560가구, 1,900명의 주민이 살고 있다. 지금은 고속도로가 개통되었으나 10년 전까지도 11월부터 3월까지 버스가 통과하지 않아서 일본 어디에서도 방문하기가 쉽지 않은 지역인데도 일본은 물론 세계의

많은 사람이 관심을 두고 있는 관광지로 유명하다.

　이 지역은 1995년 유네스코의 세계문화유산으로 지정되어 매년 200만명의 사람들이 관광하기 위해 찾아든다.

　18년 전 와세다(早稲

야간조명을 한 시라가와 마을 모습

田)대학의 가키자키(柿崎) 교수로부터 시라가와에서 문화 포럼이 있으니 참가해 달라는 편지를 받고 농협중앙회의 조사부장으로 재직 시 방문한 적이 있다.

갓쇼의 고향(合掌の 里, 초가집 모양이 손바닥을 합장한 모양과 같다는 데서 연유한 오래된 명칭. 이러한 건축물의 고향이라는 뜻) 시라가와의 농업은 산채류, 시금치, 양배추 정도이고, 전업농가는 2가구 뿐인 농촌이지만 농업은 별로 없다. 여관, 민박, 식당, 기념품 상점 등 3차 산업이 70%에 이른다. 이처럼 관광 산업이 발달한 것은 도시의 사람들이 다른 지역에서 느끼지 못한 매력을 이 지역에서 느낄 수 있기 때문이다. 연간 200여만명의 관광객 중 20% 정도는 숙박한다.

시라가와는 기후 현의 북단에 위치하면서 해발 1,300~2,700m의 험한 산들이 사방을 병풍 치듯이 가로막고 있는 산간 마을로서 임야가 96%에 이르고, 농경지는 0.4% 밖에 안 되는 가난한 산촌계곡 마을이다. 초겨울인 11월부터 눈이 오면서 1~2월경에는 적설량이 과거 10년간 평균 2m, 많을 경우에는 4m까지 쌓이면서 1년 중 약 4개월은 눈으로 덮여 있다. 여름에는 비가 많아 평균 강우량이 2,300mm이고 비 오는 날이 평균 113일이나 된다.

이처럼 시라가와는 산세가 험한 오지일 뿐 아니라 눈과 비가 많이 와 인간이 생활하기에는 자연조건이 매우 나쁜 곳이다. 악조건 속에서 살아남기 위해 피나는 노력을 해 온 것이 시라가와의 역사이다.

관광이 중심 산업인 농촌

그런 시라가와를 전국적으로 유명하게 만든 것은 독특한 4~5층 구조의 갈대로 지붕을 이은 갓쇼집(合掌家, 갈대지붕의 집)이다. 가족 30~40명이 함께 살 수 있을 만큼 규모가 크면서도 못을 전혀 쓰지 않고 지은 것이 특징인

건물의 크기는 다소 차이가 있으나 길이가 22m, 폭이 13m, 그리고 높이가 14.5m, 건축 면적이 338㎡나 되는 5층 구조의 대규모 복수 건물이다.

이 지역 사람들은 양잠을 중요한 산업으로 유지하기 위해 독특한 주택 구조와 대가족 제도를 유지하면서 갓쇼집을 보전해 왔다. 그러나 1960년 일본 경제의 고도성장과 생활에 불편을 느낀 일부 주민들이 갓쇼집을 도시인들에게 매각하게 되었고, 매각된 건물은 도쿄 등 대도시로 옮겨져 음식점으로 사용되고 일부는 미국으로 이축되기도 했다.

1971년 시라가와의 야마모토(山本)라는 지방의회 의원이 선조로부터 물려받은 소중한 유산인 갓쇼집을 보전해야 한다고 주장하고, 지역 주민 20명과 함께 자연환경보존회를 결성했다. 이때부터 갓쇼집의 보존과 생활문화의 중요성을 재평가하게 되었다. 주민들의 이러한 움직임을 본 일본 정부는 1976년 중요 전통 건축물 보존 지구로 지정했다.

이러한 건물의 형태와 대가족 제도는 그 당시의 중요 산업인 양잠업과 밀접한 관련이 있다. 양잠을 하기 위해서는 넓은 공간과 집중적인 노동력이 필요했고, 그 노동력을 확보하기 위해 독특한 결혼 제도가 필요했다.

한 집에는 결혼한 직계 부부와 그들의 자녀, 그리고 방계 가족들이 함께 사는데 남자 침실, 여자 침실, 그리고 주인 침실 등이 엄격히 구분되어 있고, 2층은 양잠을 주로 했고, 3~5층은 각종 농기구와 식량 창고로 사용했다.

요바이 혼 습관

모든 가족은 공동으로 식사와 농작업을 했다. 그래서 시라가와에는 '요바이(夜這, 남자가 여인의 침실에 몰래 잠입하는 일) 혼(婚)'이라는 결혼 습관이 있었다고 전해진다.

요바이 혼을 한 장남은 부부가 함께 침실에서 생활하지만, 차남 이하는 내

연 관계를 맺고, 처가에 부인을 두고 부부 생활을 한다. 여기서 태어난 자녀는 부인의 성을 따르고 그 집의 노동력이 된다. 즉 장남에게는 가계를 이을 권리가 있으나 차남 이하는 처가의 노동력이 된다. '요바이'는 밤(夜)에 기어서(這) 침실에 기어간다는 뜻이지만, 시라가와 사람들은 이런 풍습이 있었다는 점을 인정하지 않는다. 주민들은 요비이레루(불러들이다는 뜻)가 변화해서 요바이가 되었다고 주장한다.

이처럼 전통문화를 보존하고 있는 건물이 1951년에는 275동 있었는데 지금은 100동이 없어지고 175동 정도가 남아 있다. 갓쇼집은 나무와 갈대 지붕으로 만든 집이라서 보존이 어렵고, 40~50년에 한 번 지붕을 다시 개축해야 한다. 1995년 세계문화유산으로 지정된 이후 개축 비용의 90%를 국가와 지자체가 부담한다.

한 걸음 더 나가서 과거의 전통문화를 단순히 보존하고 이것을 보러 오는 관광객을 맞는 것만으로는 만족할 수 없었다. 그래서 전통과 문화를 오늘의 시점에서 재음미하고, 이를 통해 과거의 문화 중에서 오늘의 생활에 필요한 것을 발견하고, 그것을 오늘의 삶에 맞도록 재창조하는 것이 더 중요하다고 생각했다. 이러한 목적을 실천하기 위해 <시라가와 갓쇼의 고향>이라는 재단 법인을 1982년에 발족시켰다. 행정 기관으로부터 전통문화와 문물의 보존과 전통교육의 기능을 독립시키고 마을 안에 5.8ha의 땅을 확보하여 여기에 전통 가옥 25동을 이전 신축하여 전통 공원을 만들었다.

시라가와는 전통 있는 건축물을 보존하는 것만이 아니고 전통식품과 공예품을 만들어 선물로 판매하고 전통음악과 춤과 민요를 대단히 중요시한다.

점심시간에 들어간 식당에서 주인이 화롯불 옆에 앉아서 석기 시대의 사람처럼 돌로 만든 도구로 호두를 깨고 있는 모습을 관광객에게 연출하는 것이 인상에 남았다. 여기서는 관광객이 메밀국수 만들기와 찰떡 만들기를 체험하고 전통차를 마시고 함께 춤을 추는 것도 가능하다.

지붕 잇기 작업을 상품화-관광객 유치를 위해 연출도

갓쇼집의 지붕 잇기 작업을 관광 상품화했다. 도쿄 등에서 200~300명의 청년이 참가해서 봉사 활동으로 지붕 잇기 작업을 하는 모습은 일대 장관이다. 노력 봉사를 하고 1인당 2만 5천엔을 체험료로 지불한다.

5월 모내기 철에는 갓쇼집 주변에 드문드문 있는 논에 모내기 작업이 한창이다. 전통 복장과 갓을 쓰고 손 모내기하는 모습과 갓쇼집의 아름다움이 함께 어우러져 관광객의 인기를 끌고 있다. 경관과 문화를 관광 자원화했다고 볼 수 있다.

시라가와의 관광 자원인 갓쇼집을 화재로부터 보호하기 위해 20년 전 3억엔을 투자해 소방 시설을 설치했다. 매년 겨울이 되기 전에 소방 점검을 하기

갓쇼집의 지붕 잇기

시라가와의 소방 훈련

위해 전 주민이 모여서 20분간 소방 훈련을 하는데 이때 사진을 찍기 위해 500명 정도의 사진작가들이 전국에서 모여든다.

12월에서 1월 중순경 눈이 쌓이는 계절이 되면 갓쇼집과 마을 주변에다 일제히 조명등을 밝혀서 야경을 아름답게 만드는 이벤트를 개최한다. 이 모습을 보기 위해 일몰 시각에 맞추어 관광객들이 많이 모여든다.

10월 중순에는 도부로쿠(막걸리와 비슷함)를 만들어 관광객과 지역 주민이 함께 어우러져 전통춤과 예능을 즐긴다.

시라가와에서 2005년 8월에는 세계문화유산 지정 10주년을 기념해서 '살아 있는 유산을 미래에'라는 주제로 국제 포럼이 개최되었다. 시라가와는 세계문화유산이면서 사람들이 실제로 생활하는 장소라는 점과 이것을 다음 세대에 계속되도록 하는 것이 중요하다는 점에서 이 같은 주제를 설정했다. 해외로부터는 시라가와처럼 생활의 장소가 세계유산이 되어 있는 프랑스의 생떼밀리옹, 이탈리아의 알베로벨로, 아프가니스탄의 바미안, 필리핀의 코르디레라스 등에서 행정 전문가들이 참석하고, 일본에서는 시라가와 현의 관계자와 문화청 등 보존에 관한 전문가들이 참석해서 50년 후 미래 세대에 어떻게 문화유산을 전승토록 할 것인가가 중점적으로 논의되었다.

200년 된 세계문화유산에서 민박

필자는 시라가와의 오오다니(大谷) 씨 부부가 경영하는 '고에몬'이라는 민박집에서 1996년 가키자키 교수의 소개로 숙박한 적이 있다. 12년이 지난 2008년 5월에는 대산농촌문화재단의 연수생들과 함께 해질녘에 잠시 방문했다. 사전에 연락도 없이 갑자기 방문한 필자를 오오다니 부부는 기억하면서 반갑게 맞이해 준다. 그러면서 당시 필자가 민박한 경험을 기록한 자료가 실린 1997년 1월호『새농민』지를 준비라도 한 것처럼 금방 책상 밑에서 꺼내서 보여 주었다. 자기 남편이 했다면서 일본어 번역 자료도 꺼내서 보여 주었다.

고에몬의 갓쇼집은 200년 전에 건축되었고 1972년부터 민박집으로 경영했다. 남편 오오다니 씨는 읍사무소에 근무했으나 중간에 그만두고 민박과 토산품점, 선술집을 경영하면서 문화유산의 보존 활동을 열심히 하는 마을의 지도자이다. 오오다니 씨는 시라가와의 사례와 자기의 민박집 경영 사례를 다른 산촌 지역에 강의하는 경우가 많다. 그는 21세기에도 후손에게 문화유산을 이어 주는 것이 최대의 희망이다. 그러나 오래되었다든가 세계문화유산이라는 점만으로는 불충분하다고 생각했다. 유럽의 역사적인 건축물을 보면 외관은 오래되었으나 내부는 시대의 흐름에 맞추어 쾌적하게 정비된 것을 본 적이 있어서 이를 본받기로 했다. 그래서 오오다니 씨의 갓쇼집도 샤워시설과 수세식 화장실, 난방 등을 설치하여 외국 사람들이 많이 찾아와 민박한다.

2007년까지 약 10만 명이 숙박하고 돌아갔다. 이들과는 연하장이나 편지를 자주 교환하여 친척처럼 지내는 경우가 많다. 그중에는 30년 이상 교류하는 사람도 있고, 제2의 고향으로 생각하고 1년에 수차례 방문하는 사람도 있다.

도요타(豊田) 자연학교, 일사일촌(一社一村) 교류의 모델

자동차회사 도요타는 시라가와 주민들의 요청으로 <도요타 시라가와 자연 학교>를 설립해서 운영한다. 이 학교를 운영하는 시라가와 자연공생포럼(NPO)은 시라가와 촌(村), 환경 NGO, 도요타 자동차가 참여해서 지구 환경문제를 충실하게 추진하고자 대기업이 주도적으로 지역 사회와 공동으로 설립한 일본에서도 보기 드문 형태의 조직이다. 자연과의 공생, 지역과의 공생을 중요시하면서 운영하고 많은 사람이 자연의 중요성을 인식하도록 교육과 홍보를 하고 있다.

중요한 사업은 청소년의 자연환경 교육과 지도자 양성, 환경 교육의 보급과 개발, 지역 활성화에 관한 협력, 환경 교육에 관한 서적 및 교재의 제작 판매, 환경 교육에 관한 조사 연구 정책 제안, 컨설팅, 식수보전 활동 등 환경의 재생과 보전, 국내 외 환경 단체와의 교류 등을 사업으로 한다.

도요타 자연 학교

숙박객은 1박 2식 요금을 지급하고 인터프리터(interpreter, 자연의 메시지를 인간에게 통역한다는 뜻)에 의한 주변 자연과 숲 해설 등 자연 학교의 강의와 안내를 즐길 수 있다. 숙박객은 1일 1kg의 CO_2를 삭감하는 캠페인에 참여한다고 선언하면 숙박 요금 20%를 할인해 준다.

자연과 공생, 지역 사회와 공생

지역과의 공생을 위해 숙박객의 아침 식사는 마을에 내려가 민박집이나 식당 등에서 일본의 전통 요리를 먹도록 한다는 것도 특기할 만하다.

세미나 하우스는 친환경 모델을 지향하고 있다. 나무 재질의 바이오매스를 이용하여 난방하고, 눈을 저장해서 여름에 냉방을 한다. 풍력과 태양광 발전, 고기밀(高氣密), 고단열(高斷熱) 등 다양한 환경 기술의 전시실이 되고 있다.

규모는 다르지만 다양한 형태의 자연 학교가 일본 전국에 약 2천개가 운영 중이다. 그만큼 지속 가능한 사회를 만들기 위한 자연보존과 환경 교육이 중요한 시점이라는 뜻이다.

30년간 지도자 양성 숙(塾) 운영

시라가와의 오늘이 있기까지 많은 사람의 노력이 있었지만 오오다니 씨 같은 지역 주민 스스로 전통문화와 건축물의 가치를 인정하고 보존하기 위해 노력한 점이 돋보인다. 1970년대 지역 주민과 행정 기관이 근대화의 도도한 흐름과 역행해 가면서 전통문화와 유산을 보존한 점도 세계문화유산으로 등록되는 데 큰 역할을 했다고 생각된다.

한편 가키자키 교수는 30년간 지도자 양성을 위한 숙(塾)을 운영하면서 지역 청년들 20여 명을 지역 활성화 리더로 육성해 왔고, 와세다 대학 퇴직 후에는 5년간 이 지역의 교육장으로 활약하면서 인재 양성에 힘을 쏟은 점을 지역 주민들은 높이 평가한다.

지구 환경 문제가 중요한 과제로 대두하는 최근에 세계적인 자동차 기업인 도요타는 자연과의 공생, 지역 사회와의 공생을 캐치프레이즈로 자연 학교를 설립, 청소년들의 자연환경 교육에 몰두하고 있음은 우리 대기업에도 시사하는 바가 크다. 요즈음 우리나라에서 하는 일사일촌(一社一村) 교류 활동의 좋은 사례라고 생각된다.

무에서 유를 창조한 지쓰 읍

제로에서 출발-산촌 지역 전체를 박물관으로

　지쓰(智頭) 읍은 돗토리(鳥取) 현의 동남부에 위치하고 오카야마(岡山)에 인접한 산촌 지역이다. 돗토리 시에서 남쪽으로 30km 정도 떨어져 있고 주

지쓰 읍의 논농사학교

위에 1천m급의 산으로 둘러싸여 93%가 산림이다. 옛날부터 오사카 지역과 연결하는 숙박 촌으로 번성했으나 지금은 교통이 발달하여 통과 지역이 되고 말았다. 이 지역의 삼나무는 전국적으로도 유명해서 임업이 발달했으나 지금은 임업 종사자도 격감했다. 인구도 1965년에는 1만 5천명이었으나 지금은 9천명 정도로 격감했다. 65세 이상 고령화율도 32%에 이를 정도로 흔히 있는 산촌이다. 1년에 100명이 사망하고 5명의 신생아가 탄생한다.

1998년 대라다니 세이이치로(寺谷誠一朗, 63세) 씨가 읍장으로 취임했다. 대라다니 씨는 급격한 인구 감소로 읍이 없어지고 말 것 같다는 위기감을 느끼고 있었다. 읍장 취임 직후부터 대라다니 씨는 '작은 읍이 대도시에 견주어 이길 수 있는 무기는 없는가?'라는 생각을 해 보았다. 대도시처럼 높은 빌딩은 없으나 맑은 공기와 물은 비교할 수 없을 만큼 훌륭하다고 생각하였다. 또 옛날의 숙박 촌이니까 고풍스러운 여관 건물도 있다는 점을 착안했다.

패전 후 경제 발전으로 잃어버린 농산촌의 생활 문화나 인정(人情)을 재평가하고, 지역 주민은 고향에 사는 의미를 다시 생각해 보자고 호소했다. 관광객에게 지역 전체가 지붕 없는 박물관으로 인정될 수 있도록 하고, 향토의 역사와 문화를 쉽게 접할 수 있는 공간을 제공하기로 했다. 이러한 착안점으로 출발한 지쓰 읍은 애초 관광 거점도 없고 흔히 있는 과소(過疎) 산촌이었으나 '맑은 공기와 물을 기반으로 문화를 중요시하는 동네'라는 어필 포인트로 관광 중심의 지역 활성화 운동을 시작했다.

지쓰 읍에 사람들을 불러 모으기 위해서는 이 지역을 상징하는 핵(核)이 필요하다고 처음부터 생각했다. 읍 중심부에 있는 국가 등록 문화재인 목조 건물 '이시다니(石谷) 씨 주택'이 생각났다. 4,628m²의 부지에 에도(江戶) 시대부터 최근까지 수백 년 걸쳐서 건축된 방이 40개 있고, 연못이 있는 건평 1,983m²의 대규모의 근대 일본식 건물이다. 대라다니 씨는 '개인 소유이지만 이 건물이라면 오사카 지방의 사람들을 불러 모을 수 있는 핵이 될 수 있다.'는 생각이 들었다.

대라다니 씨는 읍장으로 당선되자마자 1998년 9월에 이시다니 씨 주택의 소유주를 방문하여 읍을 위해서 주택을 기증해 주도록 간청했다. 이 소문이 퍼지자 한때는 읍장이 약간 돌았다는 이야기까지 나왔다. 그러나 읍장은 굽히지 않고 지쓰 읍이 관광으로 살기 위해서는 이시다니 씨의 주택이 절대적으로 필요하다고 인식하고 끊임없이 절충했다. 1999년에는 5일간 한정으로 이 주택을 일반 공개해 주도록 설득했다. 어렵게 주인이 이를 받아들여 5일간 공개한 결과 무려 1만명이 외지에서 방문했다. 일반 공개는 대성공이었고 이를 본 지역 주민 모두는 지쓰 읍이 발전하기 위해서는 이시다니 씨 주택이 반드시 필요하다고 공감하게 되었다. 이를 계기로 건물주인 이시다니 씨의 이해를 얻어, 2000년 1월 주택 일체가 읍에 기증되었다. 그리고 2001년 4월부터 대망의 일반 공개가 실현되었다. 현재는 읍의 박물관으로 연중 공개되고 있다.

또 이를 계기로 읍 전체적으로 '우리 고향을 재평가하자'는 의식이 널리 퍼졌다. 점진적으로 집 앞에는 삼나무로 만든 공 모양의 스기다마(행운이 찾아온다는 전설이 있음)가 장식되고, 주민에 의한 관광 가이드 봉사 활동, 청소 작업 참가 등 주민 스스로 관광객 유치를 위한 다양한 활동을 전개하기 시작했다. 영화 기념관 등 다른 역사적 건물들도 일반 공개되는 등 지쓰 읍 전체가 역사와 문화를 상징하는 고풍스러운 지역으로 변모해서 지금은 연간 15만명 이상이 방문하는 돗토리 현 내에서는 가장 유명한 관광지가 되었다.

전통 모습의 자연 마을을 보존 관광지로 개발-자연 박물관

대라다니 씨는 지쓰 읍의 중심지에서 북동쪽으로 4km 떨어진 산간부에 있는 이타이바라(板井原) 마을을 두고 '지역 주민 모두에게 잊혀가는 마을을 관광 포스트로 활용할 수 없을 것인가'를 끊임없이 생각해 왔다. 1960년대에 마을 주민의 대부분이 눈이 많이 내려 생활이 불편하므로 읍으로 이사해서 인적이 드문 폐촌화된 마을이다. '오래된 것을 활용하고 중요시하자'는 방침 아래에, 시대의 흐름에 도리없이 잊혀가는 이타이바라 마을을 원래대로 보존해 가면서 관광객을 받아들여 마을 전체를 에코뮤지엄(자연 박물관)으로 설정하고, 도시인이 옛날의 생활 문화를 체험할 수 있도록 1998년에 정비했다. 읍장의 명령을 받은 읍사무소 대부분의 직원들은 '아무것도 없는 폐촌에서 읍장이 이상한 짓을 한다.'고 중얼거렸다. 그러나 대라다니 씨는 보통 사람이 보기에는 아무 것도 없는 것으로 보이는 이타이바라 마을의 매력을 감지하고 있었다. 일본 산촌의 본래 풍경을 간직하고 있어서, 1960년대로 되돌아간 기분을 느낄 수 있는 이 마을은, '유유자적'의 개념을 잃어버린 현재의 일본인들에게 귀중한 재산이라고 간파하고 있었다. 1999년에는 문화청과 전통적 건축물 군(群) 보존 지구 선정을 위해 협의했다. 지역 주민 중심의 마을보존협의회를 발족시키고 마을의 원형 보존을 위해 모두가 참여하기로 했다. 처음에는 왜 이 마을이 관광지가 되는지 지역 주민들도 회의적이었다. 그러나 대라다니 씨는 끊임없이 현지 마을을 방문하여 마을 보존의 필요성을 주민들에게 설명했다.

　그 결과 이타이바라 마을은 전국적으로도 극히 드문 산촌으로 원형 보존되었고, 읍장의 목표대로 1960년대의 생활문화를 체험할 수 있는 공간으로 재생되었다. 지은 지 100년 이상 된 고민가를 그대로 활용해서 전통 음식점도 두 곳 개업했다. 화롯가에 둘러앉아 가마솥에서 지은 밥과 전통적인 김치를 곁들인 식사를 맛볼 수 있다. 대라다니 씨와 읍사무소 직원 3명은 우리 일행과 함께 화롯가에 앉아 소박한 산촌의 전통 음식을 맛볼 수 있었다. 읍장은 창문을 활짝 열어젖히면서 마을의 신비로운 설경과 자연 박물관을 구경하라고 권했다.

또 오사카 지역에서 온 예술가가 개점한 찻집은 양잠 농가가 오래전에 사용했던 민가를 수선해서 전시실을 개설하여 관광객과 지역 주민의 만남의 장소가 되고 있다. 교통이 불편한 곳인데도 불구하고 한 달에 1천잔의 커피를 판매하고, 돗토리 현 내에서 가장 번창한 찻집으로 유명하다.

이처럼 지역 주민 모두가 적극적으로 참여하여 별로 색다른 것이 없는 산촌을 재생시켜 연간 1만명 이상의 관광객이 찾는 마을이 되었다.

무에서 유를 창조-지역 활성화 운동

한편 지쓰 읍에서는 '주민 스스로 계획하고 실행한다.'는 방침 아래 행정과 주민이 일체가 되어 지역 활성화를 추진하는 '일본 1/0 지역 활성화 운동'을 시작했다. 이 운동은 0(無)에서 1(有)로 출발하는 과정이야말로 자립적인 지역 활성화 정신이고, '자기 지역을 주민 스스로 경영한다.'는 개념을 원칙으로 하고 있다. 각 마을은 특색을 하나 정도 발굴하고 이것을 지역의 자랑거리로 삼자는 것이다. 마을 주민이 살아가는 방법은 행정이 만들어 주는 것이 아니고, 자기 책임, 자기 결정으로 하고, 개인이나 마을이 스스로 결정한다는 점이다. 활성화 운동의 원칙은 '정보와 교류, 주민 자치, 지역 경영'의 3가지로 결정했다.

현재 지쓰 읍의 89개 마을 중 16개 마을이 이 운동에 참여하고 있다.

니다(新田) 마을은 지쓰 읍 중심지에서 10km 떨어져 있는 산간부에 위치하고 17세대 주민 56명의 거주하는 작은 마을이다. 2001년 마을 전 세대를 구성원으로 하는 NPO(특정 비영리 활동 법인. 현청의 인가 사항) <니다 지역 활성화 운영 위원회>를 설립하고, 마을 자치의 실현을 목표로, 주민 집회장 겸 숙박 시설인 <니다 인형 극장>과 <청류(淸流)의 고장>이라는 음식점도 개업했다. 인형극도 공연하고 농업 체험 등 도시 주민과의 교류도 행해져 연간 관광객은 1만명 정도에 연간 수입은 1천만엔 이상이다.

주민 자치와 자립 경영-역사의 길 100선

주민 자치와 지역 경영이 높이 평가되어 지쓰 읍 내 21km의 도로가 문화청의 '역사 문화의 길 100선(選)'으로 선정되어 유명한 관광지가 되었다.

별로 내세울 것 없는 작은 마을도 '하면 된다'는 분위기가 다른 지역 주민에게도 큰 반응을 불러일으키고 있는 것으로 평가된다. 대라다니 씨의 발상의 기본은 행정에 의존하지 않고 지역 주민의 자립정신을 중요시한다는 점이다. '자기 지역을 지역 주민 스스로 경영한다.'는 지역 경영의 개념이 성공한 계기가 된 것으로 평가되어 대라다니 읍장은 국토교통성의 관광 카리스마 상을 받았다.

지쓰 읍은 강원도 양구군과 자매결연을 맺어 오래 동안 교류해 왔으며, 읍 직원 중에는 한국어를 구사하는 직원도 있다. 그래서인지 오래전부터 친구 사이인 것처럼 우리 일행을 대접해 주었다.

농촌 문제를 농업 소득만으로 해결하기는 한계가 있다. 농촌에는 '소가 비빌 언덕이 없다.'고 남을 탓해 보아도 소용이 없다. 도시에는 없고 농촌에만 있는 가치를 재평가해 보아야 한다. 도시 생활의 라이프스타일이 변하고 있기 때문에 더욱 그렇다. 우리의 농촌 문제 해결을 위해서 지쓰 읍의 사례는 귀담아 들을 만하다.

7 ✿

농박으로 힐링해 주는 아지무 읍

일본 제일의 농촌 체험 민박 마을-아지무(安心院) 읍

아지무(安心院) 읍은 오오이다(大分) 현의 북부에 위치한 인구 약 8천명의 중산간 지역이다. 유명한 벳푸 온천에서 서쪽으로 35km 정도 떨어져 있다. 서일본 지역에서는 아지무 히노히카리 등의 쌀과 포도 단지로 유명하다. 포도, 딸기, 화훼 등의 농업이 발달한 지역이다. 일본의 유명한 작가 시바 료타로(司馬遼太朗)는 아지무 분지(盆地) 지역을 평안하고 경치 좋기로 일본 제일이라고 평가했다. 이러한 곳에서 꾸민 것이 아니라 있는 그대로의 순박한 농촌의 생활을 즐길 수 있게 하려고 시작한 것이 그린투어리즘이다.

한국어가 통하는 한국인 전용 아지무 모치쓰키 민박집

일본의 농림수산성은 1992년 과소화(過疎化)·고령화의 진행과 경작 포기 농지가 급격히 늘고 있는 농산촌 지역의 활성화를 위해, 그린투어리즘을 '푸름이 많은 농촌 지역에서 자연과 문화, 교류를 즐기는 체재형(滯在型) 여가 활동'이라고 정의하고, 지역 활성화를 위해 이를 적극적으로 추진한다고 발표했다.

그 후 10여 년이 지난 지금 농가 민박이나 농가 레스토랑, 농산물 직매소 등 지역 활성화의 목적으로 그린투어리즘은 전국 각지에서 도입되고 있고, 그중에서도 최근 전국적으로 주목을 받고 있는 곳이 아지무 읍이다.

1996년에 농가, 상공회의소, 행정의 직원, 교사, 주부, 학생 등 읍내에 사는 사람들이 모여서 연구회를 탄생시켰다. 현재는 농촌에 체재하면서 자연과 문화, 식생활과 사람들의 주거 생활을 체험하는 '농촌 민박'과 지역의 도작(稻作) 문화를 보존 계승하는 '전국 볏짚 쌓기 대회', 계를 조직해서 '유럽 그린투어리즘 연수 여행' 등 다양한 활동을 하고 있다. 이러한 활동을 통해서 아지무를 찾아오는 사람들과 교류함으로써 읍 전체가 경제적으로도 정신적으로도 활기를 되찾게 되었다고 한다.

여기에 중요한 역할을 한 사람이 미야다 세이이치(宮田靜一, 56세) 씨다. 그는 일본 수의 축산 대학을 나왔고 3ha의 포도 농업을 하는 농업인이며 현재 그린투어리즘 연구회의 회장을 맡고 있다. 미야다 씨는 고령화가 진행되고 농산물 수입 개방 등으로 땅에서 농산물을 생산하는 농업만으로는 살아갈 수 없다는 절박한 상황을 인식하고, 농가는 의식 개혁을 해야 한다고 설득했다. 그래서 농업, 농촌, 시골이니까 가능한 것을 찾아보자는 생각을 하고, 1992년 8명의 농민이 모여 그린투어리즘 연구회를 조직하고 연구 모임을 계속해 왔다. 지금부터는 농업과 농가만의 문제가 아니고 아지무 읍 전체로서 지역을 활성화해야 한다고 생각했다. 그래서 농촌의 미래를 위해서는 직업이나 나이, 성별을 초월한 연대가 필요하다고 생각하고, 1996년 3월에 30명이 모여 <아지무 읍 그린투어리즘 연구회>를 발족시켰다.

그린투어리즘으로 새로운 농촌 경영 추구

2006년 3월 21일 오후 2시 미야다 씨의 농장에서 그를 만났다. 미야다 씨는 아지무라는 읍 명칭도 한국말인 것 같다고 말한다. 안심원(安心院)이라고 쓰고, 아지무라는 일본어로 발음할 수가 없다고 한다. 한국어의 '아짐(아주머니의 전남 지역 방언)'이 들어왔고 그 뒤 한자를 가져다 붙인 것으로 보인다. 이 지역을 흐르는 약간(驛館) 강의 이름도 거의 한국식 발음이라는 점도 이 지역 문화의 상당 부분이 한국의 영향을 받은 것으로 보인다.

최초로 그린투어리즘 도입을 추진한 계기를 미야다 씨는 이렇게 설명한다. 농산물 수입 개방으로 쌀값이 인하되고 농촌이 어려워지면서 지역 사회가 붕괴 직전에 놓인 상태에서 활로를 찾기 위해서는 야구에서처럼 직구(直球, 즉 농산물 생산)도 필요하지만, 때에 따라서는 변화구(變化球, 그린투어리즘)도 중요하다고 생각했다고 한다.

미야다 회장은 연구회의 이념과 추진 방침을 다음과 같이 설명한다.

첫째, 지역 주민 한 사람 한 사람이 농촌에서의 일상생활을 즐겁게 보내는 가운데, 외부의 손님을 따뜻하게 맞이할 수 있는 '풍요로운 농촌'을 목표로, 새로운 농촌 경영을 추구하는 운동이다.

둘째, 소비자와 생산자가 서로 의지하지 않고 마음이 통한 대등한 교류를 함으로써 '정보로 연결된 친척 관계'가 되어 상호 공생의 길을 찾는 것이다.

셋째, 읍 주민 전체의 연대적 생활을 통해 경관에서 산업까지 일체적 추진을 직업적이고 끊임없이 추구함으로써 지역 경제의 발전과 읍 전체의 활성화를 도모한다.

넷째, 폐쇄적인 농촌 사회의 부정적인 이미지를 털고, 농촌 부인의 지위와 의식 향상과 자립을 도모하고, 남녀 공동의 성공적인 '지역 활성화'와 매력적인 가족 관계를 창조하는 운동이다.

다섯째, 그린투어리즘 보급으로 읍이 활성화되면 차세대를 짊어진 어린이들에게 밝은 꿈과 자긍심을 줄 수 있다.

미야다 회장은 이러한 이념을 실현하기 위한 구체적 방침을 다음과 같이 설명하고 있다.

첫째, 이 연구회 전속의 사무국원을 두고 연중무휴의 그린스테이션을 설치, 관련 정보의 발신과 수집을 통해 그린투어리즘을 하나의 산업으로 정착시킨다.

둘째, 전문부 활동의 충실 그리고 후계자 양성과 보급 촉진을 위해 일류 전문가를 초빙하여 현장에서 교육하는 그린투어리즘 실천 대학교를 설립한다.

셋째, 현재 있는 응원단원 수 240명을 3~4년 이내에 500명으로 증원한다.

넷째, 큐슈(九州) 그린투어리즘 심포지엄을 개최하고 이른 시일 내에 큐슈 그린투어리즘 연구회를 설립한다. 그래서 '그린투어리즘은 큐슈로'라고 알려질 정도로 큐슈 전체가 하나가 되어 추진한다.

다섯째, 장기 휴가법(바캉스 법)이 제정되어야 일본에서는 본격적인 그린투어리즘이 시작된다고 본다. 그래서 이 연구회의 회원이 중심이 되어 이 법을 제정하도록 각계각층에 요구 활동을 전개한다.

이 연구회는 2개월에 한 번씩 홀수 월의 제4토요일에 정례회를 개최한다. 주로 이 분야의 전문가인 농림성 그린투어리즘 대책 실장이나 수학여행 협회 이사장 등을 초청하여 강의와 토론으로 진행된다.

이 연구회는 그린투어리즘 경영자 육성과 그린투어리즘 보급을 목적으로 그린투어리즘 실천 대학을 4년째 운영하고 있다. 대학에서는 지역 내의 산, 강, 논과 밭 등이 대학의 필드이고, <안심의 고향 교류 연수 센터>가 강의를 받는 장소다. 식(食)과 농(農)의 전문가 그리고 그린투어리즘 분야에서 일본 제일의 전문 교수와 실천가를 강사로 모시고 체험과 병행하면서 교육한다.

마스터 코스인 장기 숙박 연수는 8개월 동안 농박하면서 관내의 모든 프로그램에 참여하고 그린투어리즘을 종합적으로 연수한다. 졸업 여행으로 유럽의 그린투어리즘 우수 사례 지역으로 현장 연수도 한다. 수강료는 21만엔 이고 매년 10여 명이 참여한다.

단기 코스는 1박 2일 일정으로 전문가의 강의와 농박 체험으로 연간 5회 개최된다. 1회 수강료는 1만 2천엔이고, 매회 현 내외에서 40명이 참여한다.

미야다 씨는 '발목을 잡지 말고 손을 잡아 주자'라는 슬로건을 내걸고 지역내외 주민을 설득하고 이해시키는 활동을 계속했다. 연구회 발족 후 10년이 지난 현재는 회원 수 380명의 대규모 조직이 되었다. 특히 이 지역 외의 회원이 190명을 초과해, 응원단으로서 연구회를 후원하는 등 중요한 역할을 하고 있다. 결성 2년째부터 전문부회 활동을 개시해, 현재 기획 개발부(이벤트 개발), 환경 미화부(일본에서 제일 깨끗한 지역 운동 추진), 농박부(농박 수용, 가공 요리 연구), 홍보부, 청년부, 응원부(응원단의 적극적인 참여 촉진)가 자주적으로 각 부와 협조해 가면서 활동하고 있다. 1999년 이후에는 행정부의 적극적인 지원을 받아 관민 협동의 그린투어리즘 추진 체제를 확립시켰다. 특히 민간 연구회와 행정부의 연대에 의한 지역 활성화를 위한 다양한 활동이 전국 각지로부터 주목을 받고 있다.

회원제 농촌 민박 실시-한국인 전용 민박집도

언제나 관광객을 받을 수 있는 농가는 14호이고, 이벤트 등 특수한 때는 농가 이외의 가정을 포함해서 40호가 관광객을 받을 수 있도록 협력 체제가 만들어져 있다. 관광객의 수용은 회원제이고 농가가 멤버십 카드를 발행하고 회원 등록을 하는 시스템이다. 매년 농박 체험자가 증가해서 시작했던 1999년에는 100명 정도였으나 2005년에는 5천명까지 증가했다. 그중 700명 정도는 한국인이다. 이를 지원하기 위해 읍에서는 한국어 강좌를 열고 한국인 전문 민박집도 운영 중이다. 모찌쓰끼(望月, 72세) 씨는 교사직을 정년 퇴직하고 서울 연세대학교 부근에서 1년 동안 하숙하면서 연세대학교 한국어학당에서 한국어와 한국 요리를 배우고 돌아왔다. 한국인들이 단체로 민박을 오지만 말이 통하지 못해 불편함을 느끼자 자기가 한국말을 배우기로 했다는 것이다. 그는 교직원 연금도 받지만 매일 새로운 한국 사람과 만나서 담소하는 것이 무엇보다 즐겁다고 말한다.

전국 볏짚 쌓기 대회 실시

전국 볏짚 쌓기 대회는 1999년부터 예전에 겨울철 농촌의 논에서 흔히 볼 수 있었던 볏짚 더미의 중요성과 그 문화를 후세에 전하고, 그 아름다움과 아이디어를 경쟁해 보자는 뜻에서 시작했다. 이는 자원 활용에 의한 농촌 경관의 재검토를 통해서 농촌의 가치와 장점을 도시 주민과 함께 생각하자는 뜻으로 이벤트를 개최하고 있다고 미야다 씨는 설명한다. 2006년에는 동경의 국회 의사당 앞에서 실시하여 도작(稻作) 문화의 중요성을 정치인과 소비자에게 보여 줄 계획이라고 한다.

볏짚 쌓기 대회 종료일에는 오오이다(大分) 지역의 전통 음식 100여 종을 만들어 전시하고 시식하면서 새로운 메뉴로 농박 손님을 맞이하기 위한 연수회도 개최한다.

전국 최초 그린투어리즘 추진 선언

미야다 씨의 활동이 읍 행정과 의회에 감동을 줘서, 전국에서 최초로 '그린투어리즘 추진 선언'을 의결하고, 전 읍의 행정과 주민이 단결해서 그린투어리즘을 추진해야 할 중요 시책으로 정착시켰다. 그해 10월에는 읍사무소에 사무국을 둔 <아지무 읍 그린투어리즘 추진 협의회>를 설립했다. 더욱이 2001년 4월에는 행정으로서는 최초로 읍사무소에 그린투어리즘 추진계가 설치되어, 도시 주민과의 교류를 읍의 전 주민과 행정이 일체가 되어 추진하는 계기를 만들었다.

또 농업만이 아니고 읍의 문화, 복지, 교육, 경관 등을 일체적으로 추진하고, 직업이나 나이를 초월해서 상호 연대함으로써 지역 활성화에 크게 공헌한 점이 높이 평가되고 있다. 연구회와 행정과의 연대에 의한 다양한 활동과 회원제 농촌민박 시행은 '아지무 방식'이라고 전국적으로 인정되면서 전국적으로 그린투어리즘의 선진지로 알려졌다. 매년 2천명 이상이 시찰 취재를 하기 위해 찾아오고 있고, 이 지역을 밖에다 알리는 것은 물론 읍 전체의 활성화를 위해 인적, 경제적 파급 효과가 크다고 모두가 인정한다고 한다. 2003년에는 미야다 회장이 국토교통성의 관광 카리스마 상을 받았다.

교육 면에서도 농촌 체험형 학습의 필요성이 강조되고 있다. 그래서 문부성에서는 중고생에게 1년에 7일 이상 의무적으로 농촌 체험 학습을 하도록 지침을 내린 바 있다. 이처럼 점점 농촌의 역할이 중요해지고 있다고 미야다 씨는 강조한다. 지역 주민 모두에게 그린투어리즘의 필요성을 인식시키기 위해 매월 한 번씩 전 주민이 솔선해서 '일본 제일의 지역 만들기' 운동에 참여하도록 하고 있다.

지역 주민들도 그린투어리즘은 자원이 없는 것을 탓하지 않고 '농촌에 있는 것을 그대로 활용한다'는 것이 가치가 있다는 점을 깨닫고 지역에 대한 자부심과 자신감을 느끼게 되었다고 한다. 특히 이 지역 그린투어리즘에는 여성 주부들과 노인들의 지혜와 경험이 중요한 역할을 하고 있다. 더욱이 이 활동에 참여한 여성과 노인들은 모두가 활력이 넘쳐 병원도 잘 찾지 않는다. 막대한 자금을 투자해서 시설 개발을 할 필요도 없고 아지무에만 있는 지역 자원을 발굴해서 최대한 활용한다. 그래서 '보통 입는 옷차림 그대로 접대'가 옛날에 대한 향수와 평안함을 느낄 수 있는 시간과 공간이라는 점을 도시 주민들도 이제는 인정하게 되었다.

회원제 농촌 민박도 여관업 영업 허가

여관도 민박도 아닌 극히 보통의 농가에 숙박하고 함께 생활하는 것이 진정한 농촌 민박 체험이라고 생각하는 도시 주민이 점점 늘고 있다. 앞으로는 더욱 농촌으로의 회귀(回歸)나 잃어버리고 지낸 향수(鄕愁)를 그리워하는 경향이 뚜렷해지면서 농박 수요가 늘어날 것이라고 보고 있다.

한편 미야다 씨가 처음 시작한 회원제 농촌 민박에 대해 여관업의 영업 허가를 인정하도록 오랫동안 요구해 왔는데, 2002년 3월 이 지역 농박 실적을 고려하여 오오이다(大分) 현의 여관업법과 식품위생법의 규제 완화로 여관업의 영업 허가를 받게 되었다는 점은 전국의 그린투어리즘 활성화를 위해 중요한 계기를 마련한 셈이다. 농박 농가에 여관업 법상 간이 숙소로 인정하여 여관업을 허가하고, 식품위생법에서는 숙박자가 식사를 함께 체험하는 것을 인정하여 교류 시설이라는 차원에서 식품위생법의 적용을 제외했다. 이러한 규제 완화 조치는 그 후 시마네(島根) 현 등 전국적으로 확대되고 있다.

2002년 4월에는 <아지무 읍 그린투어리즘 연구회>가 중심이 되어, 현 내의 그린투어리즘 실천자들의 네트워크인 <오오이다 현 그린투어리즘연구회>를 설립하고 미야다 씨가 회장을 맡았다.

이 연구회는 수준 높고 안심·안전한 농촌 민박을 활성화하기 위해 다양한 활동을 전개하고 있다.

예를 들면 장기 휴가의 실시가 국민들로 하여금 농촌에의 체재 기회를 증가시키고 그린투어리즘이 활성화될 것으로 생각하고, 휴가의 연속 취득이나 분산 취득 등 효과적으로 휴가를 이용할 수 있게 하려고 장기 휴가법(바캉스법)을 제정하기 위해 전력을 기울이고 있다. 이들의 의견을 받아들여 2003년 8월에는 오오이다 현 의회가 전국에서 최초로 '바캉스 법' 제정을 요구하는 의견서를 채택하게 되었다.

80대, 70대 고령자가 현역-백년의 집(百年の 家) 농박 체험

세 시간 동안 미야다 회장의 설명을 듣고 저녁 무렵이 되어 그의 소개로 농박 체험을 하기로 했다. 아지무 읍에서 10분 정도 걸려서 '백년의 집' 도키에다(時枝) 씨 집에 도착한 것은 오후 6시 경이다. 인상 좋은 할아버지 할머니가 반갑게 맞이하면서 이로리(爐裏, 방바닥 일부를 네모나게 잘라 내고 그곳에 숯불을 피워 취사나 난방을 함)가 있는 방으로 우리를 안내했다.

아들 내외와 손자 등 3대가 함께 사는 대가족 제도를 그대로 유지하고 있는 농가다. 할아버지(83세), 할머니(77세), 아들(56세·농협 직원), 며느리(52세·농업 공제 조합 직원), 손자 3명(간호사, 보육원 교사 등)이다. 논 2ha, 밭 50a, 뽕밭 2ha에서 1990년까지는 주로 양잠과 쌀농사를 했다.

농가 주택은 건축한 지 110년이 되었다. 그래서 간판도 '백년의 집'이라고 붙였다. 부엌과 화장실을 약간 개량했고, 양곡 창고를 수리해서 이로리를 만들어 응접실로 쓰고 있다.

저녁 식사 시간이 되어 그 집 3대 6명 가족과 우리 부부가 저녁 식사를 함께하게 되었다. 밭에서 바로 수확한 시금치 등 채소류와 고춧잎 절임, 양회갓 절임, 된장국, 수제비 등 전통 요리가 대부분이다. 식품위생법의 제외 조건이 '농박 손님과 함께 하나의 요리를 하게 되어 있다'면서 수제비를 만들어 보라고 권장한다.

2차 대전 때 중국에서 포로가 되었다는 할아버지는 전쟁 때의 어려웠던 이야기를 하고, 할머니는 10년 전 독일 그린투어리즘 연수를 받은 이야기를 하면서 그때 세계화도 이해하게 되었다고 말한다. 농협에 36년간 다닌 아들과는 농업과 농협의 이야기를 주로 나누고, 며느리는 그린투어리즘을 시작한 동기와 장점을 이야기했다. 그린투어리즘 관련 토론회에도 자주 나갈 만큼 일가견을 갖진 52세의 주부다. 손녀딸들과는 보육원에서의 유아에 대한 식육(食育) 이야기와 고령 노인들의 복지 문제를 주로 이야기했다. 말하자면 전 가족이 농박의 배우이고 현역인 셈이다. 농박이라는 무대에서 할아버지·할머니가 실질적인 주연 배우이고 나머지 가족이 조연 배우 역을 맡아 농박이라는 연극을 하는 셈이다. 이 3대 가족은 매일매일 새로운 관객이 오기 때문에 즐거운 마음으로 일상생활 속에서 연극을 하는 것과 같다.

그린투어리즘을 시작한 동기를 이들은 이렇게 설명한다. 1994년 UR(우루과이라운드) 협상이 끝나기 전까지 그 당시 호소가와(細川) 일본 총리는 MMA(최소시장접근)로 쌀 수입 개방은 절대 하지 않겠다고 했었다. 그러나 하루아침에 바뀌어 일본 쌀 수요량의 4%인 20만톤이 수입되기 시작했다. 그 뒤 계속해서 쌀 가격은 내려가고 논의 37%를 휴경하게까지 되었다. 이렇게 농가 소득이 급격히 감소하는 상황에서 무방비로 있을 수만은 없다고 생각했고, 미야다 회장의 권유도 있어서 1996년 최초 네 농가가 그린투어리즘을 시작했다. 할아버지와 할머니가 각각 73세와 67세인 시점이었다 그후 10년 동안 해 왔다.

처음에는 이제까지 쌀이든 잠견이든 생산해서 농협에 출하하고 정부가 돈을 정산해 주는 농업을 하다가 돈을 벌기 위해 농박 손님을 받아들여야 한다는 생각이 쑥스럽기만 했다고 한다. 그러나 신문과 방송 등에 자신들의 사진이 나가고 매일 새로운 사람과 만나 색다른 이야기를 듣는 것에 점점 재미를 느끼게 되었고, 사는 보람도 느끼게 되었다고 한다. 할아버지는 10년 전 뇌졸중으로 쓰러져서 거동이 어려웠으나 농박 손님과 대화하면서 활력을 되찾게 되었다면서 껄껄 웃는다. 할머니는 할아버지가 백만불짜리 웃는 표정이라는 평을 받는다면서 NHK가 방송했다는 사진을 보여 준다. 전쟁 때의 어려운 생활 이야기, 양잠 이야기, 옛날의 식생활 이야기를 하면 학생들이 즐겁게 들어 주는 것이 재미있다면서 인생의 보람을 느낀다고 한다.

할머니는 된장 만들기의 명인이다. 주로 수학여행 온 학생들을 상대로 된장 만들기 체험을 지도한다. 처음에는 별로 관심이 있지 않았으나 지금은 인기 있는 체험 행사가 되고 있다. 그만큼 삶의 방식이 변한 증거가 아니냐고 설명한다. 그린투어리즘 전문가가 되기 위해 1997년에는 독일, 이탈리아, 스위스의 그린투어리즘 체험 연수도 받았다.

도키에다 미사코(時枝美佐子, 77세) 할머니는 "내일은 우리 집에 누가 오려는지 항상 기다려진다. 그래서 즐거운 마음으로 종자를 뿌리고 채소를 가꾸어 손님들을 대접하고 맛있다면서 즐거워하는 모습을 보면 무엇보다 즐겁다. 직접 재배한 콩으로 저염 된장을 만들어 수학여행 온 도시 학생들에게 대접했더니 오렌지 주스보다 더 맛있다고 한다."는 말을 한다.

이 집에는 연간 400여 명이 농박을 체험한다. 방명록을 보니 충남, 전북, 전남의 군청 직원들이 많이 다녀간 것 같다.

밤 11시가 되어 내일 아침에 다시 이야기하기로 하고 잠자리에 들었다.

다음 날 아침 3대 가족과 우리 부부는 함께 아침 식사를 하면서 하룻밤 숙박했으니 한국에 있는 먼 친척이 되었다면서 회원증을 만들어 준다. 관내에서 10번 숙박하면 가까운 친척이 되고 애경사에도 초청받는다고 한다.

도키에다 데쓰로(時枝哲朗) 아들 내외는 춘분(3월 21일 경) 휴일을 이용해서, 오오야마(大山) 쪽의 정년 귀농자 부부가 하는 농가 레스토랑을 견학하고 배워서 3년 후 정년 퇴임하면 농가 레스토랑을 본격적으로 해 볼 계획이라고 한다.

고춧잎 절임, 양회갓 절임 등 '어머니 손맛'을 보고, 일본에 제2의 고향을 둔 기쁨을 안고 돌아간다고 인사했더니 온 가족이 손뼉을 치면서 즐거워한다. 3대의 배웅을 받으면서 오전 10시 백년의 집을 나왔다.

자신과 미래는 변화 시킬 수 있다

히로시마로 돌아오는 열차에서 내 머릿속을 떠나지 않는 것이 몇 가지 있었다. 60대, 70대의 고령자들이 현역으로 나서고 있다는 점이다. 도시에서 정년 귀농자들도 새로운 사업을 일으키는 사람이 많다. 농가 주부들도 농산물을 가공해서 직판하고 농가 레스토랑을 개업하는 경우가 많다는 점이다. 특히 농촌 지대에서는 여성들에 의한 농업 관련 '기업(起業)'이 유행이다.

모든 것은 변한다. 특히 농촌의 환경은 세계화와 함께 급격하게 변화의 시대를 맞이하고 있다. '과거와 타인은 변화시킬 수 없지만 나 자신과 미래는 변화시킬 수 있다.'는 말도 있다. 일본 농민들은 자신과 그들의 미래를 변화시키기 위해 끊임없이 변화의 노력을 하는 현장을 곳곳에서 확인할 수 있었다.

포도와 양잠 그리고 쌀 중심의 농업 지대인 아지무 읍에서도 농업 환경의 변화에 대응하고, 쌀 가격 하락으로 인한 농가 소득 감소분을 보완하기 위해 1996년부터 그린투어리즘을 시작했다. 미야다 회장은 이것이 끝이 아니라고 말한다. 일본이나 아시아는 물론 유럽 사람들에게도 매력 있는 그린투어리즘을 창출하는 것이 다음 단계의 목표다. 끊임없이 변하지 않으면 쇠퇴할 수밖에 없는 시대라고 강조한다.

6차산업을
디자인하라

3부
지역을 활성화하라

1 ✿

지역 활성화의 기폭제,
간라도미오카농협의 영농 지도 사업

철저한 영농 지도-간라도미오카(甘樂富岡)농협

　일본의 제54회 농촌의학회에 참석하기 위해 나가노(長野) 현 가루이자와
(輕井澤)로 가는 도중 군마(群馬) 현 간라도미오카(甘樂富岡)농협을 방문했
다. 이 농협은 제30회 일본 농업상을 받았고 직매장 운영으로 크게 성공했는

간라도미오가농협 직매장

데, 일본 전중(全中, 일본 농협중앙회)에서 영농 지도의 모델 농협으로 선정하고 비디오테이프 교재를 만들어 전국에 배부할 정도로 유명하다.

간라도미오카농협은 또 토지 이용형 농업에서 농업관련 법인의 육성과 농협에 의한 농작업 및 농업 경영의 수탁 사업도 적극적으로 추진하고 있다. 농업 경영의 법인화는 단순한 농업 생산자에서 경영자로서의 의식 개혁이나 경영 체질 강화를 위해 가장 유효한 수단이기 때문이다.

이 지역은 산림이 70%를 차지하는 전형적인 중산간지로 전에는 양잠과 곤냐쿠(구약나물)의 중요 산지였다. 하지만 생사와 곤냐쿠(구약나물)가 수입되어 1985년 이후 10년 만에 판매액이 85억엔에서 10억엔으로 격감했고, 인구도 매년 2,500명씩 감소했다. 그래서 대량 소품목으로 시장 점유율을 높이던 종래의 판매 방법을 바꿔, 지역 내 유통을 중심으로 하는 다품목 소량 생산 산지로 전환했다. 그 중심적 역할은 여성부와 고령 노인들이 맡도록 했다.

슈퍼 내에 인숍 매장 27개 점 운영

간라도미오카농협은 1998년부터 직매장을 관내에 2개소 개설하고 도쿄 근교의 대형 유통업체의 매장에는 인숍(in shop) 형태의 1호 매장을 열었다. 일본에서 이 농협이 인숍 매장을 최초로 시도한 뒤 지금은 전국적으로 대형 매장마다 어떤 형태이든 직매장이 개설되고 있다. 간라도미오카농협의 인숍은 소량 다품목, 아침에 수확한 신선한 농산물 등의 이미지로 소비자의 인기를 끌어, 지금은 도쿄와 근교에 27개소나 만들어졌다. 출하 농민도 처음에는 모두가 관망하는 자세이다보니 156명에 불과했으나 지금은 1,145명에 이른다. 대부분이 고령자와 여성이다.

현재 이 농협의 판매 사업은 표고버섯이 10억엔, 부추, 오이, 가지가 각각 5억엔 등으로 농산물이 60억엔 정도이며, 축산물도 40억엔 정도로 모두 100

억엔에 이른다. 농
산물 판매 경로를
보면 직영 직매장 2
개소에서 5억엔, 인
숍에서 15억엔이 직
매 형태의 판매이
고, 나머지 40억엔
은 도매 시장 판매
실적이다.

간라도미오카농협의 인숍

　직매장과 인숍의 매출액은 매년 10%씩 증가한다. 직매장 수수료는 15%이
고, 도매 시장 수수료는 10%인데, 도매 시장 출하하는 운임과 포장비 등을 포
함할 경우 20% 정도가 공제되므로 직매장 판매가 훨씬 유리하다. 직매장을
열면서 판매액이 가장 많이 성장한 농산물은 가지이다. 애초 가지는 연간 6
천만엔 정도의 판매에 머물렀으나 지금은 5억엔대로 성장했다.

　단기간에 간라도미오카농협의 직매장에 출하하는 농민이 늘고 규모도 확
대된 것은 지역 내 생산과 지역 내 유통을 원칙으로 하고, 소량 다품목 생산
으로 문호를 개방했기 때문이다. 그 결과 품목 수가 108개에 이르고 있다. 또
고령자나 여성들에게 농산물을 생산할 때 '자가소비용'이라는 가벼운 마음
과 보통의 상식으로 재배하도록 한 것도 주효했다. 이 농협이 제시한 목표는
농가당 40a의 농지에, 40만엔 정도의 시설 투자를 해서, 연간 4품목 이상을
재배하고, 연간 400만엔의 수입을 올리자는 것이다.

노인과 부녀자들 108개 품목 생산-생산이력 100%
　직매장에 출하하는 농산물에 대한 규격은 엄격하게 통제하지 않는다. 크

기와 물량, 가격은 출하자 자신의 책임으로 직접 결정한다. 상품에는 모두 생산자의 이름표가 붙여져 있어서 소비자는 그것을 참고로 하여 구미에 맞는 것을 사 간다. 이것은 관내에서 생산한 농산물은 100% 생산이력을 기록하고 공개할 수 있도록 시스템을 정비했기 때문에 가능한 일이다.

간라도미오카농협은 직매장 사업을 시작하면서 그 기반 조성에 세심한 신경을 썼다. 처음엔 유휴 농지와 노동력이 있는 농가의 리스트를 작성, 집집마다 돌아다니면서 채소 등을 재배하여 직매장에 출하하도록 권장했다. 또 농사가 처음인 사람도 채소나 꽃을 재배할 수 있도록『챌린지21 농업 재배 지침』이라는 매뉴얼을 만들어 영농 지도에 나섰다. 여기에는 채소류 39품목, 화훼류 14품목, 과수류 10품목의 재배 방법이 알기 쉽게 기록되어 있다. 농협의 영농사업본부 요시다 마사카스(吉田正一, 52세) 본부장은 매뉴얼을 작성하는 데 1년 반이 걸렸다고 한다. 연간 250여 회의 강습회를 개최하여 농업에 경험이 없는 사람도 도전할 수 있도록 상세하게 교육했다. 최근에는 영농지도원들이 농가를 순회하면서 1월부터 12월까지 생산 가능한 작물을 매월 60품목씩 선정하고, 그 품목들이 연중 고르게 생산하도록 지도하고 있다. 즉 '월별 취급 품목 명세표'를 제안하는 등 철저하고 구체적으로 농가에 접근한다.

농가에 맞는 영농 유형 제안-유휴 농지 감소 효과

영농 지도에서 가장 중요한 것은 농가의 형편에 맞는 영농 유형(營農類形) 제안이다. 예를 들면 가지를 재배할 경우 2월에 파종하고 5월에 포장에 정식하고, 6월부터 11월까지 수확하면 10a당 8,000kg이 생산되고, kg당 단가가 250엔이며, 노동력은 980시간이 투입되는데 총 수익이 1,300만엔으로 소득률은 65%라는 식의 제안이다. 농가는 이처럼 상세한 정보를 입수함으로 자신의 노동력에 맞는 작목을 선택할 수 있게 된다.

　이러한 기반 조성과 모든 농가를 대상으로 개별 영농 유형을 제안한 결과 1996년 900ha에 이르렀던 관내 유휴 농지가 지금은 580ha로 줄었다. 유휴 농경지 활용으로 농가 소득이 증대되는 것을 경험하면서 농민들은 노는 땅을 줄이기 위해 더욱 노력하고 있다.

　이 농협의 직원 수는 320명, 그중에서 영농사업본부에 80명이 배치되어 있다. 현장을 뛰는 영농 지도원은 54명인데, 직매 사업을 활성화하면서 증원했다고 한다.

노인들 건강 회복 도움

　직매장에 실파를 출하하는 80세의 한 할머니는 "전에는 잔병이 많아 자주 병원에 다녔으나 이제는 아주 건강해졌다."고 자랑한다. 사람들과 만나서 이야기를 나눌 수 있고 현금 수입이 있기 때문에 무엇보다 즐겁다는 것이다.

　2개의 직매장은 말하자면 인숍에 출하하기 전 훈련 단계의 역할을 한다. 농가는 아침마다 직매장에 자기의 농산물을 자기 책임으로 진열하는데, 폐점 시간까지 팔리지 않고 남은 것 역시 자기 책임으로 다시 거둬 간다. 이렇게 함으로써 농가는 소비자의 반응이나 취향 등을 차츰 알게 된다. 농산물이 안 팔리고 남으면 서운한 것이야 사실이지만, 농가는 이러한 경험을 계기로 더욱 열심히 영농 기술을 공부하고 좋은 농산물을 생산하기 위해 스스로 연구하게 된다.

　한편 인숍에 출하하는 것은 슈퍼마켓과의 계약 출하와 같다. 출하하기 일주일 전에 농협 담당자가 슈퍼와 상담해서 납품할 농산물의 수량과 가격을 결정한다. 이 경우 슈퍼는 매취를 한 것이기 때문에 반품은 하지 않는다. 반면 농민은 약정한 물량을 반드시 출하해야 한다.

농가는 새벽 4시부터 6시까지 수확하고 7시까지 간단한 포장 등을 해서 자기 책임으로 집하장으로 운송한다. 집하장에서 농산물을 실은 냉장 트럭이 8시에 도쿄의 인숍으로 출발하여 10시 개점 시간까지는 직매 코너에 진열을 마친다. 당일 아침에 수확한 농산물이기 때문에 싱싱하다는 점이 최대의 무기다. 복잡한 포장이나 상자를 사용하지 않고 농장에서 매장까지 소형 컨테이너로 운송하므로 출하 비용도 적게 든다.

생산자-소비자 상호 교류로 친목 도모

이러한 판매 방식은 슈퍼 입장에서도 장점이 많다. 일종의 상승효과가 있어서 다른 코너의 농산물도 잘 팔린다고 한다. 슈퍼의 점장 역시 농산물 판매가 본점의 통제를 받지 않고 자신의 경영 능력을 발휘할 수 있는 유일한 부분이기 때문에 아주 열심이다.

도쿄의 인숍 고객과 생협의 고객을 대상으로 연 2회 정도는 생산자와 소비자 상호 교류회도 개최하고 있다. 봄에는 표고 따기 등의 이벤트를 열고, 여름에는 바비큐 파티를 마련해 상호 친목을 도모한다. 서로 친근감을 느끼는 것은 물론이고, 특히 소비자가 생산자의 얼굴을 알게 되기 때문에 농민들은 더욱 정성스럽게 농산물을 재배하게 된다.

간라도미오카농협의 직매장 사업은 지역 농업 활성화의 기폭제가 되었다. 유휴 농경지가 현격하게 감소하고 농가 소득은 증가했다. 무엇보다 노인들이 건강해졌다. 요시다 영농사업본부장은 "젊은이만 후계자인 것은 아니다. 오랫동안의 영농 경험을 가진 노인들과 부녀자도 지역 농업을 활성화할 수 있는 훌륭한 후계자"라고 힘주어 말한다.

농촌을 변화시킨 미즈호노무라 시장

농산물 직판장이 농촌을 변화시킨다-미즈호노무라 시장(市場)

　농산물 직판장이 일본 전역에 널리 확대되고 있다. 특히 최근 중국에서 수입된 농약 오염 만두 사건과 MMA 수입 쌀 사건으로 식품 안전에 대한 국민들의 관심이 높아지고 있다. 운영 형태는 농협이 직영하는 경우가 많고 마을 부녀회와 행정기관이 공동으로 출자하여 법인을 만들어 경영하는 경우도 있다. 농민들이 출자하여 회사를 만들고 직판장을 운영하는 <미즈호노무라 시

미즈호노무라 시장

장(주)>를 대산농촌문화재단이 초청한 농민지도자 23명과 함께 2007년 10월 2일 견학하였다.

이바라키 현 쓰쿠바 시 국도변에 있는 미즈호노무라 시장은 흔히 볼 수 있는 휴게소와 비슷했다. 오전 10시경 도착했으나 주차장에는 자동차로 가득했다. 우리 일행을 기다리고 있던 하세가와 히자오(長谷川久夫) 사장은 직판장 내부로 우리를 안내해서 자유롭게 시찰하도록 했다. 겉보기에는 여느 직판장과 비슷하지만 모든 농산물을 수북이 쌓아놓고 마음껏 시식하도록 하고 있다는 점이 특이했다. 고구마, 옥수수, 포도, 무화과, 떡 등 모든 판매품을 시식해 보고 맛이 있으면 사 가도록 한다는 것이다.

직판장의 목적은 농업경영자 육성

하세가와 사장은 톡톡 튀는 아이디어로 자신감 있게 연수단에게 설명했다.

미즈호의 목적은 농업경영자를 육성하는 것이다. 직판장은 출하된 농산물의 품질과 맛이 좋다고 인정하는 소비자에게만 팔면 된다.

농민은 농산물을 생산하지 않고 상품을 생산해야 한다. 농민은 생산자가 아니고 경영자가 되어야 한다. 경영자는 일반 공산품처럼 농산물의 메이커다. 메이커는 수익을 낼 수 없으면 재생산하지 않는다. 엄격하게 원가 계산해서 재생산이 가능한 판매 가격을 소비자에게 제시하고 요구해야 한다. 농민이 생산해서 유통과 판매를 다른 사람들에게 맡기고 처분만 바라보는 농업으로는 희망이 없다고 주장한다.

미즈호 시장의 상품은 절대 값싸지 않았다. 토마토 4개에 420엔, 가지 5개에 300엔, 표고버섯 1팩에 300엔, 쌀 1kg에 800엔 등 백화점의 채소 가격과 같거나 조금 비쌌다. 일반 슈퍼마켓의 가격보다는 오히려 30% 정도 비쌌다.

농가 평균 700만엔 매출

미즈호 시장은 1990년 10월 설립해서 생산자 회원이 43명이고, 소비자 회원이 1만 2천명이다. 소비자는 자동차로 30분 거리에 사는 주민들로, 그들을 대상으로 직판장의 소식지를 발송한다. 연간 매출액은 5억 4천만엔이다. 그중 신선 농산물이 3억 3천만엔이다. 회원 농가 평균 매출액이 연간 700만엔으로 일본 내의 직매장 중 최고액이다. 이 지역의 연평균 농가 소득이 200만엔이므로 3.5배 높은 셈이다. 생산 농가와 직판장은 위탁 판매 관계이고, 수수료로 15%를 공제하고 정산한다.

농림수산성의 조사에 의하면 전국의 직판장은 1만 6천개소 있다. 그중 유인(有人) 판매를 하는 직판장은 2,800개 정도다. 이 2,800개 직판장의 총 매출액이 전국 채소 생산액의 약 10% 정도 된다. 이러한 직매장은 농산물 유통 전체에 영향을 미치는 새로운 유통 경로로 성장해 가고 있다. 지자체나 농협은 고령 노인에게 일자리를 제공하는 복지 차원에서 직판장을 설립하고 운영하는 사례가 많다.

"저렴하게 팔면 농산물 전체의 가격을 인하하게 된다. 그렇게 해서는 지금까지의 농산물 유통을 변화시킬 수 없다. 가격이 아니고 품질로 승부를 낼 수 있도록 생각을 바꾸지 않으면 안 된다."라고 하세가와 사장은 수차례 강조한다.

미즈호 시장은 농가가 품질 높은 농산물을 생산하고 재고가 발생하지 않도록 여러 가지 방안을 마련하고 있다. 나중 출하 신청자는 전 출하자의 가격보다 고가로 표시해야 하고, 가격은 농가 스스로 원가를 계산해서 결정한다. 염가 판매를 방지하기 위해 한 품목에 두 농가 이상이 재배하고 나중에 출하하는 농가는 먼저 출하한 농가보다 높은 가격으로 팔지 않으면 안 된다. 신규로 출하하겠다는 신청이 있으면 받아들이지만 이러한 규칙을 지켜야 하므로 다른 사람이 생산한 것보다 가격이 더 비싸게 팔릴 수 있는 월등히 품질이 좋은 농산물을 생산할 자신이 없으면 신청할 수 없다.

농가가 판매대에 진열한 채소라도 신선도가 떨어진다든지 상품으로 팔 수 없는 것으로 판단되면 생산자 스스로 채소를 회수해서 폐기 처분해야 한다.

출하 농가는 홍수 출하가 되지 않도록 회원들 간 조정하기 위해 1년 전 월별, 품목별 출하 계획서를 미즈호에 제출한다. 현재의 농가들은 17년간 자료가 축적되어 있어 회사가 조정할 필요는 없다.

180만엔 이하 매출은 벌금 부과

연간 매출액이 1,100만엔 이상이면 장려금을 지급하고 180만엔 이하이면 벌금을 물린다. 미즈호에 출하하는 농가는 판매 위탁 신청과 동시에 판매 권리금으로 30만엔을 예치해야 한다. 이것은 자기 생산품에 대한 책임과 자부심을 느끼도록 하기 위함이다.

이렇게 함으로써 농가도 재배 기술을 연구하고, 품목이나 출하 시기 등을 상호 조절하면서 농가 상호 간의 경쟁을 유도한다. 지금은 미즈호에 출하하고 있다는 점이 현(縣) 내 농가에겐 동경 대상이 되고 있다고 설명한다.

소비자를 늘리기 위한 활동도 다양하다. 개점 초부터 이용 실적에 따라 포인트를 축적하면 10% 할인해 주는 회원제를 시행하고 있다. 현재 회원은 1만 2천명이고, 회원이 전체 매출액의 60%를 점유한다. 물건 구매만이 아니고 볼거리를 만들기 위해 부지 내에 토끼, 공작, 닭, 개 등의 동물을 사육해서 어린이들에게 볼거리를 만들어 준다. 논에서는 논농사 체험도 하고 해바라기를 밭에 심어 미로를 만드는 등 정기적으로 이벤트를 개최하기도 한다.

도쿄 한복판에서 벼 재배

1994년에는 도쿄 긴자(銀座)의 주차장 부지에서 전통 복장을 하고 옛날 방식의 손 모내기로 벼를 심는 이벤트를 벌여 일본의 주요 언론들이 대대적으로 보도한 적이 있다. 그 전년에 냉해에 의한 쌀 부족 소동을 경험한 도쿄의 소비자에게 쌀 한 톨이 어떤 과정을 거쳐서 재배되고 수확되는지 이해시키기 위해 기획한 행사였다. 뜻하지 않았던 언론의 보도로 미즈호가 전국적으로 유명하게 되었다는 설명이다.

농림성의 조사에 의하면 소매 가격에 대한 생산자 수취 가격의 비율은 27~59% 정도다. 청과물은 슈퍼마켓의 특매 상품이 되기 쉬우므로 15~30% 정도라는 지적도 있다. 농업에서는 수취 가격이 적다는 문제를 제기하지만, 진짜 문제는 최근들어 농산물에 맛이 없다는 점이 문제라고 하세가와 사장은 말한다. 오이는 수분이 많고 단맛이 부족하다. 옛날의 대파는 매운맛도 있고 향기도 있었다. 지금은 향기가 거의 없다. 이렇게 된 것은 품종 개량이 원인이다. 식량이 부족한 시대를 지내면서 내병성이 강하고 대량 수확 가능한 품종이 주로 개발되면서 맛이 없는 농산물이 시장에 나오고 있다는 설명이다.

품종 개량만이 아니고 작업의 기계화, 농업자재의 보급으로 단위 면적당 수확량은 확실히 늘었지만, 포식의 시대인 지금도 품질을 높이는 재배에는 미치지 못하고 있다는 설명이다. 이것이 소비자가 채소를 경원시하는 중요 요인이라고 설명한다. 그러므로 품질 중심의 상품 재배로 전환하면 농업은 변할 수 있다고 주장한다.

생산자도 소비자도 차별화

소비자는 먹어 보고 맛이 있으면 비싸도 산다. 생산자는 고품질의 농산물을 생산해야 하고 소비자는 그 맛을 인정해야 한다. 그래서 미즈호는 생산자도 소비자도 차별화한다.

직판장의 한쪽 벽에 출하 농가의 사진을 붙여 '얼굴이 보이는 판매'를 하도록 한다. 그보다 더 중요한 것은 소비자의 질문이 있으면 사장이든 직원이든 손님이 이해할 수 있을 때까지 설명해야 한다는 점이다. 농약에 과민 반응을 일으키는 소비자에게 '사람도 병이 나면 약을 먹어야 치료가 되듯이 농약도 적절히 사용하면 해가 되지 않는다. 농약 사용을 숨기니까 소비자는 더욱 불안해한다. 솔직히 말하면 이해하게 된다.'고 설명한다.

출하 회원 농가의 수준을 향상하기 위해 꾸준히 연구하고 공부하기 위해 회비 1만엔과 미즈호로부터 지원금 30만엔으로 <미즈호 농업경영회>를 조직하여 운영한다.

직판장의 설명을 끝내고 후계자 아이다 겐이치(會田賢一, 33세) 씨가 있는 출하 농가로 안내했다. 이 농가는 쌀, 오이, 토마토를 출하해서 연간 1,600만엔의 매출을 올리고 있다. 우수 농산물인 갭(GAP) 인증도 받았다. 하우스에서 오이와 토마토를 생산해서 800만엔의 매출을 올리고 쌀농사에서 800만엔의 소득을 올린다.

현미 30kg을 농협에 출하하면 7천엔 정도 받지만, 미즈호에 판매하면 1만 5천엔을 받을 수 있어 농민들은 미즈호의 출하 회원이 되고자 노력한다. 검사비도 농협이 하면 포대당 500엔이고 미즈호는 200엔이다. 농협의 조합원이지만 미즈호에 출하할 수밖에 없다고 설명한다.

아이다 겐이치 씨는 아버지로부터 자기 월급으로 15만엔, 부인의 용돈으로 5만엔을 받아 살림하고 월 3만엔 정도는 저축한다는 설명이다.

15%의 출하 수수료가 부담되지 않느냐는 질문에 "개별 농가가 매장을 열고 사람을 고용하면 더 큰 비용이 든다. 미즈호가 생산자를 지도하면서 이렇

게 시장을 경영하니까 다양한 품목이 함께 진열되고 상승효과도 있어서 잘 팔린다고 생각하므로 비싸다고 생각하지 않는다."라고 말한다.

채소 재배 농가 시장 출하는 10만엔, 미즈호 직판장 출하는 50만엔 소득

농산물 직판장의 활성화로 농업을 변화시킬 수 있다는 사례를 이렇게 설명한다.

쓰쿠바 시 지역은 잔디 생산량이 일본 전국에서 1위이다. 10a에 잔디를 재배하면 10만~15만엔의 소득을 얻는다. 채소를 재배해서 일반 시장에 출하해 얻는 소득은 10만엔 정도다. 그러나 같은 면적에 고품질의 채소를 재배해서 미즈호에 출하하면 1년에 50만엔의 소득을 얻을 수 있다. 10a에 쌀을 재배해서 일반 시장에 출하하면 10만~15만엔을 받지만 미즈호에 출하하면 20만~25만엔을 받는다.

하세가와 사장 스스로 쌀농사와 축산 중심의 전업농을 수십 년 했다. 읍 의회 의원으로 행정에도 참여했다. 정원수를 길러 조경업을 경영하기도 했다. 생산자인 농가가 자기가 생산한 농산물에 가격을 붙이지 못하는 것을 항상 안타깝게 생각했다. 그 당시의 생각을 해결하기 위해 미즈호를 설립했다는 것이다. 품질 좋은 농산물을 생산하고 원가 계산해서 자기 책임으로 농산물 가격을 결정하는 농업경영자 양성이 미즈호의 창업 정신이다.

농가는 생산자만이 아니고 경영자가 되어야 한다. 농가는 내 주장을 함과 동시에 자기 책임도 인정해야 경영자다. 그래야 농업 문제를 해결할 수 있다. 앞으로는 미즈호의 시스템을 전국으로 확대해서 직판장을 기점으로 산업으로 자립하는 농업을 만들어 농업이 발전하는 일본이 되도록 하겠다고 자신 있게 말한다.

3 ✿

테마와 감동으로
고객을 사로잡는 이카노사토 종합 농장

메시지가 있는 종합 농장 이카노사토

나고야(名古屋)에서 서남쪽으로 100㎞ 떨어진 미에(三重) 현의 유한회사 이카노사토(伊賀の 郷) 종합 농장을 찾은 것은 2006년 2월 9일이다. 쓰게(拓植) 역에 내려 택시를 잡고 이카노사토 농장으로 가자고 하니 70대의 택시기사는 그 농장은 젊은이들이 많이 모여드는 곳으로 유명하다고 말한다. 그러면서 찾아오는 고객도 20~30대의 젊은이들이고 200명의 종업원도 모두가 20대의 청년들인데, 도대체 무엇이 젊은이들을 그렇게 산골짜기까지 끌어모으는지 모르겠다고 이야기한다.

이 지역은 오래전부터 전통 공예품으로 이카(伊賀) 도자기가 유명하다. 농업은 하우스 딸기와 벼농사, 축산이 중심이고 특히 돼지고기는 <이카돈육>이라는 상표로 전국에 이름을 떨치고 있다. 1975년경 돼지고기 수입이 자유화되면서 양돈업 경영이 어려워졌을 때 생산 농가와 농협이 주축이 되어 오늘의 이카돈육 상표를 만들었는데, 주축이 되었던 사람이 당시 농협에 근무했고 현재는 이카노사토의 사장인 기무라(木村) 씨이다. 이카노사토 종합 농장은 현재 쌀, 밀, 맥주보리, 딸기, 콩 등 20품목의 농산물과 햄, 소시지, 된장 등 150품목의 가공 농산물을 생산한다.

일본 농협경제연합회(한국 농협중앙회의 경제사업부문)의 축산 사업 분야에 오랫동안 근무했던 기무라 사장이 기획한 수제햄 공장의 시작은 1988년이었다. 그 후 계속해서 회원 조직을 상대로 택배 판매를 하고 체험 교실도 운영하면서 1995년에 현재의 이카노사토 종합 농장을 개업했다. 그리고 1996년에는 관광형 농업과 농작업 체험을 통한 생산자와 소비자 교류의 중요성, 새로운 농업의 가능성을 보여 준 점, 그리고 지역에서 생산한 음식 재료로 슬로우푸드를 실현한 점 등이 높이 평가되어 아사히(朝日)신문이 주는 아사히 농업상을 받았다.

기무라 사장은 또 '맛과 안심(安心)의 양립'을 주제로 무첨가 햄과 소시지 등을 생산해 지역 상표로 개발하고, 농장을 농축산물의 가공 체험이나 어린이들의 심성 교육의 장소로 제공하는 등 지역 농업과 농촌 문화와 자연환경의 보존을 최우선시하면서 생산자와 소비자의 교류를 통한 지역 전체의 활성화에 공헌한 업적이 관광 산업 부문에서 높이 평가되어 국토교통성이 수여하는 관광 카리스마 상을 받았다.

양돈 농장을 관광 농장으로

농장 정문을 들어서자 바로 천연 온천이 있고 인근 농가에서 생산한 채소를 직매하는 파머스마켓이 있다. 파머스마켓에서는 지역 내에서 생산한 콩을 이용해 직접 두부를 만들어 파는 두부 공장도 운영한다. 그 옆으로는 돼지 불고기 전문관, 판매점, 핫도그 가게 등이 연이어 있다. 상가를 벗어나면 약 15ha 규모의 종합 농장이 시원하게 한눈에 들어온다.

농장의 드넓은 부지에는 햄, 소시지, 맥주, 빵, 과자, 두부 등 농산가공을 하는 이국풍의 색다른 건물들이 드문드문 배치되어 있다. 가공공장 공원인 셈이다. 또 형태가 전혀 다른 식당도 3개 있다. 하우스 내에 포도가지가 꽉 들어 찬 <파파 맥줏집>에서는 피자나 파스타를 맛보면서 이 농장에서 직접 생산한 맥주를 마실 수 있다. 결혼식도 여기서 열린다. 농촌 요리점 <모쿠모쿠>에서는 콩과 잡곡을 혼합한 오곡(五穀)죽 등 지역 내에서 생산한 농산물을 사용한 슬로우푸드(slow food)를 제공한다. <바비큐 맥줏집>에서는 돼지 불고기, 햄, 소시지와 맥주를 판매한다. 여기서 제공하는 음식 재료는 100% 농장 내에서 생산하거나 인근 농가에서 생산한 것이다. 신토불이(身土不二)를 실현하고 있다.

이카노사토에서 가장 인기 있는 이벤트는 연간 10만명의 단체 관광객이 참여하는 '수작업 햄 소시지 교실'이다. '유유자적 학습 목장'도 열린다. 학습 목장에서는 무료 착유 체험, 말 타기, 돼지, 말, 소, 양과 친해지는 학습 등을 한다. 예를 들면 양의 털을 깎아 실을 만드는 체험을 할 수 있다.

농장 인근 농가에서 생산한 농산물을 수매하기도 하고 휴경지를 빌려서 쌀과 콩을 재배하며 밭에서는 채소류도 생산한다. 이렇게 임차하여 직원들이 직접 농사하는 면적이 40ha에 이른다.

학교 급식의 30%를 지역 내에서 생산 원칙

농작업 체험을 통한 도시와 농촌의 교류와 어린이들의 식생활 교육을 하는 것도 이 농장의 중요한 사명이다. 일본 정부는 식생활 교육의 중요성을 인식하고 이를 철저히 하기 위해 2005년 '식육기본법(食育基本法)'을 제정한 바 있다. 올바른 식생활 교육을 국민운동으로 추진하고, 식육기본법의 이념을 실현하기 위해 2010년까지 학교 급식의 30%를 지역 내에서 생산한 농산물로 충당한다는 '식육 추진 기본 계획안'도 최근 발표했다.

이러한 흐름에 맞춰 이카노사토도 도시 소비자들에게 농업을 이해시키고 건전한 식생활 교육을 하기 위해 2002년부터 25ha의 논 일부를 활용, 파종에서 수확까지 쌀 생산 과정을 가르치는 '논농사 학교'를 개설했다. 정원이 200명이고 유료인데, 참여자는 논두렁 치기부터 도정이 끝나기까지 5차례 농장에 출석해서 직접 체험해야 한다. 일시적인 수확 체험과 달리 연간 지속적인 체험을 통해 벼 재배와 쌀 생산 과정을 배우는 본격적인 체험 교육이다. 일본에서는 도시 근교를 중심으로 최근 이러한 논농사 학교가 인기를 끌고 있다.

논농사 학교는 이것을 운영하는 농가로서도 좋은 점이 있다. 991m²의 논으로 논농사 학교를 운영할 경우, 소비자 열 가족이 참여하는데 한 가족당 2만엔을 받는다. 물론 농가는 농작업을 지도하는 교사 역할을 한다. 소비자는 연중 5회 학습에 참여하는데 한 가족이 보통 4명으로 자동차를 타고 온다. 열 가족이니 모두 40명이며, 이들이 논 주위에 모여들어 하루를 보내기 때문에 여기에 장이 열리고 가공 농산물 판매도 한다.

보통 991m²에서 500kg의 쌀을 생산해서 소비자 한 가족당 현미 30kg씩, 열 가족이 300kg을 가져간다. 소비자는 농작업을 하고 2만엔에 안전한 쌀 30kg을 산 셈이다. 쌀 30kg의 시장 가격은 보통 6천엔 정도이다. 논농사 학교에 참여한 소비자들은 쌀을 비싼 가격으로 샀다는 생각을 하지 않는다. 오히려 자녀들의 심성 교육을 위해 좋은 추억을 만들었다고 생각한다. 농가는 소비자 열 가구로부터 20만엔을 받았고, 남은 쌀 200kg을 판매하여 4만엔의 수익을 올리기 때문에, 991m²의 소득은 모두 24만엔이 되는 셈이다.

이카노사토는 200명의 종업원이 일해서 매출액 26억엔을 달성하고, 연간 50만명의 관광객이 찾아오며 가족 모두가 즐길 수 있는 종합 농업공원이지만, 농산물을 팔아 이익을 내는 것만을 목적으로 하지는 않는다. 이카노사토 농장이 표방하는 메시지를 보면 이렇다.

자연에 감사하는 마음으로 농사를

우리는 농사를 짓습니다. 매일 자연 속에 살고 자연에 감사하는 마음을 갖습니다. 이 농장은 도시와 농촌의 교류 시설로서 많은 사람이 이용하고 있습니다. (중략) 다음 사항에 협조해 주시기 바랍니다.

첫째, '환경'. 가능한 한 쓰레기가 발생하지 않는 농장으로 유지하고 싶습니다. 쓰레기가 되는 것을 사용하지 않고, 발생시키지 않으며, 재활용합니다.

둘째, '몸(육체)'. 가능한 한 몸에 좋은 건강한 라이프스타일을 제안합니다. 음식 재료는 '맛과 안심의 양립'을 주제로 한 것을 제공합니다. 자연의 은혜를 받은 치료의 장소를 제안합니다.

셋째, '마음'. 가능한 한 마음에 여유를 주는, 정신적인 치료가 되는 장소를 제공합니다. 웃는 얼굴로 인사합니다. 깨끗한 장소를 제공합니다. 추억에 남을 만한 감동을 제공합니다.

이처럼 실행하기 쉽고 솔직한 메시지는 고객들을 감동하게 했고, 농장에는 쓰레기가 거의 발생하지 않는다. 물론 재활용을 철저히 하고 남은 음식물 등을 퇴비로 만들어 사용한 결과이기도 하지만, 고객들의 적극적인 참여가 주효했음은 물론이다.

통신 판매 회원 2만 8천명

이 농장은 통신 판매를 무척 중요하게 여기고 있다. 네이처(nature, 자연) 클럽을 조직해 운영하고 있는데 회원이 2만 8천명에 이른다. 네이처 클럽 회원만 관리하는 사무국 직원이 4명, 회원은 연회비로 2천엔을 내고 등록한다. 회원이 되면 특전으로 무료 입장권 20매(유료의 경우 400엔)를 받고, 네이처 클럽 통신, 선물 카탈로그 등 각종 홍보물을 우편으로 받아 볼 수 있다. 선물 카탈로그는 연 2회, 네이처 클럽 통신은 연 4회 발행된다. 이러한 카탈로그나 통신 자료 등은 모두가 20대의 신세대 감각으로 디자인하고 제작되며, 사장과 임원은 여기에 전혀 관여하지 않는다. 선물 카탈로그는 3천엔부터 2만엔까지 햄, 소시지, 맥주, 쌀, 빵, 콩 등 다양한 상품과 가격을 조합해서 만든다. 네이처 클럽 통신은 농장 소식과 이벤트 계획 등을 미리 회원에게 알려준다.

이러한 고정 회원을 통해 판매되는 것이 연간 5억엔에 이른다. 회원들은 한 번 입회하면 좀처럼 탈퇴하지 않고 매년 농장을 찾을 뿐만 아니라, 믿을 수 있고, 질 좋은 상품을 사는 영원한 고객이 된다고 한다. 회원 구성을 보면 이 지역인 미에 현 거주자가 60%이고, 나머지는 오사카, 나라(奈良) 등지의 사람이다. 회원의 대부분이 농장 인근 지역 사람인 것이다. 이들 회원에 한해서 식농(食農) 학습 프로그램에 참여를 통한 농작업 체험이 가능하다. 여기서는 식생활의 중요성과 농업과의 관련성에 대해 주로 강의가 이루어진다.

신세대 감각의 아이디어로 무료 홍보

이 농장의 성공 요인의 하나가 독특한 홍보에도 있는 것 같다. 톡톡 튀는 신세대 감각의 아이디어와 공공성이 있는 개념을 가미한 이벤트를 기획하면 광고료를 들이지 않아도 매스컴에서 스스로 나서서 홍보해 준다. 1996년 매스컴의 취재가 117건이었는데 2001년에는 600건으로 늘었다는 결과가 이를 반증한다.

농장의 콘셉트를 친환경 농업만 고집하며 농업과 식생활 교육 장소로 활용한다는 것으로 설정함으로써 공공성을 강조한 것도 주효한 것으로 보인다. 21세기 국민의 건강을 지키기 위해 지역에서 생산된 농산물만을 사용하고 최대한 자연적인 방법으로 가공한다는 점, 슬로우푸드 개념을 도입해 빵도 국산 밀을 사용해 장작불을 지펴서 굽는다는 점 등이 매력인 것이다. 이처럼 다른 곳에서 볼 수 없는 친환경적이고 지역에서 생산한 농산물 사용, 국민의 건강을 중시하는 식생활 제안, 환경 보호의 중요성을 강조하는 다양한 이벤트 등이 시너지 효과를 일으켜 매스컴의 관심을 불러 모은 것 같다.

이카노사토 개설 이후 관광객은 감소한 적 없이 해마다 꾸준히 늘어서 최근에는 연간 50만명이 찾는다. 특히 30~40대가 65%를 차지할 만큼 젊은 사람들에게 인기다. 단체 관광객이나 농작업과 가공 등의 체험 고객이 많지만 어린이를 동반한 가족도 많이 눈에 띈다. 필자가 농장을 찾은 날도 이삼일 전까지 눈이 내렸고 추운 날씨가 이어지는데도 택시기사가 말했던 것처럼 어린이들을 데리고 온 가족들로 초만원이었다. 이카노사토 농장의 이념과 콘셉트에 공감하는 젊은 세대가 많다는 것은 이런 형태의 농장이 더욱 발전할 것임을 말해 준다.

농업 6차 산업 효과

이카노사토에서는 농업의 6차 산업화의 중요성을 느낄 수 있었다. 이 회사가 지역 농가로부터 수매한 농산물과 농장에서 직접 재배한 쌀, 콩, 채소류 등의 생산액은 약 4억엔이다. 이를 각 공장에서 가공하면 가공품 생산액은 12억엔이 된다. 이를 다시 자체적으로 직판하거나 식당 재료로 사용해서 음식으로 판매하면 생산액은 26억엔으로 늘어난다. 즉 농산물의 부가가치가 가공으로 인해 3배가 되고, 직판과 음식점 판매로 인해서 6.5배로 확대 창출되는 것이다.

이 농장 매장에서 팔고 있는 『이카노사토, 대 분투』라는 책을 보면 첫 머리에 이런 글이 있다.

'지역 활성화의 테마가 없다' '사람이 없다' '특산품이 없다' '관광 자원이 없다' '사람들이 모이지 않는다' 이런 상황은 전국 농촌 어디를 가더라도 흔히 듣는 말이다.

그러나 '없다'고 한탄만 하는 전국 농촌 공통의 문제점을 '있다'로 전환해 실증해 보인 사람이 바로 이카노사토 농장의 기무라 사장이다.

아무것도 없다는 불평을 하는 사람들은 이 농장의 성장 과정을 보면 분명히 어떤 지역에서도 '있다'는 기적을 일으키는 것이 가능하다.

'없다'를 '있다'로

없는 것을 탓하면 결국 아무것도 할 수 없다. 그러므로 농민들은 무엇보다 대도시 소비자의 생활 변화를 이해하고 소비자가 요구하는 콘셉트를 농촌에서 실현해야 한다. 이를 위해서는 지금 있는 것을 소비자의 시각으로 재평가하고, 예전에 있었던 것을 부활시킨다는 생각으로 도전해야 한다. 그래야 우리 농촌도 가능성을 찾을 수 있다.

오후 6시가 되어 이카노사토를 나서면서 필자의 머리를 떠나지 않은 생각은 한국 농업의 살길도 농업의 6차 산업화에 있다는 것이었다.

지역 경제를 살찌우는 하다노농협

농산물 직매장으로 지역 경제 부활-하다노농협

하다노(秦野)농협을 방문한 것은 2011년 1월 12일이다. 전날 도쿄의 올림픽 청소년기념관에서 있었던 지산지소(地産地消) 관련 국제심포지엄에 참

하다노농협 직매장

석했다가 아침 일찍 신주쿠에서 로만스카를 타고 하다노농협에 갔다. 조합원 수는 8,700명(준조합원 5,800명 포함)이고, 예수금은 1,581억엔, 대출금은 460억엔으로 예대 비율이 30% 정도이다. 직원 수는 365명이고 당기 순이익을 6억엔 정도 내는 중(中)규모의 농협이다.

하다노농협은 일본 농협 중에서도 조합원 교육을 가장 열심히 하고 있는 농협으로 평가받고 있다. 우리나라의 경기도 고양 지도(知道)농협과 자매결연을 맺어서 조합원과 조합원 자녀 등의 상호 교류를 열심히 하고 있고, 10여 년 전부터 학생들의 서예와 그림 등 작품을 상호 교류하면서 전시하여 학생들의 국제적인 감각 증진에도 도움이 되고 있다.

한국 농협중앙회 직원들은 일본 농협을 벤치마킹하기 위해 일본을 자주 방문하는데 그중에서도 하다노농협을 가장 많이 방문한다. 하다노농협은 아시아와의 공생(그 외 조합원과의 공생, 지역 사회와의 공생)을 조합 경영 기본 방침으로 정하고 있어 그 목적으로 한국 농협과의 교류를 중요시한다. '한국 농협의 일본현지 연수원'이라는 평가를 받을 정도로 농협 직원들의 연수 방문이 많다.

하다노 시 인구는 16만 8천명으로 도쿄의 베드타운 역할을 한다. 도시화와 농민의 고령화가 진행되는 가운데 어떻게 해서 지역 농업을 활성화할 것인가를 가장 중요한 과제라고 생각한 마쓰시다 마사오(松下雅雄) 전 조합장은 2000년 서울 양재동의 하나로클럽을 시찰하고 나서 지역 내에 파머스마켓을 설치할 것을 결심했다. 마음 속으로 결정하고 나서 참모들을 서울로 출장을 보내 하나로클럽을 시찰하고 보고서를 작성하도록 했다고 한다. 그 당시 필자가 농협중앙회 신용대표로 근무하던 때인데 인사차 찾아온 그들에게 우리의 하나로클럽을 모방하지 말고 지역 사정에 맞는 실질적이고 생산자와 소비자의 얼굴이 보이는 소규모의 파머스마켓을 설치하는 것이 좋겠다는 조언을 한 바 있다.

그들은 파머스마켓의 애칭을 <하다노 지바산(地場産)즈, s>로 공모하여 결정하고 2002년 11월 매장 면적 495m², 150대 주차 가능한 가건물 형식의 매장을 개업했다. 시설 투자를 적게 하기 위해서다.

생산자와 소비자의 교류를 통한 지역 활성화

그리고 파머스마켓을 현재의 농촌 환경을 고려해서 조합원 중심으로 운영하기 위해 설치 목적을 다음과 같이 명확히 했다.

첫째, 지역 농업에 관한 정보 제공과 생산자와 소비자의 교류를 통해서 지역 진흥과 지역 활성화를 도모한다.

둘째, 판로의 다양화와 산지(産地) 간 경쟁이나 국제 경쟁의 격화에 대응해서 농산물의 시장 외 유통 확대와 판로 확보를 도모하고 농산물의 적정 가격 판매 및 농업 소득의 안정에 이바지한다.

셋째, 고령화 시대에 대응해서 고령자와 여성 등을 주요 대상으로 해서 소량 다품목 농산물의 판로를 확보함과 함께 소비자의 요구에 맞는 유기 감(減)농약 농산물의 보급과 생산 확대를 도모한다.

넷째, 신선, 안심, 저렴한 농산물을 연중 소비자에게 안정적으로 공급함과 동시에 점두정미(店頭精米: 소매점에서 판매 시점에 정미) 방식의 정미소를 설치해서 지역산 쌀, 깨끗한 물의 하다노 쌀이라는 상표로 소비 확대를 도모한다.

여기서 눈여겨보아야 할 부분은 직매장 운영 수익이 목표가 아니고 지역 농업 진흥을 목표로 내세우고 있는 점이다.

운영 방식은 생산자로부터 판매 위탁받은 신선하고 안전한 지역에서 생산된 농산물이나 가공품 등을 소비자에게 중간 경비 없이 저렴하게 제공하는 방식으로 한다. 이 방식은 생산자와 소비자의 교류를 촉진하며 생산자를 조직화하고 삶의 보람을 느끼도록 하는 한편, 생산자로 하여금 지역에서 생산한 농산물과 가공품의 브랜드화나 지역 농업의 발전에 이바지하도록 하고 있다.

출하를 희망하는 농가는 농작물과 가공품을 직접 생산 제조하는 하다노 농협의 조합원과 그 가족으로 하고 농협과 판매 위탁 계약을 체결한다.

1월 12일 필자가 방문한 그날 아침에 수확해서 출하된 채소류가 50품목이고, 수제 가공품과 절화, 화분 등을 포함하면 100여 품목이 진열되어 있다.

매월 15일과 월말을 기준으로 판매 대금을 정산한다. 이때 판매 수수료 15%와 바코드 라벨 발행 실비를 공제하고, 25일과 다음 달 10일에 출하자 계좌에 입금한다.

영업 시간은 오전 9시부터 오후 6시까지이고, 농산물 반입 시간은 오전 7시 30분까지이다.

2014년 3월 결산까지는 판매액이 15억엔 정도 달성할 것이라고 마쓰시다 조합장은 예측하면서 매년 20% 정도씩 매출액이 성장하는 이유는 신선하고 안전한 농산물이라는 점이 소비자에게 인정되었기 때문이라고 한다. 여기서 중요한 역할을 한 것이 음성 안내 시스템이라고 한다. 출하 농민이 새벽에 생산해서 당일 7시 30분경 매장에 출하한 농산물이 15분마다 몇 개 팔렸는지 알 수 있도록 음성 안내 시스템을 도입했다. 예를 들면 아침에 출하하고 밭에서 휴대 전화로 음성 안내 시스템에 전화해서 모두 팔렸다는 것이 확인되면 다시 수확해서 출하하므로 신선한 농산물을 바로 소비자가 살 수 있다는 것이다.

관내 농산물이 80%-생산 이력 100%

농산물의 80%는 지역 내 농산물이고 나머지 20%는 군마 현 사와다(澤田)농협 등 16개 농협과 제휴해서 출하받고 있다.

지바산즈의 개설에 중심적인 역할을 한 하다노농협 참사인 야마구치(山口政雄) 씨는 "생산하면 팔리는 시대가 아니다. 생산자의 이름이 지금은 브랜드가 되고 있다."라고 설명한다.

출하 농가 간의 경쟁도 격렬하게 일어나고 있다. 다른 농가가 재배하지 않는 농작물 생산에 도전하기도 하고, 끊임없이 다른 출하자와 비교하면서 상대방이 출하한 것이 왜 잘 팔리는지를 알아보기 위해 비교 검토하고 아이디어를 도입하기에 여념이 없다. 그래서 그런지 이전에는 보지 못했던 중국 사람들이 즐겨 먹는 채소를 재배하여 진열하기도 하고, 유럽에서 인기가 있는 채소를 지역에서 재배하여 판매하기도 한다.

현재 출하 등록된 농가는 개업 당시에는 300호였으나 지금은 600호로 증가했다. 호당 평균 120만엔 정도 출하하지만 최고 1천만엔 이상을 출하하는 농가도 있다.

마쓰시다 조합장 부인도 매실을 집에서 가공하여 우매보시(梅干, 매실장아찌)를 생산하여 지바산즈에 출하한다. 그래서인지 마쓰시다 조합장은 한국에 올 때면 반드시 자기 부인의 선물이라면서 우매보시를 필자에게 선물로 준다. 주는 사람의 정성이 들어 있는 선물이라서 고맙기도 하고 마땅히 줄 선물이 없어서 고민하기도 한다.

지산지소(地産地消)와 신토불이(身土不二)

직매장의 정면 벽에는 지산지소(地産地消)와 신토불이(身土不二) 액자가 나란히 걸려 있다. 마쓰시다 조합장은 일본 정부가 농정의 핵심 사항으로 추진하는 지산지소보다 한국에서 추진했던 신토불이 운동이 훨씬 강력한 호소력이 있다고 생각하여 함께 걸었다고 설명한다. 그런데 한국에서는 신토불이 운동이 잊혀지는 것 같아서 안타깝다고 이야기한다.

복지 사업은 수익 사업

하다노농협은 고령 조합원들의 요구로 노인 복지 시설 데이(day)서비스 센터도 운영한다. 매일 고령 노인들을 자동차로 모시고 와서 하루 종일 수발해 드리고 오후 5시에 귀가시키는 사업이다.

농협 건물 옆에 991m²의 부지에 575m²의 건물을 별도로 지어 수발 보험 대상자 40명이 이용한다. 투입된 비용은 2억엔 정도라고 한다. 중증 치매 환자의 경우 하루 8시간 수발하는 데 1만엔이 소요되지만 개인의 부담은 1천엔에 불과하고 나머지 9천엔은 보험으로 충당된다.

사람을 파견하는 방문 수발도 한다. 1시간 이상 1시간 30분 미만의 경우

하다노농협 복지시설

신체 수발은 584엔, 생활 원조는 291엔이다. 나머지 90%는 수발 보험으로 처리된다.

농협의 복지 시설 운영은 조합 운동으로서도 필요하고, 환원 사업이라기 보다는 조합 경영 측면에서도 필요한 수익 사업이라고 설명한다.

우리 일행을 안내한 조합장은 파머스마켓을 개설해서 농민이 농가 소득을 올리는 것으로 삶의 보람을 느끼게 되었고, 복지 시설을 운영함으로써 농민 들이 활력을 되찾게 되었고, 고령자들의 건강 수명이 연장되었다는 점이 가 장 중요하다고 말한다. 수입 개방과 도시화, 고령화로 지역 농업이 활력을 점 점 잃어가고 있었으나 파머스마켓의 개장으로 조합원들이 농협 중심으로 뭉 치고 협동조합의 필요성을 실감하게 되었다는 것이다.

저녁 식사를 마치고 우리 일행을 배웅해 주면서 마쓰시다 조합장은 "시대 의 변화와 함께 끊임없이 변화해 가면서 조합원의 요구에 부응하는 것만이 하다노농협이 살아남는 길"이라고 강조한다.

5   문화를 파는 아라다테나 국도의 역(驛)

휴게소 겸 지역 농산물 직판장

　인구 1만 4천명의 이와데야마(岩出山) 읍에 있는 아라다테나 국도(國道)의 역(국도의 휴게소 개념)은 연간 매출액이 12억엔이고 360만명이 드나드는 휴게소 겸 지역농산물 직판장으로 유명하다. 이와데야마 읍은 일본에서도

아라다테나 국도의 역

아라다테나 농가식당

유명한 400년 전의 다테마사무네(伊達正宗) 장군의 성이 있고, 현존하는 일본 최고의 주민 교육장이 있는 지역으로 작은 교토(京都)라 불린다. 야마가다 현과 미야기 현의 중간에 위치하고 센다이(仙臺) 공항에서 1시간 거리에 있다. '아라'는 프랑스 어로 유행을 의미하고 '다테'는 어떤 틀을 의미하지만 다테마사무네를 상징해서 만든 조어라고 한다.

농업을 기간 산업으로 지역 경제 부활

이 역의 사장인 사도 신이치(佐藤仁一, 57세) 씨는 대산농촌문화재단 연수단 일행에게 직판장 구석구석을 유머러스하게 안내하면서 눈이 번쩍 뜨이게 한다. 그는 젊은 날 지역 고등학교를 졸업하고 가업인 쌀농사와 축산을 시작했다. 그러나 농촌의 고령화와 인구 감소, 농업의 황폐화를 보면서 고향인 농촌이 활기를 잃어 가는 것을 그대로 볼 수가 없어 읍장에 출마했으나 첫 번째는 낙선하고 두 번째에 당선돼서 16년간 읍장을 했다.

아라다테나 국도의 역은 '시장경쟁경제에서 지역 경제의 부활'이라는 슬로건으로 지산지소(地産地消)를 넘어 순산순미(旬産旬味, 채소나 과일이 가장 맛이 있는 적기에 생산하고 적기에 먹는다는 의미)와 도시와 농촌의 교류 활성화를 주장했다. 시장경쟁경제로는 농촌 지역을 부활시킬 수 없다고 생각했다.

20세기와 21세기의 다른 점 3가지를 들자면, 첫째, 출생자와 사망자의 역전, 둘째, 농촌 인구와 도시 인구의 역전, 셋째, 2차 대전 전(前) 탄생과 후(後) 탄생자의 역전이다. 그래서 21세기는 출생자와 사망자의 역전으로 고령자와 여성의 활동 시대가 되었으며, 농도(農都) 인구의 역전으로 도시인이 농촌을 동경하고 그리워하게 되었으며, 전쟁 전과 후 탄생의 역전으로 단체 여행에서 개인 또는 그룹 여행으로 바뀌고 있다고 설명한다. 이 점을 간파하고 지역 활성화에 활용해야 한다는 것이 그의 주장이다.

내발형 지역 활성화-창조경제의 탄생

　그래서 기업 유치 등 외발력(外發力)만으로 지역 활성화를 하려면 농업은 쇠퇴하고 만다. 농업을 축으로 새롭고 다양한 겸업의 형태를 만들지 않으면 쌀농사도 지킬 수 없다. 즉 고령자와 여성을 참여시킨 지역 활성화를 추진해야 한다. 농촌의 문화와 풍요로움을 소비자에 전달하는 내발형(內發型) 지역 활성화 추진이 중요하다. 또 개인이나 가족 중심의 여행객을 염두에 두고 국도의 역과 직판장을 운영한다는 설명이다.

　사도 사장은 농촌 지역 활성화를 위한 세 가지 요소를 다음과 같이 설명한다. 첫 번째로 도시인의 눈으로 지역의 역사와 전통, 인물, 문화를 재발견해야 한다고 주장한다. 농촌 지역에서는 당연한 것도 도시인의 눈으로는 가치가 있다는 이야기다. 두 번째로 지역 자원을 현대 감각으로 보완해야 부가가치가 높아진다. 예를 들면 죽공예 바구니를 그대로 팔면 5천엔 정도다. 여기에 유리 공예를 이용하여 죽(竹) 제품에 새로운 디자인으로 첨가하여 제작하면 5만엔은 충분히 받는다. 요즈음 이야기하는 '창조경제'가 된다. 세 번째로 새로운 시대 흐름을 신속하게 도입해야 한다. 인터넷, 휴대폰, CI 전략 등 시대 흐름에 맞추어 변화를 주어야 한다는 이야기다. 그래서 직판장과 밭을 휴대폰으로 실시간 연결하여 재고 감축에 도움이 되었다고 설명한다.

이 지역은 평균 경작 규모가 1.7ha이고 65세 이상이 27%인 이들에게 시장에서의 경쟁에 이기라는 주장은 도저히 용납할 수 없다고 생각하고, 오히려 고령자들의 지혜를 활용하고 이들이 활력을 되찾도록 주민 자치를 하도록 하는 것이 중요했다. 그래서 다른 곳과는 달리 지자체가 4억엔을 출자하고 총 시설비는 국가 보조를 포함 10억엔을 투자하여 농민 86명이 주주가 되는 제3섹터 방식의 주식회사를 설립, 국도의 역을 운영하고 있다. 일본 내에서도 지역 활성화 성공 사례의 하나로 유명하다.

식당 운영보다 농산물 직매장이 주역

최근 일본에는 좁은 지역임에도 불구하고 사람이 많이 몰려드는 세 곳이 있다. 북해도의 아사히 동물원, 구마모토의 구로카와(黒川) 온천, 이와데야마 읍의 아라다테나 국도의 역이다. 공통적인 것은 각각이 동물의 시점(視点), 온천물의 시점, 채소의 시점을 콘셉트로 하고 있다는 점이다. 이 역에서는 채소나 과일 판매대의 높이를 소비자들의 눈높이인 110㎝로 정하여 성공했다고 보인다.

이 국도의 역에 있는 채소, 산채 등 특산물을 판매하는 농산물 직판장, 빵 매점, 메밀 국수집, 쌀 공방, 식당 등은 언제나 사람들로 북적거리면서 주변 온천 지역 여행객의 오아시스가 되고 있다. 개점 당시에는 식당 운영이 주력이어서 농산물 직판장이 주민과 여행객의 인기를 끌지는 예상 못했다. 지금은 농산물 직판장이 이 역의 주력이고 전체 매출액의 60%가 직판장에서 나온다.

초등학교 4학년생 눈높이의 매장-농산물 잔품 1~2%

직판장은 판매대의 높이를 초등학교 4학년 학생의 눈높이인 110cm로 정하고 있다. 이 높이는 채소의 시점이고 초등학교 4학년은 구매 충동과 호기심이 많은 연령층이라 그 눈높이에 진열하면 채소가 신선하게 보이고 잘 팔린다는 점에 착안했다. 생산이력제도 100% 활용하고 있다. 진열된 농산물의 바코드를 스캔하면 모니터에 생산자의 사진과 생산이력이 나오고 15초 단위로 그 채소의 요리 방법, 특징, 영양소 등 모든 정보가 제공된다.

실시간으로 품목별 판매 상황과 재고 현황을 276명의 출하 농민이 휴대전화로 확인할 수 있도록 했다. 사장은 자기 휴대전화로 모든 출하자의 판매 상황과 재고 현황을 실시간으로 확인할 수 있도록 했다면서 어느 농가의 11시 현재 판매 상황을 보여 준다. 이 농가는 가지 12개 중 6개, 오이 15개 중 7개를 판매해서 총 매출액이 5천엔이다. 농가는 판매 상황을 보면서 납품하므로 재고가 적고 연간 매출 자료를 정리하면 다음 해의 품목별 재배 면적 계획 수립과 출하 계획 수립에 도움이 된다. 매장과 밭을 휴대전화로 연결하는 시스템을 가동하여 약 10% 정도였던 재고가 1~2%로 줄었다.

이 역은 농촌 지역 고용 창출에도 중요한 역할을 한다. 100여 명의 직원 중 76명이 지역 내에서 사는 주민들이다.

문화를 판다

이 역은 영업 이념은, 첫째, 상품을 팔지 말고 지역 문화를 팔자. 둘째, 지산지소가 아니고 순산순미의 농산물을 팔자. 셋째, 최고의 화장실 전략을 펴자이다.

우선 개장과 동시에 상품을 팔지 말고 지역 문화를 팔자고 끊임없이 교육했다. 이유는 두 가지다. 하나는 고객의 대부분은 도로 통행자이다. 지역 문화와 지역 정보를 제공하면 입 선전으로 손님이 손님을 데리고 온다. 또 하나는 식(食)문화의 확산이다. 신선 채소, 안심 채소를 요구하는 것은 소비자의 당연한 권리다. 한 발 더 앞서서 향기가 있는 채소와 완숙된 과일, 그리고 시장에서 볼 수 없는 순산순미의 문화를 판다는 정신이 중요하다.

그래서 홀의 한가운데를 문화 공간으로 만들어 어린이들의 작품 전시회도 열고 노인들의 공예품 전시회도 개최한다. 노인들이 전통 기술과 지혜를 발휘하여 죽공예품을 제작하는 과정을 시연해 판매하여 사장된 기술을 발휘하도록 했다. '집에 누워 있는 할머니를 관광 도우미로 변신시켰다.'고 표현한다. 이 홀에서는 음악 콘서트도 자주 열린다.

주민의 문화 수준을 향상하면서 자부심을 느끼게 했다. 방문객들은 즐기면서 농산물을 사게 된다는 것이다.

순산순미(旬産旬味)의 농산물 판매

순산순미의 농산물을 생산하기 위해 끊임없이 연구하고 있다. 요즈음 딸기는 사시사철 먹을 수 있다. 그러나 여름철 딸기가 가장 맛있다. 계절의 맛과 완숙된 채소, 과일을 판매하는 원칙을 정했다. 직판장 출하도 순산순미를 지키기 위해 아침 식사 전, 아침 식사 후, 점심 식사 후 등 3회로 나누어 그 시점의 가장 신선한 채소를 소비자에게 제공하기 위해 노력한다. 또 시장 출하 농산물은 일시에 파종하여 1주일 이내에 모두 출하해야 한다. 그래서 시장 출하 농산물은 맛이 없다고 생각하고, 소량 다품목의 완숙 농산물을 1개월 이상 판매하기 위해 소량씩 1주일 단위로 시간을 두고 파종하고 생산하여 순차 출하하도록 지도하고 있다. 즉 완숙 기간이 1개월로 연장된다는 설명이다.

전체 가운데는 개인은 없다-화장실 전략

자동차로 지나다가 휴게소에 들리는 100%의 사람들이 제일 먼저 화장실에 간다. 화장실은 매장보다 더 중요하다. 화장실에 대한 이미지가 좋으면 직판장이나 식당으로 들어온다는 것이다. 그래서 화장실에 비데를 설치하는 등 세계 최고의 화장실이 되도록 관리한다. 이러한 노력의 결과 국도의 역이 설치되기 20년 전에는 자동차 통행이 거의 없었던 이 도로가 번잡한 도시처럼 변화됐다고 설명한다. 전국적으로 860개 있는 국도의 역 가운데 매출액과 손님 유인력 면에서 전국 2위를 자랑한다.

출하자 276명을 한마음으로 만들기 위해 '전체 가운데 개인은 없다. 개인 가운데에 전체는 있다.'는 정신을 끊임없이 주입하고 실천하고 있다. 그래서 만약 불량품을 출하하는 농민이 있으면 1차는 경고하고, 2차 발견되면 1주일을 출하 중지시킨다. 3차 발견되면 완전히 퇴출해서 재가입을 못 하도록 엄격히 운영한 것도 성공 비결의 하나라고 설명한다.

공설 민영

읍장을 하면서 사도 사장은 주민의 발상을 존중했다. 그래서 '주민의 기획력과 발상을 행정이 말살시켜서는 안 된다.'고 늘 생각했다. 틈이 있으면 언제나 관내를 돌아다니면서 주민의 소리에 귀를 기울였다. 시설 건설은 행정이 담당하고 아이디어와 운영은 주민의 힘을 충분히 활용해서 개성적인 지역 사회 만들기를 추진하기로 했다. 도(道)와 현(縣)은 필요 없다는 것이 평소의 지론이다.

읍장이 되고 나서 바로 <감각 박물관>을 만들었다. 인간이 갖는 오감(五感)을 자극하는 체험이 가능한 박물관은 고령자들이 많고 지역 전체가 활력을 잃은 곳에서는 반드시 필요하다고 생각해서다. 이는 육아와 고령자 수발 때문에 피곤한 주부들의 의견을 수렴해 아이디어를 냈다.

운영은 여성이 중심이 된 비영리 조직(NPO)을 만들어 위탁했다. 자유로운 발상으로 이벤트를 개최하는 등 활발한 지역 주민의 문화 공간으로 활용되면서 읍 단위의 박물관으로는 개관 이래 4년간 24만명이 견학하는 성과를 얻었다. 현(縣) 내에서 박물관으로는 손꼽히는 관광지가 되었다.

행정 기관과 민간의 가장 이상적인 형태는 행정 기관과 민간이 7:6으로 접전하는 형태가 바람직하다고 생각했다. 민간이 하는 일에 행정 기관은 가능한 개입을 하지 않는다. 그러나 모든 것을 민간에 위탁하는 것은 아니다. 행정 기관이 시설한 개성적인 하드웨어에 민간의 기발한 소프트웨어로 생명력을 불어넣어 주면 된다는 생각이다.

2개 이상의 다른 의견을 제시해야

읍장을 하면서 독재를 한다는 이야기도 들었다. 자기는 독재가 아니고 리더라고 주장하면서 타당한 것은 따르라고 부하들에게 늘 이야기했다. 취임하자마자 직장내의 의식개혁부터 시작했다. 자신이 만든 안을 그대로 결재하도록 요구하는 부하 직원에게 최소 2개의 다른 의견을 제시하도록 하고 가능하면 3개의 다른 안을 제시하지 않으면 결재를 하지 않았다. 계속해서 다양한 의견을 제시하도록 하자 직원 모두가 공부하는 분위기가 조성되었다. 읍사무소의 분위기도 주민의 관점에서 모두가 열심히 일하는 분위기로 변했다.

읍장을 16년 하는 동안 관광객이 300만명으로 28배가 늘었고 국도의 역을 만들어 농촌 지역 활성화 성공 지역으로 알려지면서 농촌 고령화와 과소 문제를 안고 있는 노르웨이, 스웨덴 등 북유럽 지역의 취재도 많다.

우리 일행은 브리핑과 관내 견학을 끝내고 점심은 농가식당에서 하게 되었다. 국도의 역에서 10분 정도 자동차로 달려서 한적한 산 밑에 있는 오래된 갈대 지붕의 주택이다. 건축한 지 120년 된 고택이다. 이 주택을 행정 기관이 매입해서 부녀 회원 7명이 지역에서 나는 농산물을 사용한 향토 요리 전문 농가식당 <린사이 우에노이에>를 운영하도록 했다. 입구에 들어서자 이로리 (방에 있는 화로)가 있고 넓은 마루에 우리 일행 23명이 식사할 수 있도록 각자 개인 상차림으로 준비해 놓았다. 77세의 부녀회장은 우리 일행에게 밝은 웃음으로 접대해 주면서 일을 하니까 건강하다고 즐거워한다. 연간 매출액이 5천만엔이라고 한다.

지역 활성화의 문제도 역시 사람이다. 읍장이라는 지도자 한 사람이 이렇게 중요한지는 몰랐다는 것이 솔직한 심정이다. 지도자 한 사람의 발상 전환으로 무에서 유를 창조한 것이다.

그는 고령자와 여성의 지혜, 지역의 문화와 전통을 적극적으로 활용해서 지역 경제를 활성화하였다. 시장경쟁경제 논리가 세계적인 흐름이므로 농촌도 어쩔 도리 없다는 패배 의식보다는 철저하게 지역 내에서 자원을 찾아내고 보완해서 지역 내발형 농촌 지역 활성화가 중요하다는 점은 우리 농촌의 지도자에게도 시사하는 바가 크다고 생각한다.

지역 농업 르네상스, 겐키노사토 파머스마켓

영농과 생활의 거점 시설을 정비한 종합센터

아이치(愛知) 치다(知多)농협은 나고야(名古屋) 시 중심부에서 약 10㎞ 떨어진 곳에 있는 전형적인 도시 근교 농협이다. 경지 면적의 약 30%가 논이고 밭에서는 양배추, 양파, 감자, 무 등 중량 채소류가 재배되지만 특산물이라 할 만한 농산물은 별로 없다. 또 겸업 기회가 많은 지역이어서 겸업 농가와

겐키노사토 직매장 외부

자급적 농가가 80%를 차지한다.

치다농협은 도시 근교이면서 그 이점을 충분히 활용할 수 없었던 지역 농업을 재생시키기 위해 '종합센터 구상'을 제안했는데, 그 목적은 영농과 생활의 거점 시설을 정비해서 생산자와 소비자의 교류를 통해 도시 농업을 확립하기 위한 것이다.

2006년 2월 9일 아이치 중앙농협 안도(安藤) 감사의 소개를 받아 이 농협의 자회사인 <겐키노사토(건강의 고향이라는 뜻)>를 방문했다. 오부(大府) 역에서 내려 택시를 타고 겐키노사토(이하 테마파크로 표기)에 가자고 하니 택시기사는 아침 9시 전에는 문을 열지 않는다면서 의아한 표정을 지어 보였다.

테마파크에 도착했을 때는 개점 시간 20분 전인데도 벌써 20여 명의 주부가 줄을 서 있었다. 9시가 되어 한쪽 편에 있는 사무소에 들어서자 오카베(岡部, 52세) 상무가 반갑게 맞아 주었다. 마침 일주일 전 한국에 가서 하나로클럽 양재점을 보았다면서 그 규모와 크기에 놀랐다고 한다.

테마파크의 정문을 들어서자 맨 왼쪽 언덕에 200여 명이 동시에 들어가는 천연 온천장이 보였다. 이 근처에서는 수질이 가장 좋은 것으로 알려졌다고 한다. 온천장 옆에는 100엔을 기계에 넣고 입장할 수 있는 발 온천 목욕장도 있었다. 아침 이른 시간인데도 10여 명의 노인이 온천물에 발을 담그고 있는 모습이 무척 여유 있어 보였다.

온천장과 파머스마켓 사이에는 잔디 이벤트 광장이 있다. 여기서는 토·일요일마다 젊은이들이 모여 콘서트를 열고 소비자와 생산자의 교류 장소로 활용한다.

테마파크 한가운데에 600여 평의 파머스마켓이 있고 그 오른쪽으로 농업 연수 시설이 있다. '21세기의 식생활과 농업을 생각하자'는 현수막이 걸려 있었다. 이곳에서는 정년 귀농자 교육, 신규 취농자 교육, 요리 강습회, 정원 가꾸기 교육 등이 정기적으로 개최된다.

애그리타운 기본 계획과 겐키노사토

1995년 5월에 완성된 '애그리타운 기본 계획'에서는 우선 파머스마켓 외에 농산 가공 시설, 생산 자재 점포, 농업 연수 시설, 식당, 노인 수발용품 점포, 주유소 등을 두기로 했다. 주위에는 농장이 딸린 전원주택 단지와 과수 및 화훼를 중심으로 한 영농 단지도 만들기로 했다. 1996년 3월에는 애그리타운 기본 계획을 기초로 하드·소프트 양면의 종합적인 사업화의 검토를 진행하기 위해 '애그리 르네상스 구상'을 발표했다. 그리고 다음 해 농협, 현, 시, 농업 위원회, 농업 개량 보급 센터 등의 대표자와 전문 컨설턴트를 참여시켜 '애그리 르네상스 회의'를 발족했다. 여기에 농협 이사와 작목반 대표, 전문 교수들을 포함해 '땅 만들기 토지 이용, 식문화, 도시 농촌 교류와 환경, 건강 복지'의 4개 전문 부서를 두고 구체적인 추진 방법을 검토했다.

1998년 농협 이사회에서는 이 사업의 종합적인 계획을 승인했다. 부지 면적 5.3ha, 건축 면적 2,000평, 총 사업비 39억엔(국고 보조 5억엔)의 방대한 시설 투자였다. 국고 보조 5억엔을 제외한 34억엔은 농협의 내부에 유보한 적립금으로 충당했다. 그리고 2000년 5월에는 파머스마켓, 화훼 온실, 농산 가공 시설, 일식 식당, 온천 시설, 농업 연구소, 체험 농장 등의 모든 시설이 마침내 완성되었다.

이처럼 용도와 규모 그리고 영업 시간이 전혀 다른 종합 시설을 기동성 있고 효율적으로 운영하기 위해서는 농협적인 감각으로는 부적당하다고 생각했다. 그래서 농협이 100% 출자한 자회사를 만들기로 했다. 농협 자회사 겐키노사토를 2000년 3월에 설립하고, 지배인과 부지배인 등 부문 책임자로

13명의 직원을 농협에서
이적시켰다. 이 직원들은
지역 농업의 부활과 농협
의 사활을 건 대 프로젝트
를 성공하게 하기 위해 농
협에서 파견을 나간 것이
아니라, 농협을 퇴직하고

겐키노사토 파머스마켓

새 회사에 뼈를 묻는다는 각오로 임하도록 했다. 이들이 다시 농협에 복귀한
다는 생각을 하면 사업이 성공할 수 없다고 판단하여 그야말로 배수의 진을
친 것이다. 새 회사로 이적한 직원들은 경험이 전혀 없는 신규 사업을 자력으
로 운영하기 위해 6개월에 걸쳐 최고 민간 기업과 호텔 등에 파견되어 연수
했다.

개업 7개월 전부터 1천명을 목표로 농협의 각 지점을 통해서 파머스마켓
의 출하 회원을 모집했다. 연간 매출액 목표는 7억엔. 출하 회원 1천명 모집은
4개월 만에 달성했으나, 무슨 농산물을 생산해서 어떻게 출하한다는 계획이
없는 회원들이 대부분이었다. 이들 농가는 대부분 겸업 농가이고 자급 수준
의 도시 농업이기 때문에 농산물을 출하해서 현금 수입을 얻겠다는 절박한
생각을 하지 않고 있었다. 지배인을 비롯한 직원들과 농협의 영농 지도원들
은 연대해서 개별 농가를 방문하여 작목 선정이나 재배 방법의 상담과 지도
를 시작했다. 그렇게 해서 실질적으로 출하할 수 있는 740여 명의 출하 회원
을 확보하고, 2000년 12월 드디어 개점식을 거행했다.

농업과 식생활 테마파크-36억엔 매출

테마파크는 이후 계속 성장해서 2004년 매출액이 36억엔(파머스마켓 매출액은 20억엔)에 이르고, 이용 고객은 200만명을 넘었다. 이처럼 테마파크가 짧은 기간에 큰 성과를 올릴 수 있었던 것은, 테마파크가 다양한 시설로 구성되어 있지만 전체를 통해 풍기고 느껴지는 '농업과 식생활의 테마파크'라는 분위기에 힘입은 바 컸다. 다시 말해서 농업 르네상스를 추진하는 거점 시설로 농업의 테마파크를 기획한 점이 적중한 것이다.

이 테마파크를 방문해서 필자가 가장 관심 깊게 둘러본 것은 파머스마켓이다. 농산물 유통과 관련해서 참고할 만한 것이 무엇인지 발견하고 싶었기 때문이다.

파머스마켓 안에 들어서니 호화로운 매장은 아니지만 목재를 많이 사용해서인지 편안하고 안정감이 들었다. 자연의 이미지를 살리기 위해 많은 노력을 한 것 같았다. 예를 들면 천장이나 마루를 모두 자연 목재를 사용해서 평안한 분위기를 연출했다. 또 통로를 넓게 배치하여 한눈에 안을 살펴볼 수 있고, 쇼핑도 여유 있는 기분으로 할 수 있게 신경을 썼다. 판매대는 모두 가동 (可動)식으로 해서 물량에 따라 판매대 수를 조절하기 쉽게 했고, 판매대 밑에는 서랍식 상자를 설치해서 채소류를 저장할 수 있게 한 것도 인상적이었다. 최근에 건설하고 있는 일본의 파머스마켓 시설은 대부분 목재로 건설한다. 내부도 목재를 사용하여 자연 친화적 시설로 하고 있다.

구매 회원 조직화, 포인트 카드도 발행

테마파크 파머스마켓의 지향점은 '건강한 토양에서 수확한 안전하고, 안심되며, 적당한 가격의 질 좋은 채소를 제공한다.'는 것이다. 이에 따라 잎채소류는 농가가 매일 새벽 4시에 수확해서 당일 출하하고 있으며, 뿌리채소류를 제외하고는 당일 팔리지 않고 남은 것을 모두 그날 중으로 생산자가 회수해 간다.

파머스마켓이 개점하고 나서 농민들의 의식이 완전히 바뀌었다. 공동출하처럼 규격품을 일정량 출하하는 것으로 끝나는 것이 아니라, 다른 출하자와 비교해서 자기의 출하품이 얼마나 많이 팔릴 것인가가 관심의 초점이 되었다. 품목과 가격을 자기가 결정하기 때문에 모든 책임은 스스로 질 수밖에 없었다.

농산물은 예술품-생산도, 판매도 농가 책임

농산물 라벨에는 반드시 생산자의 이름이 붙어 있다. 몇 번 방문한 고객이라면 농산물을 구매할 때 라벨에 표기된 출하자의 이름을 보고 이 농산물은 맛이 있다 혹은 없다를 판단한다. 그래서 생산자는 과거 물건을 생산하는 데 그쳤으나 이제는 비록 농산물이지만 예술 작품을 만든다는 생각으로 생산에 열과 성을 쏟고 있다.

파머스마켓은 매출액의 15%를 수수료로 받지만 경영 면에서 그리 좋은 편은 아니다. 때문에 생산자가 교대로 상품의 진열 등을 도와주면 그만큼 인건비가 절약되고, 생산자도 소비자의 반응을 직접 느낄 수 있어서 좋은 점이 있다. 그래서 이곳에서는 가능한 한 생산자가 매장 만들기에 직접 참여하도록 하고, 생산자끼리도 서로 정보를 교환하도록 하고 있다. 또 진열된 상품이 잘 팔려서 품절될 우려가 있으면 즉시 생산자 휴대전화에 문자 메시지로 추가 출하를 요청해서 즉시 보충하도록 한다.

고객을 조직화한 것도 이 파머스마켓의 특징이다. 회원 조직으로 '겐키회'를 만들고 포인트 카드를 발행했다. 구매 금액 500엔에 1포인트를 적용해서 100포인트가 되면 500엔의 상품권을 발행, 관내 모든 시설에서 사용할 수 있도록 했다. 매출액이 안정적으로 꾸준히 증가하는 것은 매출의 40%가 이 겐키 회원에 의해 이뤄지기 때문이다.

회원 제도의 목적은 두 가지다. 하나는 포인트 카드의 가입 정보를 통해 고객의 성별, 나이, 구매 동향 등을 파악해서 소비자의 요구에 맞는 농산물과 농산 가공품의 생산 지도를 하기 위해서다. 또 하나는 생산자와 소비자의 교류를 통해서 지역 농업에 대한 이해를 돕고 농업에 대한 지지와 협력을 받을 수 있다는 점이다. 이를 위해 관내에 있는 농업연구소를 이용해서 주말농장의 재배 강습회를 열기도 하고 체험농원이나 관광농원에서의 교류 활동도 한다.

현재 겐키회의 회원은 1만 5천명이다. 이들에게는 생산자와 소비자의 교류로 끝내지 않고 파머스마켓에 직접 출하해 보도록 지도해 나갈 방침이다. 이 가운데서 신규 취농자도 발굴해 낼 계획이다. 이렇게 되면 생산자와 소비자가 연대해서 지역 농업을 부활시키는 것도 가능하다고 생각되기 때문이다.

지역내 생산물이 80%-영농 지도가 중점

개업 초기 파머스마켓은 몰려드는 고객 때문에 지역 농산물의 품목과 수량이 부족해 인근 농협을 돌아다니면서 출하 협력을 요청하기도 했다. 그러나 지금은 겸업 농가나 고령자, 여성 농민뿐만 아니라 이제까지 배추, 무 등 중량 채소를 오랫동안 생산했던 전업 농가까지도 작목 전환을 해서 파머스마켓 출하를 위한 다품목 소량 재배 체제를 갖춘 경우가 급격히 늘었다. 그 결과 파머스마켓에만 출하해서 매출액이 연간 1천만엔을 넘는 농가가 40호에 이른다. 현재 연간 매출액의 80%가 지역 내 조합원에 의해 생산된 농산물로 충당되는데, 앞으로는 영농 지도를 통해 지역 내 농산물의 출하 비율을 100%로 끌어올릴 계획이라고 한다.

이러한 지역 농업의 변화를 보고 젊은이들도 농업을 보는 시각을 바꾸기 시작했다. 기업체 근무를 포기하고 부모가 하는 농업 경영을 승계하겠다는 젊은이들이 나타나기 시작했다. 과거 10여 년 동안 농업후계자가 한 명도 없었으나 지난 3년 동안에는 9명의 새로운 후계자가 나타났으니 이는 파머스마켓이 없었다면 불가능했을 일이다.

농업의 사명은 국민 건강을 책임지는 것

지금 이 파머스마켓에서는 식생활의 안전(安全)과 안심(安心)의 확보를 가장 중요한 과제로 선정하고 끊임없이 개선 노력을 하고 있다. 제일 먼저 출하자에게는 재배이력(栽培履歷)의 기장과 제출을 100% 하도록 지도하고 있고, 농협의 영농센터에서 도입한 잔류농약 검사기를 사용해서 2003년 10월부터 출하되는 모든 농산물에 대해서 정기 검사를 하고 있다. 한편 농산 가공품에 대해서는 정기적인 세균 검사도 하고 있다. 지역에서 생산된 농산물이니까 안심하고 먹으라고 하지만, 그 근거를 요구하는 경우 구체적인 자료를 제시하지 못하면 소비자의 신뢰는 무너지고 말기 때문이다.

테마파크의 파머스마켓에서 현재 취급하고 있는 농산물은 대부분 감(減) 농약, 감화학 비료로 재배한 특별 재배 농산물이지만 5년 후에는 모든 농산물이 유기 재배 인증을 받도록 할 계획이란다. 왜냐하면, 농업의 가장 중요한 사명은 국민의 건강을 책임지는 것이기 때문이다.

그런 점에서 농산물 시장 개방이 갈수록 확대되고 있는 요즈음 파머스마켓의 역할은 더욱 중요하며, 농업 테마파크 중심으로 생산자와 소비자가 교류를 통해 생활 공동체를 형성하는 것은 이 시대의 소명이라고 볼 수 있다.

7 ✦

지산지소를 실천하는 후도무라, 그리고 쇼이카고

농산물 직매장과 농가 식당의 운영으로 관광 명소, 후도무라(風土村)

나리타 공항에서 동쪽으로 1시간 거리의 치바 현 야마다(山田) 읍에 있는 후도무라(風土村)를 방문했다. 관내에서 농업을 경영하는 목장 경영자와 채소류를 생산하는 영농 법인 등 6명이 출자하고, 정부와 지방 정부의 보조를 받아 지역 활성화 차원에서 농산물 직매장과 농가식당의 운영으로 관광 명소가 된 후도무라를 개원한 지 6년째가 되었다. 슈퍼마켓도 없는 한적한 농촌이 하루에 600여 명이 모이는 관광 명소가 되었다. 연간 매출액도 3억엔을 올려 지역 활성화에 중요한 계기를 만들고 있다.

후도무라는 근린 농가 중심으로 활력 있는 150호의 협력 농가를 지원하기 위해서 탄생했다. 배추, 무, 양배추, 당근, 시금치, 토마토, 옥수수 등 채소류를 생산하

후도무라 직매장과 농가식당 외부

는 순수 농업 지역이다. 한적한 농촌 지역의 농가를 지산지소의 실천을 통해 지원하고, 결과적으로 지역 사회 전체가 활성화하는 것이 목적이다. 후도무라를 활용해 지역의 정보를 발신하고 소비자와 교류를 할 수 있는 장소가 되고 있다.

158 ::6차 산업을 디자인하라

농가 6명이 출자-직매장과 식당 운영

이러한 시설은 도시 근교이고 자동차의 교통량이 많은 지역에 설치하는 것이 상식이지만, 인근 주택도 없는 지방 도로변 3,305m²의 부지에 건평 198m²의 농산물 직매장과 식당, 화원이 경영된다는 점이 신기하기만 하다.

뷔페식 식당이고, 평일은 채소 중심의 점심을 제공하고, 주말에는 오후 7시까지 저녁 식사도 제공한다. 직원은 38명이 종사한다. 연간 매출액은 3억엔 정도이다.

'식자재의 차별화를 고집하고 있다'는 식당의 안내장에 다음과 같이 기록하고 있다.

'여러분 잠시 상상해 보십시오. 하나의 채소가 생산되기까지를……. 거기에는 생산자의 노력이 듬뿍 들어 있습니다. 후도무라는 그러한 생산자들이 열심히 정성을 들여 생산한 식자재를 여러분에게 소개하기 위해 탄생했습니다. 하나의 식자재에는 각각의 이야기가 있습니다. 그래서 소비자 여러분의 입에 들어감으로써 비로소 그 이야기는 완결됩니다. 생산자의 정성을 마음껏 즐겨주시기 바랍니다.'

후도무라 식당의 고집으로 3가지를 소개하고 있다.

첫째, 후도무라는 여러 가지 다양한 식자재를 소개하고 싶어서 뷔페식 식당으로 했으니 좋아하는 음식을 조금씩 많이 드십시오.

둘째, 후도무라는 지역의 생산자들이 매일 아침 수확해서 가져온 신선한 식자재이고, 친환경 재배한 농산물입니다. 그러니 안심하고 드십시오.

셋째, 후도무라는 손님 여러분의 건강을 배려한 메뉴를 제공합니다. 그러니 많이 드셔도 건강에 좋습니다.

순수한 농촌 지역의 농민들이 소비자와 진솔한 교류를 하고 그래서 농민의 마음과 정성을 이해해 달라는 메시지를 전달하기 위해 후도무라는 탄생했다. 이러한 직매장과 농가식당이 곳곳에 탄생하고 붐을 이루는 것은 지산지소의 실천이 중요하다는 인식이 있기 때문이다.

고품격 국가가 되기 위해 농업은 있어야 하고, 농업의 다면적 기능에 대한 국민적 지지를 받기 위해서 이제 농민들이 직접 나서고 있다는 생각이 든다.

치바(千葉) 미라이 농산물 직매장 쇼이카고

2007년 8월 25일 대산농촌문화재단의 예비농업자 리더십 교육과정의 지도 교수로 참여해서 치바 현 미라이농협이 운영하는 파머스마켓 쇼이카고를 방문했다. 오전 10시에 도착했는데 300여 대를 주차할 수 있는 주차장에는 소형 승용차로 꽉 차 있다. 안에 들어서자 어느 백화점의 세일 마지막 날처럼 소형 바구니를 든 사람들로 인산인해를 이루고 있다. 매장의 후면에는 출하농민들이 농산물을 출하하기 위해 바코드를 붙여 라벨을 뽑는 등 분주히 움직이고 있다. 후면 마당에는 전일 오후 6시까지 판매하지 못한 가지, 오이, 토마토 등의 농산물이 널려 있다. 식용이 가능한 농산물로 보이는 데도 곧 폐기처분될 것이라고 한다.

쇼이카고 직매장 내부

매장 면적은 918㎡고, 2005년 12월에 개업해서 작년에는 13억엔의 매출액을 올렸고, 2009년에는 15억엔을 달성할 것이라고 한다. 관내 조합원이 생산한 농산물과 가공품이 70%이고, 관내에서 생산되지 않는 30%는 28개 지역의 농협과 제휴해서 공급받는다. 국내에서 생산된 농산물만 판매하여 소비자들의 신뢰를 얻고 있다.

농가 소득 향상과 지산지소 실천-식생활 교육 현장

개점에 이르기까지 2002년부터 3년 6개월의 준비 과정을 거쳐 개업했다. 개업 당시의 파머스마켓을 구상하게 된 동기는 '농가 소득 증가, 지역 농업 진흥, 농업 활성화, 지산지소 실천, 소비자와 공생, 지역 자급률 향상, 생산 농가의 의식개혁'을 목표로 했다.

어느 정도의 목표는 달성했다고 보지만 소비자의 반응이 좋고 농가의 참여가 적극적이어서, 2010년에는 국제전시장이 있는 마쿠하리(幕張) 지역에 600㎡ 면적의 2호점을 개업할 계획이다.

방문객은 평일은 2,500명 정도이고 토·일요일은 각각 3,500명이 방문한다.

담당 직원은 직판 사업부에 8명(쇼이카고에 3명), 시간제 직원이 41명, 아르바이트 13명이 종사하고 있다.

직원 중 9명은 식생활 교육 자격증을 소지하고 있고, 견학 온 학생들의 식생활 교육도 담당한다. 일본은 고혈압, 당뇨, 심장병 등 성인병을 식습관 병이라고 판단하고, 어린이 때부터 식생활 교육을 하여 건강 수명을 연장한다는 목표로 전 국민 운동을 하고 있다.

출하 등록자는 남성이 501명, 여성이 202명으로 합계 703명이다.

출하된 농산물은 국산이고, 생산이력을 바로 확인할 수 있고, 안전, 안심의 농산물이라고 소비자들에게 인식되고 있어서 주변에 어떤 경쟁업체가 들어와도 자신 있다는 다카우라(高浦) 점장의 설명이다.

지역을 활성화한 기노사토농협 파머스마켓

파머스마켓 설립으로, 지역 전체가 활성화

와카야마(和歌山) 현 기노사토(紀の里)농협의 파머스마켓(농산물 직매장) <메케몬 광장>을 방문한 때는 2006년 2월 10일이다. 이 농협의 파머스마켓은 이름이 워낙 널리 알려져서인지 시찰 요금으로 3만엔을 받는다고 연락이 왔다. 그래서 한 사람이 잠깐 방문하는데 더구나 일본인들이 그렇게 많

메케몬 광장

이 찾아오는 한국의 양재동 하나로클럽은 돈을 받지 않는데 그럴 수 있느냐면서 가나가와(神奈川) 현 하다노(秦野)농협의 마쓰시타(松下) 조합장에게 시설 견학 협조를 요청했더니, 시찰 요금은 무료로 하고 점장이 직접 설명을 하겠다는 연락을 다시 받았다.

오사카(大阪)에서 아침 9시 특급 열차를 타고 남쪽으로 달려 우치다(打田) 역에 도착한 것은 10시 30분 정도 되어서였다. 역에 내렸더니 무인역이고 택시도, 버스도 없었다. 인근 약국에 들어가 메케몬 광장에 어떻게 가느냐고 물었더니 택시를 불러서 가라면서 무인 택시 사무소에 무선기가 있으니 그것으로 연락하면 택시가 온다고 했다. 무선으로 연락했더니 10분이 지나서 택시 한 대가 왔다. 택시를 타고 15분 정도 걸려서 드디어 메케몬 광장에 도착했다.

메케몬 광장의 매장 면적은 1,090m², 개업해서 4년째에 연간 매출액은 24억엔, 1일 평균 고객 수는 3천명, 연간 방문객 수는 80만명이다. 이는 농산물 직매장으로서는 일본 최고 수준이다. 다품목을 고루 갖추고 품질이 좋아 인접한 오사카 등 대도시권에서도 고객들이 찾아오기 때문이다. 출하자는 생산한 농산물을 스스로 포장하고 가격을 결정해서 소량이라도 출하할 수 있어, 여성이나 고령 노인들도 열심이다. 이런 분위기가 지역의 농업에 활력을 불어넣고 있고, 지역 전체 경제의 활성화에도 큰 영향을 미치고 있다는 평가다.

한국 하나로클럽을 벤치마킹

기노사토농협은 농업 환경의 급격한 변화 속에서 관내 농업과 농민이 살아남기 위해서는 광역 파머스마켓 설치가 급선무라고 판단했다. 이 농협은 농협 경영의 근본인 판매 사업에 충실하여 와카야마 현 내에서는 감, 귤, 복숭아를 중심으로 한 판매 사업 물량이 가장 많았으나, 1994년 150억엔을 정점으로 계속 감소해 갔다. 농협에는 농업 종사자의 감소와 고령화가 더욱 심화할 것으로 전망하며, 이대로 내버려두면 지역 농업은 물론 지역 경제도 쇠락하고 말 것이라는 위기감이 감돌았다. 그래서 조합원들과 연구회와 토론회를 거듭해서 1999년 파머스마켓을 설치하기로 하고, 2000년에 출하자를 모집하기 시작했다.

파머스마켓을 도입한 목적은 크게 네 가지이다. 첫 번째는 겸업(兼業) 농가가 생산하는 소량 다품목 농산물을 상품화해서 농가 소득을 증대시키자는 것이고, 두 번째는 채소류와 화훼 묘목 등 소규모이고 경노동으로 가능한 여성과 고령자의 농업 보급을 추진하는 것이다. 또 세 번째는 전업 농가가 생산하는 농산물의 도매 시장 출하 외의 판로를 확보하자는 것이고, 마지막 네 번째는 지역에서 생산된 쌀을 판매 직전 찧어 판매함으로써 지역 쌀의 소비 확대를 도모하자는 것이다. 이 외에 여성과 고령자의 지혜를 활용해서 농산 가공품을 개발하고, 이를 상품화하여 지역 농산물의 부가가치를 증대시키며 관광농원을 정비해서 생산자와 소비자의 교류 활동을 통한 상호 이해와 협력으로 지역 농업 발전에 이바지하자는 목적도 있었다.

파머스마켓 설치 계획에 처음에는 임원들 가운데서도 반대 의견이 만만치 않았다. '대규모 마트와 경쟁을 할 수 있을 것인가, 과일의 주산지인 이 지역에서 다양한 품목의 구색 갖추기가 가능하겠는가, 오랫동안 유지해 온 농협의 공동 판매를 약화하는 것 아닌가' 등 확신하기 어려운 의문들이 꼬리를 물었기 때문이다.

계획 단계에서부터 일부 임원들의 반대에 부딪히자 조합장과 이사들은 한국의 하나로클럽 시찰에 나섰다. 그리고 하나로클럽 운영을 직접 둘러보고서야 파머스마켓이 성공할 것이라는 자신감을 느끼게 되었고 이사회의 승인도 받을 수 있었다.

그러나 약간의 방향 전환이 필요했다. 한국의 하나로클럽은 너무 규모가 커서 소비자의 눈에 생산자가 보이지 않고, 생산자의 눈에는 소비자가 보이지 않는다는 문제가 있다고 진단한 것이다. 가와하라(川原) 점장은 "우리는 소규모이지만 지역의 주부와 노인들이 농산물을 생산해서 판매하는 장소를 제공함으로써 지역 활성화에 기여하게 되었다."고 설명한다.

여기에 대해서 당시의 조합장은 농업 환경이 격변하고 있어 도매 시장 출하에만 의존해서는 농가와 지역 사회를 활성화하는 것이 어렵다고 생각하고, 도매 시장 외(外) 유통의 거점이 되는 파머스마켓의 설치가 불가피하다는 점을 역설함으로써 많은 반대에도 불구하고 일부 국고 보조를 받아 파머스마켓을 설치하게 되었다고 한다.

330m² 100만엔 운동

2000년 2월 파머스마켓 출하자 모집을 시작했으나 도매 시장 출하에 익숙한 생산자들의 농협 의존적인 생각 때문에 순조롭지가 않았다. 즉, 시장 가격이 하락하더라도 농협 영농 지도원의 지도대로 생산하고 선과장에 출하하면 농협이 확실하게 판매해서 통장에 입금해 주기 때문에 판매에 아무런 걱정을 하지 않아도 되었기 때문이다. 반면 파머스마켓에 출하하면 특정 품목이 대량 판매되는 것도 아니고, 잔품은 다시 출하자가 인수해야 한다는 번거로움과 위험 부담이 있었다.

그러나 파머스마켓 건설이 시작되고 건물의 모습이 보이기 시작하자 출하 농민 등록자 수가 급증했다. 그 배경에는 1996년부터 농협에서 추진한 '330m² 100만엔 운동'이 있었다. 이 운동은 여성과 고령자를 대상으로 텃밭이나 휴경 논을 활용한 330m²의 하우스에서 채소류와 화훼류를 연 2기작해서 100만엔의 소득을 확보하자는 운동이다. 30만엔이 드는 하우스 건설비는 농협이 저리로 지원하고, 수확한 농산물은 이전부터 있었던 농협의 직매장에 출하하도록 했다. 경비를 제외한 순소득이 연간 50만~70만엔인데, 이를 시간당으로 계산하면 1천엔 정도여서 시간제 노동자보다는 분명 유리했다.

겸업화와 고령화가 급속히 진행되는 가운데 젊은 후계 농민이 감소하는 농촌 지역의 문제를 해결하기 위한 이 운동은 자기 이름으로 된 통장이 없는 농가의 주부나 고령자의 의식을 완전히 바꾸어 놓았다. 특히 파머스마켓이 설치되어 농산물의 판로가 확보된다면 '소가 비빌 언덕'이 마련되는 셈이니 여성과 고령자 사이에서 생산과 출하 의욕이 높아졌다.

메케몬 광장은 2000년 11월 드디어 개업했다. 문을 열자 하루 평균 2천명의 고객이 몰려들어 마치 연말 할인 판매를 하는 대도시의 유명 백화점을 연상케 했다. 개점하고 6개월 만에 4억엔의 매출액을 올렸는데, 이는 당시 일본 내에서 파머스마켓의 새로운 기록이었다.

요즘 들어 지역 주민 모두가 놀라워하는 것은 파머스마켓이 개점하자 수입 개방으로 침체해 있던 지역 농민의 활력 회복이 눈에 띄게 나타나고 있다는 점이다. 주부와 고령 노인들이 이구동성으로 메케몬 광장이 생겨서 삶의 보람을 느낀다고 말한다. 특히 메케몬 광장을 오가며 하루하루의 생활에 충실하게 되었다고 말하는 여성들이 많다.

메케몬 광장에 농산물을 출하하는 등록자 수는 현재 1,430명으로, 개점 무렵 450명에 비해 3배 이상으로 늘었다. 이는 정조합원 수의 20%가 메케몬 광장에 출하하는 농민인 셈이다.

영농 지도가 출발점

메케몬 광장이 이렇게 짧은 기간에 급성장한 이유는 신선 농산물이 300

메케몬 광장

품목이고, 가공품을 포함하면 총 출하품목이 무려 585품목에 이르기 때문이다. 이처럼 다품목 출하가 가능한 것은 이전부터 농협이 농가에 대해 시대의 흐름을 읽고 다품목 재배 지도를 해왔기 때문이다. 농협은 농가의 고령화에 따라 농업 수입이 200만엔 미만으로 떨어져서 농가의 경영이 어렵게 되자, 그 대책으로 다품목 재배를 위한 영농 지도를 시작했다. 또 농가의 자가소비 농산물이나 지역의 소규모 직매소에 출하하던 품목들을 발굴해 낸 결과라고도 할 수 있다. 점포 이름 '메케몬'은 '발굴한다'는 의미인데, 이름에 걸맞게 의외의 다양한 신선 농산물을 살 수 있는 점이 이 파머스마켓이 인기를 끄는 이유 가운데 하나다.

매장 면적의 효율성을 보면 1㎡당 연간 매출액이 240만엔으로 이는 대형 마트나 지방의 백화점보다 월등히 많다. 상품 하나의 가격이 불과 240엔인 점을 고려하면 얼마나 많은 사람이 이용하고 있는가를 알 수 있다.

이러한 집객력(集客力)의 원천은 '입에서 입으로'의 선전이다. 메케몬에서 매년 실시하고 있는 고객 앙케이트 조사 결과 의하면 60%가 아는 사람으로부터 이야기를 듣고 방문하게 되었다고 이야기한다. 신선도와 가격 그리고 구색 갖추기가 대호평을 받고 있고, 이러한 좋은 평판이 다시 소비자를 불러모으는 결과가 되고 있다.

팔리는 농산물 생산을 지도, 가격은 출하자가 결정

메케몬 광장의 농산물이 소비자들로부터 좋은 평가를 받게 된 데에는 농협 영농지도의 역할이 컸다. 메케몬 광장에서는 연 1회 출하자 대회를 개최한다. 여기서는 반드시 판매가 가능한 품목과 수량을 월별로 작성해서 출하자들에게 제안한다. 현재 관내에서 생산되는 것만으로 소비자의 요구를 충족시키지 못하는 품목을 다른 지역에서 출하하도록 하고 있으나, 이러한 품목 중 중요한 것은 장차 관내에서 공급할 수 있도록 출하 품목과 생산의 확대를 출하자에게 요청하는 것이 이 제안의 내용이다.

농협은 양배추, 배추, 상추, 피망, 무 등 품목별로 지역 생산의 확대가 가능한 수량을 월별로 제시함과 동시에 보온, 차광, 비 가림, 건조 방지, 저장 방법 등 현장에서 활용할 수 있는 기술 지도를 위한 강습회도 자주 개최한다. 영농 지도에 종사하는 전담 직원만 25명이고, 2명은 언제나 메케몬 광장에 나와 출하자와의 상담에 응한다.

또 출하 농민들도 스스로 출하한 농산물에 대한 소비자의 반응을 보아 가면서 출하 방법 개선이나 품목 전환을 검토하기 위해 매일 10명씩 교대로 매장 근무를 한다. 소비자의 생생한 반응을 들으면 신선하고 안전한 농산물 생산의 중요성을 절실히 느끼게 된다고 한다. 판매 대금은 메케몬 광장의 수수료로 15.5%를 공제하고 2주일뒤 출하자의 계좌에 입금된다.

농산물은 재배에 자연의 제약을 많이 받기 때문에 사계절이 있는 한, 일년 내내 그 지역에서 생산된 것으로 공급하는 것이 불가능하다. 따라서 구색을 갖출 수 없는 품목은 전국 11개의 농협과 제휴해서 공급받는다. 제휴한 곳이 농협이므로 이러한 농산물들은 자기 지역에서 생산한 농산물 정도로 신뢰할 수 있다는 것이다. 그래도 이 지역에서 생산된 농산물이 차지하는 비율이 80% 정도나 된다. 양배추, 피망 등 9개 품목은 지역 내에서 생산 가능한 '도전 품목'으로 선정하여 출하자를 모아 강습회를 개최하고 새로운 작형(作型) 만들기에 도전하고 있다.

여성과 고령자가 주도

한편 출하 농민은 각자가 바코드 발행기를 사용해서 상품에 고유의 바코드를 부착하고, 품목별로 설정된 가격 폭의 범위 내에서 스스로 가격표를 붙여서 매장에 진열한다. 출하자는 음성 응답 시스템을 이용, 자기가 출하한 품목의 판매 상황을 휴대전화로 실시간 파악할 수 있다. 판매 상황에 따라 부족한 것은 즉시 밭에 가서 수확하여 출하한다. 이러한 응답 시스템은 하루에 1,000회 이상이 이용된다.

2003년 4월부터는 메케몬 광장 정보 박스를 이용해서 매장 전체의 출하자별·품목별 판매 상황 정보를 매일 오후 1시 기준으로 제공하고 있다. 이러한 두 가지 정보 시스템 활용으로 메케몬 광장은 품절된 상품이 없이 저녁 늦게까지 고객들이 안심하고 찾는 매장이 되고 있다.

메케몬 광장 출하에 의욕적인 사람은 주로 여성과 고령의 노인들이다. 출하 등록자 중 72%가 50세 이상이다. 출하자 증가 현황을 보면, 지난 3년 동안 남성이 30% 증가했는데 여성은 90%가 증가했다.

안전·안심 농산물 추진-농사 체험 등 교류 활동도 활발

2003년 10월 실시한 이용객 앙케이트 조사 결과를 보면 30분 이상 걸려서 찾아오는 고객이 무려 70%나 된다. 이는 상권이 반경 30㎞까지 확대되고 있다는 점을 보여 주는 것으로, 메케몬 광장이 다른 농촌 지역에서는 볼 수 없는 '광역형 파머스마켓'임을 말해 준다.

이처럼 먼 곳으로부터 고객을 끌어들이는 최대의 매력은 다양한 품목을 취급해서 구색을 잘 갖추고 있다는 점이다. 먼 곳에서 시간을 들여 찾아오는 고객들을 만족하게 하려고 '생산된 것을 파는 농업'에서 '팔리는 것을 생산하는 농업'으로 전환한 것이다. 생산자가 자기가 생산한 농산물이 팔리는 현장의 모습을 직접 보고, 소비자의 솔직한 반응을 듣는 기회를 얻는 것은 생산자로서 보람을 느끼는 것은 물론 교육적 효과도 크다고 한다.

가와하라 점장은 "전에는 농민들이 생산하면 판매를 농협에 맡기고 말았으나 메케몬 광장이 개업한 뒤로는 반드시 팔리는 농산물을 생산해야 한다는 목적의식을 농협과 생산 농민이 공유하게 된 점이 매우 중요하다."고 강조한다.

메케몬 광장은 2003년부터 전년 대비 20%의 성장을 보이고 있어, 머지않아 30억엔 매출액도 달성할 것으로 보고 있다. 그렇다고 해서 양적 확대만이 목표는 아니다. 이용객의 만족도를 향상하고 불만을 줄이기 위해 포장 자재의 재활용 표시는 물론 매장에서의 상품 체크나 온도 관리도 철저히 하고 있다. 그 예로 2003년 1월부터 농협은 '안전·안심 농산물 추진 운동'을 시작했다. 메케몬 광장의 출하자와 농협이 협정을 맺어 농작업 일지 기록과 방제 일지 기장 등을 의무화하고, 월 2회 농협에 제출토록 하고 있다. 이 자료는 컴퓨터에 저장되어 필요할 때 언제든지 출력하여 정보로 활용할 수 있도록 했다.

국민을 움직여야 농민이 산다

또 하나 중요한 것은 메케몬 광장 안에 설치된 쌀 판매장 이용 회원 7천 명을 대상으로 농업 체험 등 교류 활동을 전개함으로써 이들을 조직화하고 국내 농업에 대한 이해의 폭을 넓히는 활동도 하고 있다. 이런 활동이 높이 평가되어 파머스마켓으로는 처음으로 2004년 NHK가 주관한 일본 농업상 특별상을 받았다.

이제까지 농민들은 농산물을 생산해서 도매 시장에 출하하는 것으로 할 일을 다 했다고 생각했다. 그래서 쌀이 안 팔리면 공공장소에 야적하는 시위가 일어나기도 했다. 그러나 이 시점에 냉정히 생각해 보아야 한다. 흔히 '국민을 움직여야 농업이 산다.'고 이야기한다. 이 말은 소비자와 함께하지 않는 농업은 망하고 만다는 것과 같다. 소비자의 니즈를 파악하고 요구에 맞는 농산물을 생산하는 것은 이제 생산자의 의무다. 농업은 생명 산업이기 때문에 더욱 그렇다.

일반 기업이나 공산품 시장에서는 오래전부터 소비자 중심으로 마인드를 바꿔 왔다. 기업인들은 자기 회사의 제품을 팔기 위해 '경영' 혹은 '마케팅'이라는 이름으로 엄청난 노력을 하고 있다.

미국 등 많은 나라들과 FTA가 논의되고 있다. 세계화 시대인 이제, 비록 우리가 싫다고 해도 그 흐름을 거역할 수는 없게 되었음을 인정해야 한다. 농산물도 생산만으로 끝나는 것이 아니라 팔릴 수 있는 농산물을 생산하기 위해, 소비자의 니즈를 파악하고 직매장을 곳곳에 설립하는 등 판매 전략을 짜는 데 정부와 생산자 단체 그리고 생산 농민이 함께 연구하고 힘과 지혜를 모아야 할 시점이다.

9 친척 마케팅을 펼치는 오사다 농원

한 농가와 230명의 소비자가 친척 관계, 오사다 농원

오사다 나오미(長田直己, 55세) 씨는 농협의 청년부장 출신이다. 현재는 이토(伊東) 시 농협의 이사를 맡고 있다. 이 농장을 방문하기 위해 2011년 10월 23일 아침 일찍 도쿄에서 아타미를 거쳐서 이토선 열차를 타고 이토 시에 내렸다. 오사다 이사는 한국에서 한 번 만난 적이 있어서 반갑게 맞이해 주었다.

22년 전 동경 농업 대학을 졸업하고, 부모가 경영하는 밀감 농업을 물려받아 45년간 2대째 밀감 중심의 농업을 하고 있다. 그러나 밀감 가격은 폭락하고 경영이 도저히 어렵게 되어 새로운 방법을 모색하기로 했다. 바로 소비자에게 영농 현장의 이야기를 솔직하게 전달하고, 소비자의 이해를 구하는 것이 지름길이라고 생각하고 회원제 농업을 하기로 했다. 도시 회원을 위한 고향의 역할을 하기로 한 것이다. 농가의 입장에서 회원 모집 안내서에 솔직하게 어려움을 호

친척 마케팅을 펼치는 오사다 씨

소하는 문구를 넣은 것이 돋보인다. 맛있는 밀감을 저농약 재배로 생산한다는 점, 나무에서 완숙된 밀감을 수확한다는 점, 먹어 보고 맛이 있다고 생각하면 회원으로 가입하도록 권장하고 있다.

연간 매출액 1,400만엔

돈을 벌 수 있는 농산물을 생산하기 위해 온갖 노력을 다하고 얼마에 팔릴 것인지 안절부절못하는 것보다는 먹어 보고 맛있다고 즐거워하는 사람을 상대로 영농하고 싶다는 생각에서 회원제 영농을 하게 되었다고 오사다 씨는 설명한다.

출발 당시에는 30명의 소비자가 회원으로 가입했지만 지금은 230명에 이른다. 회원은 대부분 도쿄와 그 북쪽 지역에 살고 있다. 회원 중 영구 회원이 80%에 이른다. 부부의 노동력으로는 현재의 회원 수가 적당하다고 생각해서 더 늘리지는 않는다. 그래서 기존 회원의 탈퇴를 기다려서 순번이 오기를 기다리는 사람도 많다는 이야기다. 연간 매출액은 1,400만엔이다. 매출액의 50%는 회원에게 판매한 것이고, 30%는 회원의 소개로 택배 판매한 것이며, 20%는 농협의 직판장과 농장 주변의 이웃에게 판매한 것이다. 오사다 씨는 같은 양을 농협을 통해 시장에 판매했다면 운송비, 시장 수수료, 농협 수수료 등을 공제하고, 농가가 받는 값은 직매할 때의 50%인 700만엔 정도 될 것이라고 설명한다.

오사다 씨는 농장 여기저기를 안내하면서 회원제 영농의 장점을 이렇게 설명한다. "보다 자연에 가까운 조건으로 생산한 것을 가장 맛있는 시기에 먹는 것은 인간의 몸과 마음이 필요로 하는 영양분이 아닌가. 회원의 신뢰가 우리 부부의 영농 활동에 격려가 되고, 우리 부부의 성의가 먹는 사람들의 몸과 마음의 평안함이 된다면 그보다 더 바랄 것은 없다."

회원의 신뢰가 농가의 격려

오사다 농원은 온주밀감, 한라봉, 본간, 청견, 청미, 네플, 레몬 등 10종류의 밀감과 함께 비파, 녹차, 벌꿀, 고구마, 감자, 채소류 등 20여 종을 재배한다. 회원들에게는 완숙된 밀감과 녹차, 꿀을 주된 택배 발송 품목으로 하고, 채소와 표고버섯, 고구마, 무, 산채류, 야생화, 호두, 달래 등은 덤으로 계절에 따라 함께 동봉하여 연간 8회 택배로 발송한다. 회비는 3만 3,500엔이다. 20년 동안 3만엔이었으나 3년 전부터 1회 더 택배 발송하기로 하고 3,500엔으로 인상했다.

매회 그 계절의 농장 풍경과 생산 과정, 농산물의 요리 방법과 맛있게 먹는 방법, 그리고 가족 소식을 요약한 A4 용지 2장 분량의 편지를 동봉한다. 밀감이나 꿀에도 재배 과정과 특징 등 자세한 설명서를 동봉하는 것이 이 농장의 가장 중요한 특징이고 차별화 전략이다. 즉 이야기가 있는 농산물 생산을 목표로 한다.

회원은 가까운 친척

계절마다 농장 소식과 재배 과정 등 자세한 소식을 매회 발송하고, 또 이를 받아본 회원의 70%는 답장을 보내는 등 20년 이상 교류를 하다 보니 모두가 가까운 친척처럼 되었다.

먹어 보고 맛이 있었다는 편지를 받는 것이 농업인으로서 가장 큰 즐거움이고, 밀감 농사를 한 보람을 느낀다고 한다. 서로 편지를 교환하여 가까운 친척처럼 지내면서 회원의 50%는 농장을 방문하여 얼굴을 알고 지낸다. 택배는 10월부터 이듬해 6월까지 9개월 동안에 8회 발송한다.

유기 재배 원칙, 저농약 재배

농약 사용은 신중에 신중을 기한다. 자녀들이 먹는다는 생각으로 불가피한 경우만 극히 소량 살포한다. 잡초는 제초제를 절대 사용하지 않고, 제초기를 사용해서 60일간 거의 매일 직접 뽑는다. 유기질 비료를 사용하고 보조비료는 좀 비싸지만 채종 유박과 발효 계분을 주로 사용해서 유기 재배를 원칙으로 한다. 저농약 재배를 하는 경우도 종종 있는데 이러한 영농 형태를 회원에게는 매회 솔직하게 알리고 이해를 구한다. 그러기 때문에 회원들은 오사다 씨의 정직성을 믿고 20년 동안 직거래로 밀감 등을 구입한다.

영농 현황은 밀감 종류가 120a, 비파 20a, 녹차 30a, 채소류 20a, 정원수 묘목 70a 등 모두 260a가 태평양이 내려다보이는 경사면의 밭에서 재배된다. 표고버섯과 양봉도 한다. 오후에는 비가 올 것 같다면서 소형 경트럭을 함께 타고 경사면의 영농 현장 여기저기를 안내한다. 도중 조생종 밀감밭에 내려 밀감을 따서 먹어 보라고 한다. 달고 맛이 있다는 반응에도 아직 당도와 맛이 부족하다면서 1개월 후 수확할 예정이라고 한다.

농장의 주변은 도쿄 사람들의 별장 지대로 유명하다. 1개 단지에 800가구씩 8개 단지가 있다. "매일 영농과 생활을 태평양이 내려다보이는 별장 지대에서 하고 있어 부럽다."고 했더니 "가족 모두가 건강하고 행복하다."고 답한다. 부모가 농사를 열심히 하면서 행복하게 지내는 것을 본 차녀도 농사를 전업으로 하기 위해 도쿄 농업대학에 입학했다는 이야기다.

오사다 씨는 낙과 방지제 등 화학 약품은 전혀 사용하지 않는다. 그 대신 냉해를 피하고 조수의 피해를 방지하기 위해 이중 봉지를 씌운다고 한다.

점심시간이 되어 집으로 안내되었다. 채소 종류와 가다랑어 회 등 요리를 준비해서 식사하면서 사용 중인 식자재는 대부분 밀감과 물물 교환으로 사들였고 현금을 지급한 것은 없다면서 많이 먹으라고 권한다.

재배 방법, 요리 방법을 적은 설명서 부착

식사를 끝내고 가을비가 주룩주룩 내리는 가운데 도쿄로 가는 열차 시각에 맞추어 일어나자 500g 벌꿀 3병을 선물로 주면서 가족과 먹어 보라고 한다. 벌꿀과 함께 동봉한 안내서에는 꿀밭인 꽃 사진과 함께 이렇게 기록되어 있다.

'가족이 먹기 위해 만들기 시작한 벌꿀입니다. 벌꿀의 주요 성분은 그대로 장에 흡수되는 포도당, 과당, 비타민, 미네랄 등이 포함되어 옛날부터 영양가가 높은 식품으로 중요시되었습니다. 그런데 최근 그 효과나 매력과는 달리 다른 물질과 혼합하지 않는 순수 벌꿀은 구하기가 매우 어렵습니다. 국내에서 판매되는 80~90%는 수입된 것이고 그것을 원료로 한 것이 많습니다. 국산 중에도 벌의 질병 예방을 위해 항생물질이나 살충제가 사용되고 있어서 불안한 실정입니다. 그래서 오사다 농원은 취미로 양봉을 시작했습니다. (이하 생략)'

이 같은 글을 읽는 회원은 생산자의 얼굴이 가깝게 보이는 것 같을 것이고, 상품에 대한 믿음이 가서 친척 관계처럼 정감이 들 것으로 기대된다.

모든 것을 돈으로 환산하는 요즈음의 일반적인 풍토와는 전혀 달리, 회원의 지원과 격려를 받으면서 독특한 영농과 생활의 여유를 만끽하는 오사다 씨의 영농 방식은 우리 농업인에게도 시사하는 바가 크다고 생각한다.

신토불이와 직거래가 유통의 트렌드

일본에서는 요즈음 식품의 안전성 문제로 모든 국민이 불안해한다. 농약 만두 사건, 농약 오염 MMA 쌀의 식용 사건, 멜라민 오염 과자 사건 등으로 식품의 안전 문제가 매우 심각하게 논의되고 있다. 주부들은 이에 대응하기 위해 유기 재배 농가에 직접 출자하여 유기 식품을 사는 경향이 늘고 있다. 농민들의 직거래 장터(파머스마켓) 매출고가 매년 30% 급증하는 현상도 눈에 띈다. 한 농산물 택배업체의 배송량이 8배가 증가했다는 뉴스도 있었다.

지바(千葉) 현 미요시(三芳) 읍에 있는 30가구의 농민들이 도쿄 다나시(田無) 시의 1천가구에 쌀, 채소, 달걀 등 안전 농산물을 30년 동안 적정 가격에 직거래하면서 도시와 농촌이 생활 공동체를 만들어 상생하는 사례로 유명하다.

오사다 농원처럼 부부의 노동력으로 230명의 회원에게 22년 동안 친척처럼 신뢰 관계를 쌓고 안전 농산물을 합리적 가격으로 거래하는 직거래 유통 방식이 대량 유통의 하나의 대안으로 중요하다는 생각이 든다.

우리나라의 신토불이 운동을 위시해서 이탈리아의 슬로우 푸드, 미국의 로컬 푸드, 일본의 지산지소(地産地消) 등의 민간 활동이 활발한 것을 보면 농산물 직거래가 하나의 트렌드로 정착되어 가는 경향이다.

낙도(落島)를 예술의 섬으로 변신시킨 나오시마

연간 관광객 50만명이 찾는 관광지

나오시마(直島)를 방문한 것은 2014년 3월 2일 이슬비가 내리는 일요일이다. 그런데도 나오시마로 가는 배는 관광객으로 가득 차 있다. 나오시마는 일본의 혼슈와 시고쿠(四國) 사이 세도나이카이(瀬戸内海)에 있는 조그마한 섬이다. 오카야마(岡山) 현 우노(宇野) 항에서 배를 타고 20분 정도 걸린다.

나오시마는 인구 3천명의 작은 섬(주위 16km)이다. 나오시마 읍(町)과 베네세(Benesse)라는 지방 기업이 중심이 되어 섬 내에 미술관을 설치하면서 연간 50만명이 방문하는 유명 관광지로 변신했다. 베네세는 오카야마 지방의 학습지 판매, 출판업과 서점을 경영하는 지방 기업이다. 그러나 이 기업은 기업주가 지방 문화를 일관되게 중요시했다. 라틴어의 'bene'는 '양호한', '잘'의 의미이고, 'esse'는 '산다'는 뜻이다. 즉 잘 산다는 뜻을 갖는 기업 이름이다. 베네세의 창업주 후쿠다케(福武)는 기업의 목적이 기업주만이 아니라 지역 사회가 잘 살아야 한다는 경영 이념을 일관되게 주장했다고 한다. 그래서 그는 항상 주주 중심의 자본주의보다는 사회의 공익(公益)을 중요시하는 공익 자본주의가 되어야 한다고 주장하고 이를 회사의 경영 이념으로 했다는 이야기도 있다.

NPO(비영리 법인) 나오시마 읍 관광협회의 발표 자료에 의하면 2014년 현재 관광객 수는 50만명으로 섬 인구의 150배에 이른다. 최근 10년 사이에 10배 이상 증가했다.

관광객은 젊은 사람이 많다. 그 중에서도 여성이 많은 것이 특징이다. 현대 예술이 인구가 적고 고령화된 섬을 젊은이들이 가장 많이 방문하는 섬으로 탈바꿈했다는 생각이 든다.

지역 활성화 디자인

나오시마가 새로운 예술의 섬으로 탈바꿈한 기원은 50년 전으로 거슬러 올라간다. 1959년부터 36년 간 읍장을 한 미다케(三宅) 씨는 첫 예산안을 수립하면서 나오시마의 미래상을 다음과 같이 제안했다.

'섬의 중앙부는 교육과 문화의 향기가 짙은 주민의 생활의 장으로 발전시키고, 남부는 세도나이카이 국립 공원 지역을 중심으로 자연경관과 역사적인 문화 유산을 보존하면서 관광 사업으로 발전시켜야 한다.'

읍장의 이 같은 발상이 나오시마를 예술의 섬으로 만든 기초가 되었다.

1985년 처음 나오시마를 방문한 베네세의 창업 사장 후쿠다케는 경관이 아름다운 나오시마에 국제적인 캠프장을 만들겠다는 생각을 갖고 있던 중이었다. 읍장의 생각과 지방 기업의 생각이 일치하여 1987년 나오시마 섬의 남부 165ha의 토지를 베네세가 일괄 구입해서 1989년 국제 캠프장을 개장했다.

국제 캠프장에 현대 예술 작품 '개구리와 고양이'를 설치한 것이 나오시마를 예술의 섬으로 전환하는 중요한 계기가 되었다는 설명이다. 그 후 1992년 일본의 유명한 건축가인 안도 다다오(安藤忠雄) 씨가 설계한 현대 미술관과 호텔이 융합한 베네세하우스가 생기면서 현대 예술 활동의 거점이 마련된 셈이다. 그 후 연중 계속해서 중요한 예술 작품 전시회를 개최해서 일본 예술

쿠사마 야요이의 '호박' 설치 미술 작품

인들의 주목을 끌었다.

또 베네세하우스 관내 뿐만 아니라 옥외에서도 그 장소에서만 가능한 현대 예술 작품이 탄생하게 되었다. 작품을 통해서 세도나이카이의 아름다운 경관을 재발견하는 계기도 되었다는 평가다. 현재 배를 타고 도착하면 바로 해변에 보이는 대형 붉은 호박 작품도 유명한 조각가 쿠사마 야요이(草間彌生)가 현지에서 제작한 작품이다. 시가 3억원으로 나오시마의 랜드마크가 된 작품이다. 최근 쿠사마 야요이의 미술 작품 전시회가 서울 예술의전당에서 개최되어 1개월 동안 12만명이 관람하는 대성황을 이루었다.

섬의 역사 문화와 현대 예술

베네세하우스 내부에서 전개된 활동에서 1990년대 후반부터는 섬에 사는 주민의 마을이 예술의 무대로 전환되었다. 이제까지 세도나이카이의 자연과 현대 예술의 조합을 중심으로 활동했으나 섬의 역사, 주민들의 생활문화 등의 새로운 시점으로 전환되었다.

이를 '이에(家) 프로젝트'라고 한다. 200년 이상의 주택이 있는 마을에 빈집이 생기면, 이를 활용해서 미술 작품과 설치 미술을 통해서 관광객이 마을을 거닐면서 미술 작품과 마을의 생활 등을 체험하는 관광이다. 주택의 외부는 그대로 살리고 내부는 개조해서 집 전체가 미술관인 셈이다.

예를 들면 '이시바시'는 일본화 작가 센쥬 히로시의 작품을 전시했다. 이집은 본래 제염업을 했던 집으로 이 마을에서 가장 잘 사는 집이었다. 마루

나오시마 전통가옥 미술관

에 전시한 수채화 '폭포'는 폭이 15m가 되는 대작이다. 센쥬 히로시가 베니스 비엔날레에 발표한 작품을 재현한 것인데, 바닥에 검은 옻나무 칠의 판을 설치해서 거기에 반사된 폭포수가 흔들리고 있는 것처럼 보인다. 마당에는 돌 구름다리를 설치해서 폭포에서 떨어진 물이 돌다리 밑으로 흐르는 감각을 느끼도록 했다. 이 외에도 '치과 의사집' '지주의 집' '가도야' '신사' '절' '긴자' 등이 있다. 일본의 유명한 화가들이 여기에 참여하고 있다. 200년 이상 된 일본의 전통 가옥 40여 호와 좁은 골목길이 옛날 모습 그대로 보전되어 있어 미술 작품을 관람하면서 거리를 거니는 것이 매우 즐겁게 느껴진다.

지중(地中) 미술관

2004년에는 지중(地中) 미술관이 설치되었다. 관광객이 가장 많이 찾는 곳으로 유명하다. 지중 미술관은 지역의 자연경관을 훼손시키지 않기 위해 땅을 파고 지하에 미술관을 설치하고 다시 본래 모습으로 복원했다. 이 미술관은 안도 다다오(安藤忠雄)라는 유명한 건축가의 작품이다.

내부에는 월터드마리아, 제임스터렐, 클로드모네의 작품이 전시되어 있다.

월터드마리아는 세밀한 치수와 함께 공간을 제시하고 그 공간에 직경 2.2m의 구체와 27개의 금박을 사용한 목제 조각을 배치하여 구성했다. 일출에서 일몰 사이의 작품의 표정이 시시각각 변화한다.

제임스터렐은 빛 그 자체를 예술로 제시하는 작품이고 그것을 정확히 체험하기 위해 형태와 크기는 작가 본인이 설계했다.

클로드모네 작품은 지중에 만들어진 공간이면서 자연광만으로 모네의 회화 5점을 감상할 수 있다. '수련' 시리즈로 유명하다. 지중 미술관 작품 중 가장 인기가 있는 것 같다.

한편 지역과 현대 예술의 공생을 기획하기로 주민들이 뜻을 모았다. 나오시마에 있던 황폐화된 논을 다시 복원해서 논농사를 하기로 했다. 이는 단순한 현대 예술의 활동 범주를 넘어 '지역 사회와 예술의 공생' '예술에 의한 지역 사회 활성화'를 추구하고 있는 점이 인상적이다.

이우환 미술관

이우환은 경남 함안 출신이고 일본 타마미술대학의 교수이다. 일본의 획기적인 미술 운동인 모노파의 창시자이기도 하다. 동양사상으로 미니멀리즘의 한계를 극복하여 국제적으로 명성이 높다. 주요 작품으로 '선으로부터' '동풍' 등이 있다. 여기 나오시마에 있는 이우환 미술관은 바다가 보이는 골짜기를 파고 땅속에 미술관을 설치하고, 자연경관을 다시 복원하는 방식으로 역시 안도다다오가 설계했다. 서구적 가치관의 지중 미술관과는 달리 일본, 한국 등 아시아 문화적 배경을 지닌 예술가의 작품을 전시하고 있다. 입구에 18.5m의 육각 콘크리트 기둥과 자연석과 건축, 예술이 일치를 이루는 미술관으로 유명하다.

나오시마 섬이 미술관을 설치하여 예술의 섬으로 탈바꿈하면서 지역 주민들도 봉사 단체를 만들어 안내하고, 자발적으로 섬의 경관을 유지하는 노력을 하고 있는 점이 인상적이다. 음식점이 한 곳도 없었던 이 마을에 식당이 40여 곳이 생겼고 민박이 50개나 탄생했다. 나오시마가 예술의 섬으로 발전하면서

나오시마의 이우환 미술관 입구

인접 테시마(豊島), 이누시마(犬島)도 미술관을 설치하고 이에 프로젝트를 실시하여 빈 집을 미술관으로 재탄생시켰다.

약 20년의 나오시마의 예술 활동은 세도나카이 전체로 확산되어 2010년에는 7월부터 10월까지 105일간 '세도나이카이 국제 예술제'를 개최했다. 이 기간 동안 94만명의 관광객이 예술의 섬들을 방문했다.

결론적으로 나오시마라는 낙도 섬이 현대 예술과 만남으로서, 어느 곳이나 있었던 무명의 지역에서 매력 있는 고유의 장소로 변신했다는 점에 주목하고 싶다. 단순히 예술 작품이 거기에 있는 것만으로 충분하지 않다. 그 장소가 갖는 자연과 역사 그리고 거기에 사는 지역 주민과 교류하면서 그 곳밖에 없는 독창성을 발휘하고 있다는 점이 중요하다.

나오시마 섬을 견학하고 나서 우리나라의 진도(珍島)를 예술의 섬으로 하면 어떨까 생각해 보았다.

진도는 글자 그대로 보배로운 섬이다. 전통문화가 다양하게 보전되고 전승되어오고 있다. 한국화, 서예, 진도아리랑, 씻김굿 등 예술도 있다. 삼별초 유적, 동학혁명 유적, 정유재란의 유적도 있다.

전통문화와 예술과 현대 예술이 조화를 이루는 예술의 섬으로 발전시켰으면 좋겠다는 생각이 든다.

6차산업을
디자인하라

4부
모성애를 자극하라

1

향수 자극하는 농가식당, 다누키

농촌 한적한 마을에 농가식당 성업

시부가와 생활개선회의 노력으로 농촌 입구부터 수국, 샐비어, 칸나 등을 재배하여 농촌 경관을 아름답게 가꾸었다. 이 지역 생활개선회는 16명의 주부가 1953년부터 조직하여 부엌 개량, 식생활 개선을 주업무로 해 왔다. 지금은 이들이 중심이 되어 61호 141명의 주민 전원이 가입한 <시부가와를 아름답게 하는 모임>을 결성하여, 생활개선회의 야스나가 요시에(安永芳江) 회장이 겸임하여 지역을 이끌어간다. 여성이 지역 사회 전체를 대표하는 것은 드문 일이다. 생활 개선뿐만 아니라 지역 활성화도 여성의 역할과 적극성 그리고 즉시 실천하는 행동력이 필요하다고 생각한 남성들이 여성 회장이 지역을 이끌어가도록 요청했다는 것이다.

농가식당 성업

시부가와 중심에 <농가식당, 다누키>가 성업 중이다. 농가 창고를 지으려고 했다가 농가식당으로 전환하여 2007년에 개업했다. 다누키의 경영자 데라도(寺戶光政) 씨는 <시부가와를 아름답게 하는 모임>의 역할이 있었기 때문에 회원들의 지원을 받아 개업할 수 있었다고 말한다. 데라도 씨는 읍 소재

농가식당 다누키의 1인분 밥상

지에서 27년간 슈퍼마켓을 경영했으나 점점 경영이 어려워지자 폐업하고, 1년간 농가식당 공부를 하고 고향으로 돌아와 개업했다. 슈퍼마켓을 경영하면서 반찬을 만들어 팔았던 경험이 있는 부인은 시식 요리를 만들어 야스나가 회장 등 회원들에게 시식하게 하고 평가를 받기 위해 자주 상의했다.

즉 지역 사회와 공생하기 위해 지역의 농민들이 생산한 농산물을 음식 재료로 사용하고, 생활개선회가 가공한 떡갈나무 잎 떡, 와사비 절임 등을 판매한다.

1일 15명분의 요리를 제공하는 것을 목표로 하고 그 이상은 사절한다. 왜냐하면, 양 중심으로 경영하는 것은 농가식당의 여유 있고 느긋하고 유유자적하는 분위기를 느낄 수 없게 한다고 생각하기 때문이다. 영업일도 금, 토, 일, 그리고 경축일만 하고 평일은 농사일에 전념한다.

찾는 고객은 월 200~300명 정도다. 최근에는 일본 정부가 경기를 상승시키기 위해 고속도로 요금을 거리에 관계없이 1천엔으로 인하했기 때문인지 히로시마 등 대도시의 드라이브 족들이 많이 들린다. 서구의 외국인들도 일본 농촌의 한가로움을 즐기기 위해 인터넷에서 이곳을 발견하고 찾아오는 사람도 많다.

여유와 한가로움을 즐기는 농가 식당 인기

데라도 씨는 "히로시마 등 대도시는 전반적인 분위기가 물질 중심적으로 움직인다. 그러나 야마구치나 농촌 지역은 '정신' 중심적으로 움직인다. 국민의 품격이 물질 중심적으로 달려서는 고품격의 국가는 될 수 없다. 그래서 농가식당을 찾는 고객은 여유와 한가로움을 즐기기 위해 오는 것이다. 이런 기본적 욕구를 충족하는 것이 바로 농가식당이다."

데라도 씨는 부근의 유명한 관광지의 아름다운 경관, 단풍, 야생화, 폭포 등의 자연을 소개한 사진첩을 고객들에게 보여 준다. 식당 주변도 수국, 칸나, 채송화, 샐비어, 봉숭아, 접시꽃 등으로 아름답게 가꾸고, 맑은 생수가 흐르는 연못에는 연꽃이 활짝 피어 있다. 바로 인접한 데라도 씨의 부모가 사는 집은 입구 정문에 분재로 오랫동안 가꾼 소나무로 장식했다. 주차장은 물론 농가식당 입구와 주변 전체를 아름답게 가꾸어 고객들이 자연을 유유자적하며 즐길 수 있도록 디자인한 것 같다.

메뉴는 일본 정식과 우동, 메밀국수 등 6종류이다. 정식은 하루 전 예약제이고, 가격은 1,400엔이며, 15명 한정으로 판매한다. 우동이나 메밀국수는 600엔이다. 고객들에게 이야깃거리를 제공하기 위해 그날의 운수를 보는 오미꾸지(점쾌)와 계절의 야생화를 요리와 함께 내온다. 식당의 실내는 쟁기, 소쿠리, 쟁반 등 각종 옛날의 농기구를 천장과 귀퉁이에 배치해 향수를 즐기도록 했다. 식당의 규모는 목조 82m² 정도이다.

귀국하여 홈페이지를 검색해 보니 주변의 야생화 환경 변화를 매일매일 올리고 있고, 우리 일행의 방문 사진도 올려놓았다. 우리가 신토불이를 연구하는 학자들이라고 소개하고, 한국의 김치를 연구하고 싶다고 기록해 놓았다.

일본 사회의 트렌드는 여유와 유유자적인 것 같다. 물질 중심적인 사회에서 탈출하기 위해 애를 쓰는 것으로 보인다. 고품격 국가, 성숙한 사회가 국민들 사이에서 자주 논의된다. 그래서 향수 사회의 도래를 점치기도 한다. 우리나라에도 농민에 의한 농가식당을 개업할 때가 올 것이 틀림없다.

2

농촌을 일깨우는 우먼파워

농촌 여성 기업(起業) 붐

최근 일본은 농업 취업 인구의 절반을 여성이 차지하고 있다. 농림수산업과 농어촌 지역에서 여성은 중요한 후계자의 역할을 한다. 여성의 활약은 농업 경영 측면뿐만 아니라 지역 농산물을 활용한 가공품을 만들고, 직매장이나 아침 시장을 운영하는 판매 활동, 어린이들에게 식생활의 중요성을 가르치는 식농(食農) 교육 분야, 농가식당이나 농가민박, 농업 체험 등에 의한 도시와 농촌의 교류 등 여러 가지 분야에서 기업[起業. 일반적인 기업(企業)에 비해서 소규모의 영업 형태를 기업이라고 하며, 창업의 의미도 담고 있음]활동이 전국 곳곳에서 활발하게 일어나고 있다.

농촌 여성이 중심이 되어 지역에서 생산된 농산물을 소재로 하고, 여성이 직접 경영하고, 여성의 수입으로 계산되는 경제 활동을 여성 기업이라고 말한다.

여성 기업 활동은 지역 농업과 농촌 지역의 활성화, 그리고 도시와 농촌의 교류 촉진을 위해서도 중요한 역할을 하는 것으로 평가되고 있다.

여성 기업(起業)과 설치

농림수산성에서는 이를 적극적으로 지원하기 위해 '여성 기업과'를 설치하고, 통계 조사와 컨설팅 등의 지원 활동을 하고 있다. 사단법인 농산어촌여성생활활동지원협회는 농어촌 여성의 경영 참여와 사회 참여를 촉진하고 새로운 분야로의 도전을 지원할 목적으로 학식 경험자 등 58명의 회원으로 설립되었다. 이 협회는 국고에서 보조받아 선진적인 여성 농업자의 활동을 고도화하기 위해 연수회를 개최하고, 여성 기업(起業)가 활동 지원이나 농촌의 중요한 후계자인 여성 농업자의 경영 참가를 증진하기 위해 여성 인정(認定) 농업자의 확대나 가족 경영 협정의 추진, 출산 육아기의 여성 농업자 지원 사업을 담당하고 있다. 농가식당, 농업 체험, 민박 등 그린투어리즘 전문가를 양성하기 위해 4개월 과정의 강좌를 개설하고 있고, 정보지로 『생활 연구』를 월간으로 발행한다. 재단법인 도시농산어촌교류활성화 기구에서도 농림 어업 체험, 민박 개업상담 센터를 개설하고 전화 방문 상담과 법률 상담 등을 통해 농촌 여성의 기업을 적극적으로 지원하고 있다.

60세 이상의 여성 창업 활발

농촌 여성에 의한 기업 현황을 보면 전국적으로 2003년 현재 7,735개 사업이 운영되고 있다. 매년 전년 대비 5.6%씩 증가하고 있다. 농가 단독보다는 10인 미만의 그룹을 만들어 운영하는 형태가 70%를 차지하지만, 최근에는 개인 농가 단위 경영 형태가 증가하고 있다. 여성 기업의 평균 연령은 60세부터 69세가 3,500여 건으로 가장 많은 것을 보면, 젊은 사람이 없어서 농촌이 활력을 잃는다는 이야기는 설득력이 없어 보인다.

지역별로는 대도시보다 순수 농촌 지역인 아키다(375건), 구마모토(358건), 오오이타(339건) 지역이 많은 것을 보면 농업 환경 변화에 따른 농가 경영의 어려움을 농가 스스로 타결하기 위한 적극적인 변화의 노력이라고 보인다.

농산어촌여성생활활동지원협회(사)가 발행한 『농산어촌 여성 기업 400선 전국 지도』를 보면 여성 기업의 종류도 다양하다. 농업 생산은 물론 잼, 김치 절임, 과자, 빵 등의 가공업, 아침 시장과 직매장 운영 등 유통 판매업, 관광농원과 농가 레스토랑을 운영하는 도시 농촌 교류 사업, 우동 만들기, 된장 만들기 등 체험 사업, 고령자 수발과 육아원 운영 등 지역 생활 관련 서비스업에 이르기까지 매우 다양하다. 경영 내용을 보면 식품 가공과 유통 판매업이 80% 정도를 차지할 만큼 대부분이다. 그러나 최근에는 도시와 농촌의 교류 관련 사업과 생활 서비스업이 점차 활기를 띠고 있다.

식품 가공과 유통업이 80%

연간 판매 금액은 300만엔 미만이 61%를 점하고 있어 규모는 영세한 편이다. 그러나 1천만엔 이상도 12%나 되고, 1998년에 10%였던 점을 고려하면 경영 규모가 확대되고 있음을 알 수 있다. 경영 형태가 법인화되어 있는 비율은 2%(186건) 정도로 미미하고 주로 유한회사나 농사조합법인 형태를 취하고 있다. 전체의 21%인 1,658건이 상품의 소개나 판매를 위해 IT를 활용하고 있다.

농산촌 여성들이 기업 활동으로 나서게 된 배경을 보면 다음과 같다.

첫 번째로 쌀 가격 폭락에 인한 농가 소득 감소를 그대로 볼 수만은 없다는 것이다. 쌀 가격이 UR(우루과이라운드) 협상 이전만 해도 60㎏ 현미 한 가마에 2만 3천엔이었으나 지금은 1만 5천엔까지 떨어졌다. 농협의 수수료 3천엔을 더 공제하면 1만 2천엔을 받는 셈이다. 이런 가격으로는 농가 생활을 유지할 수 없다고 판단한 주부들이 기업 활동에 나서게 되었다고 보인다.

두 번째로 라이프스타일의 변화를 들 수 있다. 사회 전체적으로 삭막한 도시 생활에서 탈출하고자 하는 욕구가 서서히 나타나고 있고, 시대의 흐름도 슬로우 푸드(slow food), 슬로우 라이프(slow life)가 일상화되어 가는 경향이다. 그래서 전통 식생활이 재평가되고 있고, 물레방아로 찧은 쌀로 가마솥에서 장작불을 피워서 지은 밥이 인기를 끌고 있다. 산촌에서 산채와 각종 채소류로 만든 빵 가게가 성업 중인 것을 보면 자연을 추구하는 경향이 강하다는 것을 알 수 있다.

식생활의 안전·안심이 중요

세 번째로 식생활에 대한 안전과 안심 지향이다. 농산물 수입 개방이 확대되면서 식생활의 안전성 확보와 안심에 대한 욕구는 소비자들의 최대 관심사항이 되었고, 이를 확보하기 위해서는 안전 농산물 직거래와 안전한 농산물로 요리한 음식을 찾는 경향이 강하게 일어나고 있다. 이러한 사회의 흐름 가운데 농어촌 지역의 여성에 의한 기업 활동이 주로 농촌 지역일수록 활발한 것은 우리에게도 눈여겨보아야 할 점이다.

농산어촌문화협회(사)가 발행한 『밭 카페, 논 레스토랑(2006년 2월 발행)』을 보면 다양한 사례가 소개되어 있다. 오오이다(大分) 현 히다(日田) 시의 인적이 드문 산속에 어머니 빵 집이 20년 동안 성업 중이다. 후쿠오카 등 인접 도시 지역의 슈퍼마켓이나 빵 가게 등 20여 개 점포에 40여 종의 빵을 납품한다. 임업을 주로 하는 60대 여성 3명이 20년 전 개업했다. 영국에서 유학 온 여성으로부터 각종 채소류로 만든 빵을 선물로 받아먹어 본 것이 계기가 되어 동네 주부들이 모여서 제빵 기술을 공부하기 시작했다. 지천으로 자생하는 쑥, 당근, 산채류, 고구마, 호박, 시금치 등으로 빵을 만들어 학교 급식으로도 납품한다. 도시에서는 도저히 구할 수 없는 빵의 재료를 자연 속에서 쉽게 구하고 이를 활용해서 빵을 구워서 팔고 또 이를 인정해 주는 소비자가 있다는 것은 대단한 즐거움이라고 생각한다.

막걸리 특구 지정-지역 활성화

고치(高知) 현 미하라(三原) 읍은 인구가 2천명 정도에 불과한 조그만 산촌이다. 2004년 12월 막걸리 특구로 인정되어 2005년부터는 10여 농가들이 막걸리 제조 면허를 받았다. 이를 기념해서 막걸리 축제가 열리게 되었다. 순수하게 지역에서 생산한 쌀로 만든 막걸리를 맛보기 위해 인접 지역으로부터 4천명이 모이는 대성황을 이루었다. 축제의 날 하루만 한정하지 않고 매달 10일 단위로 막걸리를 만들어 예약 판매한다. 언제나 10개 농가의 막걸리가 품절 상태가 된다고 한다. 축제에 참가한 사람들을 위해 식당과 민박이 개업하는 등 지역 경제가 활성화되는 계기가 되었다는 평가다.

야마구치(山口) 현의 나다(名田) 섬(島)에는 농촌 레스토랑 해바라기가 성업 중이다. 간척지 540ha에서 주로 쌀과 밀을 생산했으나 최근에는 콩 재배가 급증했다. 콩을 재배하는 농가 주부 4명이 콩 요리를 전문으로 하는 10평 규모의 식당을 개업했다. 콩 요리 8종류가 나오는 두부 회식 요리는 1천엔 정도로 가장 인기가 있다. 레스토랑에서 사용하는 음식 재료는 전부 주변 농가들이 유기 재배로 생산한 쌀과 채소류를 사용한다. 2005년 12월 이 식당은 '야마구치 식채점(食菜店)'으로 선정되었다. 요리에 사용하는 음식 재료의 80% 이상을 현(縣) 내에서 생산된 농산물로 충당하는 음식점을 현 정부는 '야마구치 식채점'으로 선정하고, 팸플릿을 통하여 소개하는 등 적극적으로 지원한다. 현 정부는 현 내에서 생산된 쌀을 100% 사용하고, 독자적인 전통 요리를 연중 한 종류 이상 제공하고, 요리에 사용하는 재료의 수량과 품목의 80% 이상을 현 내에서 생산한 것으로 사용하는 점포를 식채점으로 지정한다.

허브 농장에서 농가식당

히로시마(廣島) 현 오오아사(大朝) 읍은 해발 800m 전후의 산으로 둘러싸인 분지다. 이 지역 휴경 농지 4ha에서 60세의 농촌 할머니가 허브 농장과 농가식당을 경영한다. 허브 종류로는 재스민과 카모마일이 1ha 정도로 가장 많고 총 150종의 허브가 재배된다. 관광객은 농장 입장료 대신 비닐봉지 1매를 300엔에 사서 취향에 맞는 허브를 마음껏 채취할 수 있다. 비닐 한 봉지분의 허브로 100잔의 허브 티를 제조할 수 있다. 농가식당에서는 허브로 맛을 내고 농장에서 유기 재배로 생산한 채소류를 중심으로 한 1천엔짜리 점심 세트 요리가 인기다. 지역에서 생산한 고시히카리 쌀을 사용하고 옥외에 설치한 가마솥에 장작불을 지펴서 시간을 걸려 밥을 지어내는데 맛있다는 평을 받는다. 지산지소(地産地消)의 실천인 셈이다. 허브 농장에서는 야외 결혼식과 음악회도 열린다. 연간 입장객은 만명으로 매출액은 2천만엔 정도이다.

요즘 미국에서는 로컬 푸드 운동이 사회 운동으로 정착되어 가고 있다. 예를 들면 파머스마켓이 전국적으로 확산하고 있고, 회원제 산직(産直) 조직과 학교 급식에 지역 농산물을 이용하는 움직임이 활발하다. 세계화의 발상지인 미국 사회에서 로컬 푸드(local food), 로컬 라이프(local life) 운동이 사회 운동으로 퍼져가고 있는 것을 보면, 세계화가 될수록 지역적인 생활이 더 매력이 있는 것으로 여겨진다는 점은 매우 고무적이다. 이런 사회적 흐름을 인식한 일본의 농촌 여성들을 중심으로 슬로우 푸드, 슬로우 라이프에 중점을 둔 농산촌 기업 활동이 활발히 전개되는 것을 보면 우리에게도 시사하는 바가 크다는 생각이다.

3 ✿

지역 농산물을 학교 급식으로 제도화한 살구꽃 마을

매일 음식 문화제-농가 식당 살구꽃 마을

　일본의 큐슈 후쿠오카(福岡) 현 후쿠쓰(福津) 시에 있는 농가식당 <살구꽃 마을>을 찾은 것은 2007년 3월 22일 유후인(由布院)을 출발하여 고쿠라(小倉)에 가는 도중 점심을 하기 위해서였다. 평일이고 점심시간 전인 11시 20분에 도착했는데도 10여 명의 할머니가 줄을 서서 자리가 나기를 기다리고 있다.

　식당 이름처럼 주위에는 4천주의 살구꽃이 활짝 피어 있어 손님들을 한층

농가식당 살구꽃마을

즐겁게 해 준다. 이곳은 시의 계획으로 애초 밀감밭을 살구꽃 운동 공원으로 조성하고, 농가 주부들의 요구를 받아들여 농산물 직매장을 1층에 열고, 언덕 위에는 농가식당까지 열게 되었다는 설명이다.

부녀회가 직매장과 식당 운영

20분 정도 기다렸다가 1인당 800엔씩 내고 창가에 자리 잡을 수 있었다. 무, 배추, 양배추, 쑥갓, 상추, 브로콜리, 시금치, 토마토, 유채 잎, 미나리 등 30여 종의 채소류를 중심으로 만든 뷔페식 식당이다. 이 요리에 사용한 채소류는 식당에 올라오기 전 농산물 직매장에 진열한 것을 그날그날 사용한다. 운영은 240여 명의 여성 조합원으로 구성된 <살구꽃 마을 이용조합>이 담당한다. 농가 주부들이 자신의 지역에서 직접 생산한 채소류를 많이 먹어 달라는 소원을 담아서, 농가의 여성들이 서로 지혜를 모아 만든 뷔페식 식당은 널리 알려져서인지 지역 내 사람은 물론 인접 후쿠오카나 기타큐슈(北九州) 시에서 많은 사람이 찾는다고 한다.

후쿠쓰 시는 후쿠오카 현의 북부에 위치하고, 후쿠오카 시와 기타큐슈 시의 중간에 있다. 연간 평균 기온은 15°C 정도로 온난한 기후이고, 양대 도시권의 채소 공급 기지로서 쌀과 채소류를 생산하는 농촌 지대이다. 지형이나 입지 조건은 양호하지만, 부녀자들은 채소나 과수의 대규모 농가들처럼 자유롭게 쓸 수 있는 돈도 없고, 채소 가격이 하락하고 고령화도 진행되자 전에는 활발했던 부녀회 활동도 시들해졌다. 이를 타개하기 위해 생각해 낸 것이 농산물 노천 시장이다. 1994년경 농가 주부들 30여 명이 모여 그룹을 만들고, 매월 1회 일요일에 국도변에 트럭을 세워 두고 생산한 채소류를 팔기 시작했다.

채소를 팔기 시작하면서 집에서 나올 수 있는 구실을 만들어 모두 모일 수 있는 장소가 만들어진 것이 무엇보다 중요했다고 한다. 부녀자들이 주역으로 마음껏 떠들 수 있는 장소가 마련되었다는 점에 큰 의의를 두고, 파는 것은 별로 신경 쓰지 않았다. 회원도 점점 늘어서 노천 시장을 월 2회 열었다. 판매도 순조롭게 점점 늘어나자 상설 직매소를 만들자는 이야기가 나와, 행정 기관에 요청했으나 허가를 해줄 생각도 하지 않았다.

채소 요리 뷔페 식당-연간 5억엔

마침 그때 읍이 운동 공원을 정비하고 그곳에 농림어업 체험실습관을 건설한다는 이야기가 있었다. 이 그룹의 리더인 이노구치(井口) 씨는 스스로 시(市) 의회 의원으로 출마해서 당선했다. 의원으로 당선되자 회원들의 소원인 상설 직매장 설치를 시에 요청해서 승낙을 받아냈다. 1996년 살구꽃 운동 공원의 교류관 한쪽에 직매장을 설치하게 되었다. 불과 2년 전에 트럭에서 출발하여 훌륭한 상설 직매장까지 설치하게 되었다. 회원도 처음에는 30명으로 출발했으나 지금은 244명으로 늘었다. 매출액도 매년 1억엔씩 증가해서 현재는 5억엔씩 팔린다. 개설 당시만 해도 현 내에서 맨 처음 직매장을 설치했으나 지금은 주위에 많은 직매장이 개설되어 직매장끼리의 경쟁이 극심하다. 그런데도 매출액은 줄지 않고 오히려 매년 20%씩 증가한다. 처음에는 남편들도 직매장을 여자들이 모여서 놀기 위해서 하는 것으로 생각하고 비협조적이었다. 하지만 지금은 매출액도 늘고 농가 수취 가격도 높아서 적극적으로 호응한다. 회원은 모두 여성이고 임원도 모두 여성들이 맡고 있다. 말하자면 여성의 힘만으로 모든 일을 순발력 있게 처리하는 직매장인 셈이다.

매출액은 전액 여성 조합원 명의의 계좌에 입금된다. 여성들로서는 대단히 큰 금액이다. 지금은 대부분 조합원이 경트럭 한 대씩은 직매장에서 번 자기들 돈으로 구입한다. 아무리 허리가 구부러진 할머니도 하루 1,500엔씩 팔면 수수료 12% 공제하고 연간 50만엔은 소득이 된다.

조합원의 연평균 매출액은 240만엔이다. 1천만엔을 파는 조합원도 10명 정도 있다. 500만엔을 파는 조합원도 30명 정도다. 300만엔대를 파는 조합원이 가장 많다. 대부분 조합원이 정년 귀농자거나 대규모 농업을 그만두고 도매 시장 출하에서 직매장 판매로 전환한 경우이다. 직매장에서 만난 꽃양배추를 생산하는 히로시마(廣島)라는 한 주부는 자녀들이 고등학교, 대학에 입학하게 되자 도매 시장 출하만으로는 어려웠는데 직매장을 개업하면서 현금 수입이 늘어 도움이 되었다고 말한다.

당일 출하해서 판매하고 남은 물품은 전량 조합원 각자가 회수해 간다. 직매장 통로에 쓰레기가 떨어져 있으면 누구라도 금방 주워서 치운다. 모두가 합심해서 개설한 직매장이니까 애정이 가는 것은 당연하다고 사무국장은 설명한다.

채소류 판매 촉진을 위해 계절마다 요리 교실도 개최한다. 새로운 채소를 판매할 때도 반드시 요리 교실을 개최해서 주민들의 관심을 끌게 해서 판매를 촉진한다. 젊은 주부들의 인기가 대단하다. 본래 농림어업 체험실습시설인 살구꽃 교류관은 도자기 교실, 죽세공 교실, 꽃꽂이 교실 등 지역 주민의 교육 장소로 이용되었다.

지역 내 생산 농산물 학교 급식 30% 사용 제도화

이 직매장에서는 지역 내 초·중학교의 급식소에도 채소류를 납품한다. 조합원별로 매월 채소 종류와 양을 나누어서 납품하도록 한다. 일본 정부는 2005년 '식육(食育)기본법'을 제정하고, 동법 제20조에서는 '지역의 특색을 활용한 학교 급식의 시행'이라고 규정하고 있고, 동법 제23조에서는 '농림 수산물이 생산된 지역 내의 학교 급식에 이용'하도록 법제화했다. 지역 내 생산물의 학교 급식 비율이 전국 평균 21%인데, 이를 2008년까지 30%까지 끌어올리기로 했다. 이는 표면적으로 국민 건강을 위해서라고 하지만 내용 면에서는 일본 국내 농산물의 소비 확대를 위해 식육기본법이라는 형태로 제정된 것으로 보인다.

농가식당 '살구꽃 마을' 개업

작년 1월 새로운 도전이 시작되었다. 연간 직매장을 찾는 고객은 40만명이다. 이들은 대개 후쿠오카나 기타큐슈 시에서 오는 사람들이다. 이들은 직매장에서 농산물을 살 수 있지만 식사를 할 수 있는 식당이 없다는 불평을 자주 했다. 신선한 채소로 식당을 하라는 손님들이 많았다. 다시 시(市) 행정에 요청해서 공원의 높은 언덕에 현해탄(玄海灘)이 내려다보이는 곳에 좌석 40석 규모의 간이 식당을 건설했다. 주위에는 살구나무 4천주가 심어져 있어 꽃이 필 때나 단풍이 들 때에는 외지의 관광객들이 많다. 식당이 좁아서 도시락을 만들어 600엔에 판다. 하루에 100여 개가 팔린다고 한다.

식당을 개업하기 전 여러 곳의 농가식당을 시찰했다. 그중에서도 직매장과 함께하는 오오야마(大山)농협의 유기농 식당을 벤치마킹했다고 설명한다. 큐슈 지역은 지금 농가식당이 붐이다. 대도시 여기저기에 농가식당이 개업하고 있고, 정년 귀농자도 전통 가옥을 활용해서 농가식당을 개업하는 경우도 많다. 생활의 흐름이 슬로우 라이프, 슬로우 푸드로 변화하고 있다는 증거로 보인다.

관내 생산 농산물의 소비 확대가 목적

농가식당의 장점은 많다. 우선 직매장에 출하된 채소가 잘 팔리도록 하는 것이 목적이다. 그래서 당일 수확한 신선한 채소를 즉시 요리해서 어디에서보다도 맛있게 먹을 수 있도록 최선을 다한다. 계절에 따라 새로운 채소를 준비해서 고객들이 다시 먹어도 질리지 않도록 메뉴 구성에 지혜를 모으는 것도 중요하다. 같은 채소라도 요리 방법에 따라 새로운 맛을 느낄 수 있도록 다양하게 조리해서 제공한다. 브로콜리를 예로 들면 튀김도 하고 된장에 묻힌 것도 있고, 양념간장에 묻힌 것도 있다. 손님에게 식당에서 먹어 보고 직매장에서 채소를 사서 집에 가서 가정 요리를 만들어 보도록 권장한다. 말하자면 농가식당이 직매장의 시범 점포이고, 지역에서 생산한 채소의 요리 시식 코너인 셈이다. 그리고 직매장 판매보다 월등히 부가가치가 높다는 점도 조합원 모두가 이해하고 손님맞이에 소홀하지 않도록 노력한다. 가장 중요한 것은 지역에서 생산하지 않았던 새로운 채소를 재배해서 판매할 경우 소비자의 거부감이 많다. 그래서 먼저 농가식당에서 요리해서 시식해 보면 사 가는 경우가 많다. 새로운 채소의 판로 개척을 위해 중요한 역할을 한다는 점이다. 농가식당은 화학조미료를 일절 사용하지 않고 채소 본래의 맛을 느낄 수 있도록 조리하는 것이 중요하다. 그렇게 해야 맛은 담백하지만 채소를 많이 먹을 수 있고 질리지 않는다고 한다.

식사를 하고 나서 다시 내려와 직매장을 둘러보니 대부분 진열된 품목으로 3~4가지의 요리를 한 것을 알 수 있었다. 무, 배추, 양배추, 브로콜리 요리가 가장 많다. 요리 방법에 따라 전혀 다른 맛을 느낄 수 있다는 점에 많은 사람이 놀라는 것 같았다.

메뉴는 월말에 다음 달 메뉴를 식당 책임자 4명과 조합 임원으로 구성된 메뉴 회의에서 결정한다. 임원 중 한 사람이 영양사 자격도 가지고 있어서 균형 있는 식생활이 가능하도록 구성하고, 국민 식육(食育) 차원에서 합당한 메뉴가 작성되도록 애를 쓴다.

이 농가식당은 직매장의 활성화와 지역 내 농산물의 소비 확대를 위해서도 중요한 역할을 하는 것으로 인정된다. 즉 농가식당 개업 이후 직매장의 매출액이 월등히 증가하고 있다고 한다.

농가식당은 식생활 교육장
또 농가식당은 식육(食育)의 교육 장소인 셈이다. 일본인들은 최근 청소년의 빈번한 탈선 행위 등이 햄버거 등 패스트푸드에 의한 잘못된 식생활에서 기인한다고 판단하고 있다. 성인들의 고혈압, 뇌경색, 당뇨병 등의 성인병이 식생활의 불균형 때문에 발생한다고 보고, 생활 습관병이라고 규정하는 경향이다. 이를 해결하기 위해 2005년 식육 기본법을 제정하고, 행정과 전 사회단체가 참여하는 올바른 식생활에 대한 교육을 사회 교육 차원에서 무척 중요시하고 있다. 일본인의 연간 1인당 채소류 소비는 100kg 정도로 한국인 160kg에 비해 적은 편이다. 균형 있는 식생활을 위해서는 하루 5~6가지의 채소를 섭취하도록 지도하고 있다.

이런 면에서 보면 농가식당은 국민의 식생활 교육 차원은 물론 일본산 농산물의 소비 확대를 위해서도 중요한 역할을 하는 것으로 보인다.

4 ❋

지역 발전 이끄는 시부가와 생활개선회

부엌 개량에서 생산의 공동화까지-시부가와 생활개선 그룹

야마구치 현 슈난(周南) 시 카노(鹿野)의 시부가와(澁川) 지구는 산간부에 위치하고 현 내 최대의 강인 니시가와(錦川)의 상류이고 눈이 많이 오는 지역이다.

일본에서 생활개선회 활동은 1953년부터 시작했다. 애초에는 부엌 개량과 식생활 개선에 중점을 두었다. 특히 야마구치는 야마구치대학의 농촌 사회학의 대가인 야마모토(山本陽三) 교수의 지도로 부녀회의 생활개선 활동이 최초로 시작되었고 활발한 지역이다. 지금은 생활개선회가 농촌 지역 활성화를 위한 다양한 활동은 물론 농지의 집적을 통한 생산의 공동 사업까지 하는 것으로 유명하다.

일본의 과소 지역은 인구 감소와 고령화 등으로 전국의 약 6만 2천개의 집락(集落, 마을개념) 중 0.7%의 집락이 10년 이내에 소멸할 가능성이 있고, 3.6%의 집락이 언젠가 소멸할 가능성이 있다고 국토교통성이 2007년 조사한 내용을 발표한 바 있다. 농촌 지역 사회 문제의 심각성을 나타내는 것으로 보고, 지자체와 농민 단체 연구 기관 등 대응 마련에 여념이 없다.

그 목적으로 농촌 여성의 기업(起業) 활동, 즉 농산물 직매장, 가공 공장,

농가식당 운영, 그린투어리즘 등을 중앙 정부 차원에서 지원하고 있는데, 야마구치 지역이 어느 지역보다 활발하여 개인은 31건, 그룹은 221건으로 그룹에 의한 경영 형태가 압도적으로 많다.

농촌 지역의 인구 감소와 고령화 문제를 안고 있는 우리의 농촌을 생각하면서 일본의 사례를 연구하기 위해, 히로시마 슈도대학의 히구마 교수의 제자인 다쓰미(辰己佳壽子) 야마구치대학 교수의 안내를 받아 야마구치 지역을 방문했다.

시부가와 강을 따라 좁은 산길을 오르자 드문드문 2~3호씩 집이 보이고 길의 양옆으로 보라색 수국이 만개해 있어 도시의 공원 입구에 들어온 듯한 기분이다. 무언가 다른 농촌 지역과는 다르다는 생각이 들었다. 강을 따라 좁은 길이 잘 정리되어 있고 아름답게 가꾸어져 있다. 이들 모두가 시부가와 생활개선회 회원이 중심이 되고, 지역 전체의 61호 141명 모두가 참여해서 조직한 '시부가와를 아름답게 하는 모임(이하-아름답게 모임)'이 주도적으로 추진한 결과라고 우리를 안내한 다쓰미 교수는 설명한다.

생활개선회가 지역 발전 리드

생활개선회가 조직되고 처음에는 부엌 개량, 의복과 식사 개선, 가계부 기장 등의 공부를 했다. 이 활동을 하기 위한 공동의 장소가 필요하다고 생각되어 집회소와 가공 공장을 함께 건설하자는 의견이 나왔다. '결정한 것은 즉시 행동'이라는 신조를 가진 생활개선회는 16명 회원 전원이 매월 1천엔씩 저금해서 1백만엔을 만들고, 현청의 무이자 자금의 지원을 받아 집회소와 가공소를 건설했다.

활발한 생활개선회의 활동을 보고 있던 읍사무소는 나가노야마(長野山) 녹지 공원의 식당과 숙박 연수 시설의 운영 관리를 생활개선회가 맡도록 상호 위탁 계약을 했다. 나가노야마(長野山) 녹지 공원은 표고 1,015m에 개설된 시(市) 경영의 자연 공원이다. 너도밤나무의 원시림과 고산식물, 들새들이 많이 서식하고 있어 원시의 자연을 느낄 수 있는 곳으로 유명하다.

인적이 드문 일방통행 숲길을 20여 분 동안 자동차로 오르는데 길의 양옆이 정리되어 경관이 아름답다. 이러한 숲길 가꾸는 것도 행정의 일이 아니고 '아름답게 모임'이 주도적으로 한다. 녹지 공원은 4월부터 10월까지 운영된다. 그래서 11월부터 3월까지는 동네에 있는 집회소와 가공소에서 생활개선회 모임과 가공 일을 한다.

가공 제품은 떡갈나무 떡, 와사비 절임, 락교 등이 유명하다. 방부제와 첨가물은 사용하지 않고 안전한 것을 생산한다. 대량 생산은 할 수 없다. 지역의 원료를 지역 사람들의 수작업으로 생산한다. 생활개선회에서 배운 바대로 실행하는 것이다.

생활개선회의 회장이고, '아름답게 모임'의 회장인 야스나가 요시에(安永芳江) 씨는 생활개선회가 활발하게 운영되는 이유를 이렇게 설명한다. "생활개선회는 협의를 통해서 행동으로 옮기는 방법을 취하고 있다. 문제가 있으면 모여서 이해할 때까지 서로 의견을 나눈다. 섣부른 합의는 절대 하지 않는다. 한 사람만 반대해도 활동은 불가능하다. 말싸움하더라도 다음날은 화해하는 절묘한 타이밍을 우리는 모두가 알고 있다. 중요한 것은 전원 합의하고 즉시 행동으로 옮긴다는 원칙을 지금까지 고수하고 있다."

그들 부녀 회원들은 가공 활동이 비즈니스지만 반드시 비즈니스만 전부는 아니다. 돈 버는 것이 목적은 아니다. 그래서 무리는 하지 않는다. 산 정상의 일출 모습을 매일 보면서 자연의 힘이 위대함을 알기 때문에 모두 모여 기도한다.

생활개선에서 지역 활성화로

이처럼 생활개선회의 활동은 생활개선 활동으로 멈추지 않았다. 생활개선 활동에서 얻은 지식이나 경험을 활용해서 지역에 환원해야 한다는 생각이 들었다. 그래서 생활개선회가 중심이 되어 시부가와 지역의 생활 실태를 파악하기 위한 설문조사를 했다. 조사를 통해서 '이웃이 없어졌다, 농업과 지역이 유지되기 어렵다.'는 이야기가 나왔다. 상상 이상으로 지역 사회가 붕괴하여 가는 것을 그대로 보고만 있을 수 없다고 생각했다. 이때에 슈난(周南) 시의 제안으로 '지역 활성화 세미나'가 개최되었고, 여기에 생활개선회 회원도 참여했다. 여기서 지역 전체의 주민이 참여하는 활성화 조직을 출범하자는 제안이 나왔다.

이를 계기로 시부가와 전 지역 주민의 찬성으로 2003년 '아름답게 모임'이 결성되고 회장으로 생활개선회 회장인 야스나가 씨를 만장일치로 추대했다. 일본 사회에서 여성이 지역 전체의 회장을 맡는 일은 극히 드문 일이었다. 행정에서도 이를 보고 '지역이 움직이는 역사적인 순간'이라고 평가했다.

모임은 자연 발생적인 주민 조직이므로 모두가 자발적으로 참여하고 봉사한다는 행동 방침을 정하고 즉시 행동하기로 했다.

제일 먼저 학교 주변과 도로변의 잡초를 제거하기로 했다. 일주일 전에 여성들이 작전 회의를 하고 남성과 역할 분담해서 훌륭하게 완성했다. 지역 사회 전체가 밝아졌다. 주민들은 행정의 지원 없이 스스로 해냈다는 자부심을 느꼈다. 과소(過疎) 고령화해 가는 지역을 그대로 내버려둘 수는 없다. 지역의 주민 모두가 협력해서 자기의 지역을 변화시킬 수 있다는 자신감과 달성감, 충실감을 느끼게 되었다.

그 후 도로변에 방치된 휴경지를 화단으로 만들고 지역의 전통문화와 고령자의 기술 전승 보존 활동을 했다.

지역 자원 지도 작성-상생을 원칙으로

2004년에는 지역의 자랑거리, 인물, 전통 등을 점검해서 지역 자원 지도와 행동 계획을 작성했다. 지역의 자원으로 고목, 절, 신사, 석남화, 오동나무, 나가노야마 녹지 공원, 너도밤나무 원시림, 폭포 등을 지도로 그려 자녀들과 외부인에게 알리고, 주민 스스로 지역에 대한 애착심을 갖도록 했다.

지역자원 지도를 통해 자원을 재발견하고, 5가지 활동 목표를 결정하고 즉시 실행하기로 했다. 주민 모두가 여기서 살기를 잘했다고 느낄 수 있도록, 그리고 젊은이들이 살고 싶어 하는 지역 사회를 만들기 위해 활동 목표 5개를 선정했다.

첫째, 주민 모두가 평화롭게 대화하고 서로 돕는 활동을 한다.

둘째, 생활을 즐길 수 있는 풍요로운 자연이 있는 지역 사회를 만든다.

셋째, 살기 좋고 쾌적한 환경을 만든다.

넷째, 지역 자원(인물, 물질)을 활용하는 교류 활동을 추진한다.

다섯째, 농지를 활용하고 지키는 시스템을 만든다.

지역의 인간문화재 지명

5개의 활동 계획과 32개의 구체적인 세부 행동 계획을 결정해서 모든 주민이 공유하고 즉시 실행으로 옮기고 있다. 몇 가지 세부 계획을 보면 이렇다. 꽃의 모종을 전 가구에 배포한다. 지역 소식지를 만든다. 휴경 밭을 화단으로 만든다. 시부가와 맑은 물을 지킨다. 각 분야의 일인자를 '지역 선생'으로 선발하고 명인 리스트를 만든다. 전통문화를 계승한다. 여성이나 젊은이에게 농기계 강습회를 실시한다. 집락(集落) 영농에 대해서 생각한다.

각 부문 명인 리스트의 내용을 보면 이렇다. 와사비 재배, 짚 공예품 만들기, 육림, 숯 굽기, 와사비 절임, 매실 절임, 단무지 절임, 곤냐쿠(구약나물), 떡

갈나무 떡, 가라오케, 시조, 드라이플라워, 인테리어, 수예, 북 치기 등이다. 명인을 초청해서 주기적으로 연수회를 하고 강사료로 5천엔을 지급하면 대부분 모임에 기증한다고 한다. 이러한 활동이 행정의 평가를 받아 2007년에는 농산어촌 활력 있는 시니어 활동 최우수상을 받았다.

지역 활성화에서 생산 활동으로

다양한 모임 활동 축적의 연장선상에 시부가와 청류 영농 조합 법인의 결성이 있다. 농지를 활용하고 지키는 시스템을 만들어야 하는 지역의 현안을 논의하기 위해 시부가와 영농 추진회를 구성하고 논의하기 시작했다. 추진회 결성 당시에는 여러 가지 의견 대립이 있었으나 시부가와의 농지와 생활을 다음 세대에 남겨 주어야 한다는 생각에는 일치했다. 그래서 2007년 시부가와 청류(清流) 영농 조합이 결성되었다.

다른 지역에서는 생산 조합과 지역이 별개로 움직이기도 하고, 생산 조합에서 지역 활동으로 전환되기도 하는데, 시부가와의 특징은 생활면 즉 생활 개선 활동과 '시부가와를 아름답게 하는 모임'이라는 지역 활동에서 생산면의 공동의 활동으로 전환된 점이 특징적이다.

신규 이주자가 16호

인접 도시 지역에서 이주해 온 이들도 시부가와의 일원으로 주민 집회와 환경 정비 등에도 참가하면서 공생 사회를 만들어 가고 있다. 급여 소득자로 지역 외에서 일하고 주말만 이 지역에서 지내는 한 주민은 시부가와에서 살면서 생명이 연장되었다고 느낀다고 말하기도 한다.

지역의 경관 자원을 아름답게 가꾸고 보전하는 활동을 행정에 의지하지 않고 생활개선회 중심으로 지역 주민 모두가 자발적으로 참여하여 가꾸어

나가는 모습은 어느 무엇보다 아름답다. 이런 활동이 기초가 되어 도시 주민도 이주해 오고 농가 식당이 운영된다는 것은 농산촌이 가야 할 방향을 제시하는 것으로 느껴진다.

부인들의 생활개선회 활동이 지역 활성화 운동으로 전환되고, 다시 과소고령화로 지역 농업의 유지가 어려워지자 집락 영농 법인을 만들어 공동 생산 체제를 갖추어 지역 농업과 생활을 지키려는 노력은 높이 평가된다.

5 ✿

할머니들, 아침 시장에 도전

사이조농협의 파머스마켓-할머니들의 도전

일본 에히메(愛媛) 현의 사이조(西條) 시는 시코쿠의 서북쪽에 있는데, 남쪽에 2,000m 높이의 큰 산이 가로막고 있어 태풍의 영향이 적고 온난한 농업 지역이다. 오래전부터 미곡과 채소 중심의 농업이 발달했으며, 상수도의 90%를 용출수로 충당할 만큼 물이 풍부하고 질이 좋아 일본에서는 '물의 도시'라고 불린다.

사이조농협 직매장

한편 사이조 시 인근 니이하마(新居濱) 시에서는 일제강점기 때 광산 노무자로 끌려온 한국인들이 광산 사고로 2,000명이나 사망했다고 한다. 또 향토 사학자인 곤도(近藤, 80세) 씨가 말한 바로는 임진왜란 때 왜장 무라카미(村上)의 부인이 조선 사람이었고, 그의 영정이 이곳 사당에 있는데도 교육위원회에서는 이를 무시하고 모르는 체한다고 한다.

10월 2일 일요일에는 사이조농협이 운영하는 파머스마켓을 방문했다. 이곳은 출하 농민이 780명으로 연간 매출액은 6억엔이며, 2개의 직영 점포, 슈퍼마켓이나 생협 점포의 인숍 형태인 7개의 위탁 점포, 냉장 수송 트럭 5대 등을 갖추고 활발한 판매 활동을 하고 있다.

사이조농협 파머스마켓은 1991년 대부분 할머니인 부녀 회원 60여 명이 모여 연간 매출액 2천만엔을 목표로 '100엔 아침 시장'을 열면서 시작됐다. 자신의 이름으로 된 통장을 가져본 적이 없던 할머니들이 소액이지만 수입이 생기게 되자 매우 즐거워하면서 적극적으로 참여하게 되었다고 한다.

농협의 영농 지도가 중요

처음에는 농가에서 통상적으로 생산하는 품목을 출하하고 판매하였다. 그러다가 차츰 다양한 품목을 생산하여 사이조 지역 생산품만으로 진열장을 채울 수 있도록 꾸준히 노력한 결과 지금은 80여 품목이 연중 판매되고 있다. 여기에는 농협의 영농 지도가 큰 역할을 했다. 또 소비자들이 농약 사용에 대한 위험성을 느끼고, 안전하며 생산자의 얼굴을 확인할 수 있는 농산물을 찾게 되면서부터 사이조농협 파머스마켓은 급성장했다. 이 과정에서 농협은 수수료로 판매액의 15%를 받아 운송비와 인건비 등에 충당하고 수지를 맞췄다.

할머니 부녀 회원들이 파머스마켓에 적극적으로 참여하면서 할아버지들도 동참하게 되고, 지역 전체에 잘 팔리는 농산물을 생산하고 판매하기 위해 연구하며 경쟁하는 분위기가 만들어졌다. 또 사이조 시에서는 다양한 채소류가 생산되도록 농가마다 165m²의 비닐하우스를 설치하도록 지원했다.

가공품도 생산

이곳 파머스마켓에서는 소비자들이 신선 채소류뿐만 아니라 전통 방식의 가공품도 찾게 되면서 간장 절임, 소금 절임, 된장, 간장 등 할머니들이 직접 만든 전통 식품과 함께 사과 케이크, 쌀로 만든 30여 종의 빵 등 다양한 가공 제품도 개발해 판매하고 있다. 무엇보다 인기 있는 것은 쌀빵이다. 월 200만 엔 정도의 빵이 판매되는데 오전이면 모두 팔린다. 쌀빵 가게는 여성부원 8명이 담당한다.

소비자와의 교류도 무척 활발해서, 파머스마켓에서는 각종 행사가 끊이지 않는다. 소면 만들기와 무료 시식회, 감자 캐기, 딸기 수확 등의 아기자기한 이벤트를 통해 소비자와 생산자가 서로 이해의 폭을 넓히고 소비자는 자연스럽게 고정 고객이 된다.

파머스마켓 운영 책임자인 오치(越智, 50세) 씨에 의하면 파머스마켓 운영으로 눈에 보이지 않는 큰 효과가 있다고 한다. 가장 큰 효과는 고령의 노인들이 농산물 생산을 위해 적당한 노동과 정신 활동을 하므로 삶의 보람을 느끼게 되고, 치매에 걸리지

사이조농협 쌀빵 공장

않으며, 의료비가 적게 든다는 점이다. 또 조합원을 비롯한 지역 주민이 농협과 더욱 가까워지고, 젊은 후계자가 늘면서 관내의 유휴 농지가 소폭이나마 감소하며, 가공품 생산으로 농산물의 부가가치가 높아진 것도 효과이다. 여기에 지역 경제가 활성화되는 '종합 효과'도 중요하게 꼽히고 있다.

고령자의 삶의 보람-건강 유지

일부 농민은 자가소비용이라는 가벼운 마음으로 농산물을 생산하여 파머스마켓에서 팔다가 더 연구하고 노력하며 규모를 확대하여 대형 슈퍼마켓이나 유통업체에 출하하는 전업농으로 변모하기도 한다. 즉 파머스마켓이 프로 농업인이 되기 위한 등용문 역할도 하는 셈이다.

현재 사이조농협 파머스마켓에 농산물을 연간 300만엔 이상 출하하는 농가가 40호에 이르는데, 나이별로는 60세 이상이 58%이고, 남녀별로는 여성이 72%를 차지한다. 이렇게 보면 이 지역에서는 여성, 그것도 할머니들이 결정적인 역할을 하는 셈이다.

사이조농협의 파머스마켓은 지역 경제에 미치는 효과가 큰 것으로 평가받아 농림 수산업의 발전에 이바지한 단체나 개인에게 수여하는 에히메 현의 농림수산상 우수상을 2000년 받았고, 2004년에는 농산어촌 여성 챌린지 활동 표창 최우수 상을 받았다.

사이조농협의 파머스마켓은 할머니들이 주체가 되어 신선하고 안전한 농산물을 생산하며, 전통적인 가공식품을 판매하면서 삶의 보람을 느낄 뿐만 아니라 쇠퇴해 가는 지역 농업과 경제를 활성화한 좋은 본보기가 되고 있다.

부녀 회원들이 바꿔 놓은 우치코 읍

우치코 읍의 여성 파워

히로시마 남쪽의 또 다른 섬 시코쿠에 있는 우치코 읍은 마쓰야마 시에서 남서 방향으로 40㎞ 떨어져 있는데, 농가 호수는 1,326호이고 평균 경지 면적은 80h 정도로 영세한 규모다. 해발 100~400m의 경사지에서 잎담배와 과수를 중심으로 한 영농을 하고 있다.

이 지역은 에도 시대의 건물과 길거리 모습이 많이 남아 있어 역사와 문화의 고장으로 유명하다. '일본 맥주의 왕'이라는 아사히 맥주 회사의 창업자가 이곳 출신으로, 이 사람의 저택이 지역에 기증되어 민박용으로 사용되고 있다. 아침 식사를 포함한 1박 가격이 4천엔으로 건물 전체를 빌려 주며, 지역 부녀회가 운영하는 찻집도 딸려 있다.

국도변 역(驛)의 농산물 직매장

우치코 읍 국도변의 미치노 에끼(국도변에 있는 역이라는 뜻으로 국토건설성이 투자하여 국도변에 만든 시설물로 기차역과는 의미가 다름)에 '카라리'라는 이름을 가진 농산물 및 농산 가공품 직매장이 있다. 1991년부터 설치하기 시작한 국도변의 역은 전국적으로 850개가 있는데, 이 시설은 휴게소,

교통 안내소, 지역 특산물 판매장 등으로 구성되어 휴게 기능과 정보 발신 기능, 지역 간 연대 기능을 발휘한다. 카라리 직매장은 이러한 국도변 역의 한 부분이다.

이 조그마한 읍의 직매장이 전국의 농업 관계자들로부터 주목을 받고 있다. 2004년에만 해도 22개 단체를 포함해 무려 3,400여 명이 시찰 연수를 위해 이곳을 방문했다고 한다. 그래서인지 한국에서 왔다고 해도 별로 반가워하지 않고, 자료비 명목으로 500엔을 요구하며 건성건성 설명해 주고는 자세한 것은 자료를 참고하라는 것이었다.

카라리 직매장은 언뜻 보면 일본의 여느 농산물 직매장과 별반 차이가 없어 보인다. 비닐봉지로 포장한 채소와 과일이 플라스틱 상자에 담겨 있다. 채소류는 상추, 시금치, 표고버섯, 파, 감자 등이고, 과일은 감, 포도, 배, 사과 등 30여 종이다. 이밖에 로즈메리를 비롯한 20여 종의 허브도 진열되어 있다.

카라리 직매장이 큰 집객력(集客力)을 갖게 된 것은 직매장과 함께 빵 공장, 훈제 공장, 셔벗 공장, 농산물 가공 공장, 음식점을 함께 운영하기 때문이다. 즉 직매 시설과 가공 공장, 음식점이 유기적으로 운영되면서 상승 효과를 내는 것이다.

부녀 회원들이 회사 설립, 직매장과 식당 운영

카라리 직매장이 생긴 것은 1994년이다. 처음엔 실험시설 성격으로 80여 농가가 모여서 출발했다. 2년의 실험 기간을 보내고, 1996년에는 읍과 지역 부녀 회원 410명이 6:4 비율로 출자해서 제3섹터(정부나 일반 기업의 영역에 속하지 않는 국민 경제의 한 영역) 방식의 주식회사를 설립했다. 이 회사가 바로 농산물 가공 공장, 직매장, 음식점 등으로 구성된 카라리 직매장이다. 카라리 직매장의 2004년 총 매출액은 약 6억엔이고, 회원 1인당 평균으로는

150만엔쯤 되는데, 이는 출발 첫해보다 4배 가까이 성장한 것이라고 한다. 이 곳에 연간 1천만엔 이상의 농산물을 출하하는 농민이 다수 있으며, 소득의 50% 이상을 직매장 출하에서 얻는다는 농가도 30%나 된다. 직매장의 상시 고용 인원은 38명, 연간 구매 고객은 60만명이다.

많은 사람이 이 직매장이 활성화되면서 우치코 지역의 농업도 유지될 수 있었다고 말한다. 그리고 직매장 덕분에 농업 구조에도 변화가 일어나고 있 다. 주된 품목이 예전에는 담배, 벼농사, 표고버섯 등이었으나 이제는 직매장 에서 판매되는 다양한 과일을 비롯해 채소, 꽃, 가공 식품 등으로 변하고 있 다. 중산간지인데도 전망이 있는 산업이 농업이라고 생각하는 농민이 87%, 이 지역에 사는 것에 자부심을 느낀다고 하는 농민이 86%나 된다.

카라리 직매장

직매장 활성화로 지역 농업 유지 발전

　이 직매장에서 운영하는 가공 공장은 음식점부, 제과 제조부, 제면부, 소스 제조부로 구성되어 있으며, 42명의 부녀 회원이 10개 팀으로 나뉘어 일한다. 이를 위해 회원들은 영업 허가 및 과자 제조업, 면류 제조업, 소스류 제조업 등 필요한 면허를 취득하였다. 가공품은 32개 품목인데 감으로 만든 양갱이 연간 3천세트 이상 팔리는 가장 인기 있는 품목이며, 완숙 토마토로 만든 토마토케첩도 소비자들에게 대단한 인기다. 보존료나 첨가물을 사용하지 않고 자연 상태로 건강하게 가공했다는 것이 소비자에게 인식되면서 진열장에 내놓자마자 불티나게 팔린다.

　직매장은 가공품의 제조 판매와 함께 <아구리>라는 음식점도 운영하는데, 음식점의 메뉴는 서른 가지이고, 오전 11시부터 오후 3시까지만 영업을 한다. 음식점에 종사하는 부녀 회원들은 평균 연령이 58세인데도 소비자가 안심하고 맛있게 먹을 수 있는 음식을 제공하고, 음식점 운영을 효율적으로 하기 위해 2003년에 5명의 부녀 회원이 조리사 면허를 취득했다.

　카라리 직매장에서는 일반 소비자를 대상으로 케이크, 우동, 메밀국수, 떡, 두부, 곤냐쿠(구약나물) 등 식품 만들기 체험 교실을 정기적으로 운영한다. 체험 교실은 소비자와의 교류를 통해 상호 신뢰를 심어 주고 고정 고객 확보에도 도움이 된다는 평가다.

성공의 원인은 시장 원리의 도입

　카라리 직매장이 이렇게 순조롭게 성장한 이유 가운데 하나는 철저한 시장 원리의 도입이다. 우치코 읍의 농가라면 누구나 이 직매장 운영에 참여할 수 있다. 어떤 농산물을 얼마에 팔든 상관없다. 대신 팔리든 팔리지 않든 모든 것이 자기 책임이다. 그러면서 최종 소비자가 농가와 농산물을 평가한다는 원칙과 신념에 충실히 하고 있다. 어쨌든 자유 경쟁이기 때문에 같은 종류의 농산물을 진열해도 팔리는 농가와 팔리지 않는 농가가 있게 마련이다. 그래서 농가는 좋든 싫든 자신의 농산물을 팔기 위해 항상 연구하고 지혜를 짜내야 한다.

직매장 출하에 농민들이 더 적극적으로 참여하도록 하기 위해서는 무엇보다 돈을 버는 정보를 흘려 주는 것이 중요하다. 그래서 직매장에서는 판매 상황을 휴대전화나 인터넷을 통해 실시간으로 알려주고 있으며, 그것을 보고 다시 농민들은 출하 준비를 한다. 그 과정에서 농민들은 어떤 것은 왜 잘 팔리고 어떤 것은 왜 안 팔리는지 연구하게 된다.

생산 이력 모니터로 즉시 확인

카라리 직매장에서 판매되는 농산물의 99%에는 바코드가 부착되어, 모니터를 통해 출하 농민의 사진과 생산이력 등의 정보를 확인할 수 있다. 소비자는 이것을 보고 농산물을 안심하고 구매한다. 일본 소비자들은 앞으로 수입 농산물에도 생산이력 정보를 요구할 것이라고 한다. 읍 지역의 국도변 역 직매장에서 이처럼 생산 이력을 바로 컴퓨터로 확인할 수 있는 시스템은 그

카라리 직매장 생산 이력 모니터

당시는 우치코가 처음 시도했으나, 지금은 거의 대부분의 직매장이 하고 있다.

안전성이 확인되고 생산한 농가의 얼굴을 알 수 있다는 장점 때문에 40여 분이 넘게 걸리는 고속도로를 달려와 농산물을 사는 고객도 점점 늘

고 있다. 고객의 90%가 마쓰야마(松山) 시, 이요(伊豫) 시에서 오는 사람이라고 한다. 최근에 마쓰야마 시에 지점을 설치했는데, 연간 매출액이 4천만엔 정도라고 한다.

우치코 읍 사무소는 카라리 직매장 운영을 적극적으로 지원하고 있다. 직매장 개설 초기에는 채소가 일찍 팔려 상품이 동나는 때가 많았고, 구색도 고루 갖추지 못해서 고객들의 불만이 적지 않았다. 그래서 생산성 향상을 위해 노력하는 농가에는 보조금을 주어 165m²의 비닐하우스를 짓도록 권장했다.

여성 지도자-관광 카리스마 상 수상

이러한 직매장 사업이 높이 평가되어 우치코 읍은 2004년 오라이(往來, 농촌과 도시의 교류라는 뜻이며, 영어의 'alright' 의미도 포함) 일본 대상을 받았고, 일본경제신문이 주관하는 지역정보화 상도 수상했다. 도시와 농촌이 성공적으로 교류하고 있는 점을 평가받아 교류 부문 농림수산대신상을 받기도 했다. 또 직매장 리더인 노다(野田, 55세) 씨는 일본 국토교통성이 주관하여 관광객 유치와 관광 상품 개발에 공이 있는 단체나 개인에 수여하는 관광 카리스마 상을 받았다.

카라리 직매장은 조용한 산촌 우치코 읍을 크게 바꾸어 놓았다. 소규모 농업, 고령자에 의한 농업, 겸업 농업, 그리고 산간지 농업이라는 불리한 조건을 다양한 농업과 믿을 수 있는 농업이라는 매력으로 바꾸어 놓았다. 직매장의 성장은 농업 발전뿐만 아니라 고령자들에게도 삶의 보람과 건강을 제공함으로써 농촌 지역 사회의 유지에 큰 역할을 하고 있다.

물론 그 바탕에는 우치코의 부녀 회원들이 있다. 과감하게 나서서 회사를 만들고 직매장과 가공 공장, 음식점을 운영하는 410명 여성의 힘이 우치코를 활성화하고 지역 경제의 버팀목이 되고 있다.

6차산업을
디자인하라

5부
명품 농산물로 승부하라

농산물의 루이뷔통 꿈꾸는 하니비

농산물의 루이뷔통을 판매-하니비

　애초 문구점을 오랫동안 경영했으나 농촌의 저출산으로 문구점의 경영이 어려워지자 유기 농산물 유통업체를 창업하여 경영하는 닛도지(日東寺) 씨를 만났다. 닛도지 씨는 나리다 공항에서 1시간 거리에 있는 <하니비>라는 유통업체를 경영한다.

　연간 매출액은 2억 5천만엔이고, 식당과 슈퍼마켓에 50%를 납품하고 학교 급식으로 25%, 인터넷 판매가 25%를 차지한다. 150개 품목을 1년 전에 계약 재배하고 가격은 농가와 상의하여 결정한다. 농가와 계약 재배하여 납품받은 가격의 30~40%를 더해 판매한다. 농가는 생산이력서를 기록하여 제출하고 이를 하니비는 농가를 순회하면서 확인하여 납품받는다. 앞으로는 식당에 직접 공급하는 물량을 늘릴 계획이다.

계약 재배 농산물을 사립 학교 식자재로 공급

　납품처의 주문을 받아 통보하면 3일 후 오후 농가는 농가별 해당 양을 하니비에 납품한다. 하니비는 당일 포장하여 택배 회사로 하여금 배송하도록 한다. 그래서 하니비는 유통 회사이지만 정작 유통 시설은 거의 없다. 오후에 농가가 가져온 농산물을 선별하고 포장해서 주문처에 납품한다. 학교 급식은 아침 4시에 출하하고 7시까지 배송한다.

학교 급식은 주로 사립 학교를 대상으로 한다. 사립 학교는 1식에 1천엔(공립 학교 450엔)의 예산이 수립되어 있어서 유기 재배 농산물을 식자재로 쓸 수 있다.

유기 재배 농산물을 택배나 인터넷으로 판매하는 유통 회사가 일본 전국적으로 30여 개 있다. 앞으로 시장 규모도 급성장하고 있다는 평가다. 유기 재배 농산물의 생산 장려도 중요하지만, 유통이 먼저 해결되기 위해서는 이러한 유기농 유통 전문 기업이 필요하다는 생각이 든다.

이 지역은 적미, 녹미, 흑미를 오래전부터 생산한다. 그래서 <오곡미>라는 브랜드로 소포장하여 판매한다. 오곡미 시장도 연간 300억엔 규모이다.

닛도지 사장은 자기가 취급하는 것은 모두 채소 중에서도 '명품 루이뷔통급'이라고 설명한다.

회비제 파티-농산물 안전성 홍보

마케팅도 독특하다. 월 1회씩 도쿄의 번화가에서 회비제 파티를 개최한다. 자기 친구들 중 언론인, 법조인, 유통업체 종사자, 자영업자 등 다양한 사람들에게 초청장을 발송하고, 5천엔의 회비를 받아 '안전·안심 음식 파티'를 개최하면 매월 80명은 모인다. 이들로부터 소비자의 요구, 매스컴의 동향 등 최신 정보를 듣고 경영에 참고한다. 안전·안심의 농산물에 대한 이해를 구하고 생산자의 정성과 소박한 마음을 전달한다. 이들을 통해 농촌의 정보를 대도시 소비자에게 발신한다. 즉 농업의 동조자를 확보하고 고정 고객을 확보하는 셈이다.

그래서인지 닛도지 사장을 만나면 언론에 공식화된 이야기보다는 자세한 여론과 세상 이야기를 들을 수 있어서 필자에게도 도움이 되었다.

하니비의 닛도지 사장처럼 발이 넓은 사람이 농업 분야에 참여하는 것도 바람직하다는 생각이 든다. 유기 농산물의 생산에 온 정열을 쏟는 농민이 유통까지 생각하는 것은 다소 어려울 수도 있다. 우리의 경우 유기 농산물과 친환경 농산물의 생산에 행정과 농민이 많은 관심을 두고 참여하는 것은 일본보다 더욱 강하다. 생산하는 비중도 더 클 것이다. 그러나 친환경 농산물의 유통에는 다소 부족한 것이 사실이다. 인맥과 학맥이 넓은 도시인이 귀농한다면 이런 분야에 관심을 두는 것도 농업과 농촌을 위해 필요하다는 생각이 든다.

2 ✿

사과를 예술 작품으로 승화시킨 하라 농장

사과 농사 40년 유기 재배-하라(原) 농장

도쿄의 신주쿠(新宿) 역에서 특급 열차를 타고 나가노(長野) 현 마쓰모토 (松本) 역에 도착한 것은 오후 1시 30분경이다. 역에서 내리니 (주)대지(大 地)의 하세가와 사장이 미니 버스를 몰고 마중 나와 있었다. 마쓰모토 지역은 소바(메밀국수)가 유명하므로 역 근처 소바 전문점으로 가서 가께소바(간장 에 메밀국수를 찍어 먹는 음식)를 먹었다. 메밀의 독특한 향이 있고 씹는 맛 이 어느 지역보다 월등하다는 생각이 들었다.

점심 후 역에서 30분 정도 북서쪽으로 가서 아즈미노(安曇野) 지역에 있 는 하라(原) 씨의 사과 농장에 도착했다. 하라 씨의 부인과 아들 하라도시로 (43세) 씨가 서울대학교 김완배 교수와 우리 일행을 반갑게 맞아 주었다. 농 장에 도착하기 전에는 몰랐지만, 사과 재배의 일본 최고 명인인 하라 게사시 게(原今朝生) 씨는 올해 6월 등산사고로 숨졌다는 이야기를 들었다. 사과의 명인을 만나서 그 비결을 듣고자 금년 초부터 계획을 세우고 준비해서 찾아 왔으나 만나지 못하게 된 것이 무척 아쉬웠다.

바로 영혼을 모셔 놓은 곳에 가서 훌륭한 농민의 죽음을 애석해하는 마음 으로 향촉을 피우고 묵념을 드렸다.

사과 최고의 명인 하라 씨

하라 씨의 사과 과수원이 있는 마쓰모토 시 아즈미노(安曇野) 지역은 일본에서도 사과 산지로 유명하다. 밤과 낮의 온도 차가 심하고 북알프스의 청량한 물이 풍부하여 일본 제일의 부사(후지)가 생산된다. 전국 사과 생산량의 25%가 나가노 현에서 생산될 정도로 사과는 나가노 현의 중요한 농작물이다.

이러한 일류 산지에서 40년 전부터 대를 이어가면서, 직접 제조한 유기질 비료만으로 고품질의 사과를 생산하기 위해 품종 개량도 해 가면서 일생을 바친 하라 씨는 전국사과협의회 회장도 지냈다. 사과 농가와 업계에서는 전국적으로 유명인이고, 최고의 기술을 가지고 있는 것으로 자타가 인정한다.

하라 사과 농장

하라 씨의 사과 농장에서 신품종으로 개발되어 전국적으로 재배된 것만도 10여 품종에 이른다.

신품종은 재배 방법이나 식미(食味) 등 미정착의 부분이 많아서 대부분 3~4년의 시험 재배를 통하여 특성이 검증된 후에나 재배되는 것이 보통이다.

3년 후 인기 있을 품종을 미리 재배 생산

그러나 하라 씨의 농장에서는 신품종이 다른 농가에 보급되기 전에 대량으로 출하되는 경우가 많다. 하라 씨는 사과의 소비 동향을 3년 앞까지 내다보고 품종 개량과 시험 재배를 하기 위해 20% 정도의 과수원을 비워 놓고 있다. 다른 농가가 한창 생산하여 출하가 시작되면 하라 씨는 다시 3년 후를 내다보고 다른 품종에 눈을 돌린다. 하라 씨는 사과나무에서 사과가 완숙될 때까지 최대한 나무에 매달려 있게 해서 수확하므로 맛이 좋은 사과를 생산한다. 높은 기술력과 아즈미노의 독특한 자연환경 속에서 생산된 부사는 당도도 적당하고, 신맛과의 균형감 있는 깊은 맛이 있어 일본 최상품의 사과로 평가한다.

후지 다음은 시나노골드

하라 씨의 농장은 3ha 규모이고, 품종은 후지, 아키바에(秋映), 시나노골드, 오우린(王林) 등 10여 개 품종이 심어져 있다. 연간 150톤 정도를 수확한다. 40년 동안 계속해서 재배하는 것은 후지와 오우린 두 품종이다. 시나노골드는 나가노 현 과수 시험장에서 골덴과 천추(千秋)를 교배해 육성한 황색 계통의 긴 원형 사과다. 후지보다 저장성이 좋고 당도는 15도 전후, 산미는 0.4~0.5%로 단맛과 신맛의 균형이 가장 좋다. 과수원을 안내하면서 하라도시로 씨는 앞으로 후지 대신 시나노골드의 재배를 확대할 생각이라고 한다.

또 이 과수원에서 돌연 변이
종을 발견하여 등록한 품종
인 나가후12라는 품종과 세
이린스파(seirin spur)라는
품종도 보여 주었다. 나가후
12는 나가노 현 전 지역에서
도입 대상으로 권장받은 품
종이 되었고, 수확 시기가 후
지보다 약간 빠르고 착색, 식

하라 사과 농장의 시나노골드 품종

미, 크기가 균형 잡혀 있어서 높은 평가를 받는다는 것이다. 세이린스파는 착
색이 좋아 앞으로 유망시되는 품종이고 최근 유럽에서 인기가 있다고 한다.

사과 농가 최초 특별 재배 인증 획득

이 농장은 저독성 농약만을 관행 농법의 절반인 4회 정도 사용하고, 화학
비료는 전혀 사용하지 않고 재배하므로 나가노 현에서 사과 농가로서는 최
초로 특별 재배 인증을 받았다.

이러한 소비자들의 높은 평가로 이 농장에서 생산된 사과는 30년 동안
100% 주식회사 '대지(大地)'의 예약 회원들에게 공급된다. 1kg에 보통 824엔
정도로 공급된다.

이 사과 농장은 유기질 비료도 직접 제조하여 사용한다. 처음에는 생축분
을 2톤 차 한 대에 5천엔에 사서 사용했다. 그러나 이 비료는 질소와 염분이
과다하게 함유되어 있어 적당치 않은 것으로 판단되어 다른 방법을 찾던 중
에 유기 비료를 만들 수 있는 커피 찌꺼기가 커피 공장에서 대량으로 폐기 처
분된다는 이야기를 들었다. 커피 찌꺼기는 분명히 유기물인데도 산업 폐기물

로 취급되어 사용 후 태워 버린다는 것이다. 하라 씨를 중심으로 관내 10곳의 농가가 모여서 <10과 농원>이라는 법인을 만들고 산업 폐기물 처리업 등록을 했다. 10과 농원은 전정 등 사과 재배 기술을 연구하는 모임으로 발족했고 질 좋은 퇴비 생산도 공통의 과제이었다. 농지에 산업 폐기물 처리 공장을 설립한다는 것이 보통 어려운 일이 아니었다. 폐기물의 수집과 운반도 자격증이 필요했다. 그래서 하라 씨의 장남 하라도시로 씨에게 도쿄까지 가서 연수를 받아 자격증을 받도록 했다. 마지막으로 보건소에 시설 확인과 처리물이 어느 곳에 사용하는지를 확인한 후 산업 폐기물 처리허가증을 받았다.

커피 찌꺼기 등으로 자체 유기 비료 생산

그 후 15년 동안 커피 찌꺼기(40%)와 녹차 찌꺼기(40%) 그리고 왕겨(20%), 축분(0.3%)을 혼합하여 월 1회 정도 뒤엎어서 충분히 발효시킨 퇴비를 연간 1천톤 생산한다. 커피 찌꺼기는 2톤당 현금 2만 5천엔을 받고 처리해 준다. 10a에 3톤의 발효퇴비를 3년간 투입하고 1년은 투입하지 않고 작물을 재배한다. 10과 농원은 무료로 퇴비를 자유롭게 사용한다. 이들 사과 농가들은 초생 재배로 켄터키부루그래스를 사과나무 밑에 재배하고 그 위에 퇴비를 살포하므로 완숙된 퇴비가 아니더라도 사과 뿌리에는 영향이 없다고 한다.

현재 하라 씨 농장은 초생 재배와 커피 찌꺼기를 이용해서 만든 퇴비만 사용하고 다른 비료는 전혀 사용하지 않는다. 이렇게 해서 볏짚을 깔거나 화성 비료나 석회 등 토양 개량제를 사용하는 등 연간 3~4회 했던 작업이 1회만으로 끝나게 되어 노동력 절감 효과가 크다고 한다. 이것도 메뉴어스프레터라는 기계를 사용하면 하루 30곳 농장에 퇴비 살포가 가능하다.

회원제 예약 판매

사과 판매 방법도 독특하다. 도시 소비자 회원을 상대로 <사과 7회> 모임을 결성 4,500가구를 모집한다. 회원에게는 조생종 사과인 아키바에(10월 2일)부터 시작해서 홍옥, 신세계, 오우린(王林), 후지, 시나노골드, 그라니스미스(11월 24일)까지 매회 1kg씩 4,500가구에 1kg당 820~1천엔까지 미리 정해진 가격으로 수확과 동시에 택배로 판매한다. 소비자는 가장 맛이 좋은 사과를 계절에 어울리게 먹을 수 있는 장점이 있고, 생산 농가는 수확 전에 예약을 받았기 때문에 판로에 대한 걱정 없이 안정적인 소득을 얻을 수 있다는 장점이 있다. 이런 방식도 대지(주)가 개발해서 추진했다고 한다.

사과는 예술 작품

생전에 하라 씨는 한일 간에 사과 재배 기술 교류에도 남다른 관심을 두고 있었다. 15년 전부터 연 3~4회씩 천안과 안산까지 찾아와서 전정 등 기술 지도를 해 주고, 천안의 한 농장에는 하라 농장이 가진 사과 품종의 대부분을 이식해 주었다고 한다.

하라 씨는 사과 농사가 자기 인생의 전부이고, 생산된 사과는 예술 작품으로 생각했다고 한다. 아들 둘이 농과 대학을 졸업하고 나가노 현 과수 시험장에서 2년간 연수를 받았기 때문에 "아버지 못지않게 대를 이을 일본 최고의 사과 명인 가문이 될 것"이라고 자신 있게 말한다.

3

땅 관리로 희망을 여는 세야마 농원

유기 농업 채소 단지-세야마(瀨山) 농원

유기 농산물 유통업체인 주식회사 대지(大地)의 하세가와(長谷川) 사장의 안내로 사이타마(埼玉) 현 혼죠(本庄) 시에 있는 세야마 농원을 방문했다. 이곳은 동경의 우에노(上野) 역에서 전차를 타고 1시간 30분 거리에 있는 준도시 지역 농업이다. 관내에는 와세다대학이 있다.

3.5ha의 밭에서 30년 전부터 양배추, 당근, 가지, 무, 배추, 브로콜리, 쑥갓, 상추, 시금치, 대파 등 12개 품목을 유기 재배로 생산해서 연간 2천만엔의 소득을 올리고 있다. 안정적인 소득을 얻을 수 있고 기술적으로도 정립되어 있어서, 장남이 뒤를 이어 농업을 하기로 하고, 부자가 열심히 농업의 새로운 지평을 열어가고 있다.

세야마 씨

하세가와 씨는 30년 전에 처음 이 농장을 방문해서 농산물의 품질만 본 것이 아니라 세야마 씨의 인격과 성실성을 보고 대지와 계약 재배를 시작했다고 한다. 그 후 30년 동안 변함없이 대지와 거래를 하는 세야마 씨는 대지가 있었기 때문

세야마 농원의 양배추밭

에 오늘의 세야마 농원도 있게 되었다고 하면서 그 공로를 대지에 돌렸다.

도착하자마자 집 뒤에 있는 농장으로 우리를 안내하는 세야마(57세) 씨는 밝은 표정으로 자랑스럽게 농장의 이곳저곳을 안내한다. 한눈에 보기에도 토양 관리를 얼마나 철저히 했는지 알 수 있을 만큼 기름지게 보인다. 양배추를 심은 1ha 정도의 밭에는 양배추 사이사이에 거미가 줄을 쳐놓은 것이 많이 보이고, 배추흰나비들이 무리를 지어 여기저기서 날고 있다. "거미는 해충 알이나 미생물을 먹어 치우고, 흰나비가 이렇게 많이 있는 것은 배추벌레가 있다는 것이고, 농약을 사용하지 않는다는 증거"라고 세야마 씨는 설명한다.

윤작 농법으로 유기 재배

가지밭에 도착하자 가지를 바로 따서 먼지만 털고 먹어 보라고 권한다. 동행한 서울대학교 김완배 교수와 가지의 맛을 보고, 어렸을 때 가지를 날것으로 먹어 본 그 맛이 생각나서 하나씩 더 먹었다. 가지밭 주위에는 옥수수가 심어져 있는데 전혀 관리하지 않아 볼품없었다. 가지에는 진딧물이 많이 발생하는데 진딧물은 무당벌레가 천적이다. 무당벌레의 먹이로 옥수수를 심어 놓으면 무당벌레가 많이 모여들고 가지의 진딧물도 제거할 수 있다는 것이다. 옥수수는 사료용이고 키가 커서 방풍의 효과도 있다고 한다. 시골 고추밭을 보면 대개 주위에 옥수수가 심어져 있는데 그런 연유인 것을 깨닫게 되었다.

농로에는 클로버가 많이 심어져 있었다. 이것도 무당벌레가 좋아하는 식물이라고 설명한다.

농업의 기본은 땅 만들기

세야마 농원이 철저하게 지키는 4가지 원칙이 있다.

첫 번째가 토양 만들기다. 자연의 은혜로 생성된 지력도 유기물을 공급하지 않으면 점점 떨어져서 작물의 건전한 생육이 불가능하게 된다. 그래서 세야마 농원은 섬유질을 많이 가진 볏짚, 보릿짚, 왕겨, 낙엽, 목초 등으로 양질의 퇴비를 만들어 사용하고, 농경지에 유효한 미생물을 투입해서 농지를 활성화하고 있다.

두 번째로 토양 영양 보급원으로 세야마식 배합 비료를 사용한다. 유채박, 밀기울, 대두박, 생선 내장, 골분, 해조 분말, 쌀겨 등을 효소균으로 완전 발효시키고, 여기에 계분, 우분, 말분을 완전히 숙성시킨 것을 더하여 유기 비료로 사용한다. 이렇게 혼합하여 만든 유기 비료를 20년 전부터 '세야마식 배합 비료'라고 명명하고 계속 사용해서 시스템적으로 완결시켰다고 한다.

세 번째로 제초제 등 농약을 전혀 사용하지 않고 병충해를 제거한다. 식물로 만든 소주, 순수 양조 식초, 식물성 효소, 생선에서 추출한 아미노산이나 전분, 엽면활성요소재를 살포하거나 관수법으로 살포한다. 이렇게 하면 어지간한 해충은 박멸할 수 있다는 설명이다. 무당벌레나 거미 등 천적도 적절히 활용한다.

20년 동안 포장별 윤작 시스템 정립

네 번째로 철저한 윤작 체계를 활용한다. 20년 전부터 10여 개의 포장별로 12개 품목의 재배 상황을 색깔로 명백히 구분될 수 있도록 표시하여 최소한 한 작목이 같은 포장에 5~9년 만에 입식될 수 있도록 한다. 예를 들면 가지의 경우 한 번 재배하고 난 후 무, 당근, 배추 등 다른 작물을 9년 동안 재배한다. 그다음에 다시 가지를 재배한다. 또 포장별, 연도별, 농사 작업 일지를 기록하여, 그 포장의 병충해 발생과 작황을 참작하여 다음 해 어떤 작물을 입식할 것인지 결정한다.

이러한 네 가지 원칙을 지킴으로써 잎이 두껍고 색이 선명하고 잔뿌리가 발달한 식물을 만들고, 더욱이 작물의 생리와 생체를 파악해서 성장의 단계마다 그때에 적합한 영양을 공급한다. 그렇게 함으로써 작물이 가지고 있는 특징을 살려, 오래 보존할 수 있고, 단맛이 있고, 비타민과 미네랄이 풍부한 영양가 높은 알칼리성 자연 채소를 재배할 수 있다는 설명이다.

철저한 윤작과 토양 만들기를 기본으

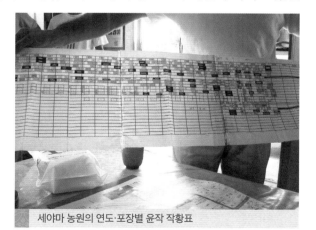

세야마 농원의 연도·포장별 윤작 작황표

로 한 유기 농업이 높이 평가되어 세야마 농원은 일본 정부의 JAS법(농림 물자의 규격화 및 품질 표시의 적정화에 관한 법률)에 의거 JAS 마크를 취득했다. 세야마 씨는 인증 기관이 방문했을 때, 20년 동안 포장별로, 색깔별로 표시한 작물 재배 표시 일람표를 보여주자 더는 확인하지 않고 인증을 해 주었다고 한다. 인증 요금으로 첫해에는 27만엔을 지급했고, 매년 10만엔을 지급한다고 한다. 인증 기관은 일본 국내에 67개소가 있으나 오카야마 현, 후쿠시마 현, 아야 읍 등은 지방 자치 단체가 인증 기관으로 등록한 곳도 있다.

생산자와 소비자는 한 가족

세야마 농원의 주변은 전에는 뽕나무를 많이 재배했으나 지금은 대파 등 채소류를 주로 재배하는 전작(田作) 지대이다. 고령화되면서 세야마 씨에게 밭을 임대하겠다는 농가가 늘어나고 있어서 가능한 범위까지 확대할 계획이다. 인근의 농가들은 주식회사 대지에 납품하지 않고 대부분 시장에 출하한다. 대지에 납품하는 가격은 가끔 시장 가격보다 낮은 경우도 있다. 그러나 그렇게 시장 가격이 높을 때는 작황이 좋지 않은 경우이다. 생산량이 없으므로 농가로서는 가격만 높지 아무 효과가 없다. 그러므로 대지에 납품하는 편이 시장 가격에도 불구하고 일정한 가격을 얻을 수 있으므로 안정적인 소득 확보가 가능하다. 이 점이 농가로서는 무엇보다 가장 큰 장점이라고 설명한다. 가격 인상 요구를 하지 않느냐는 질문에 세야마 씨는 소비자 가정과 대지를 통해서 농장 체험 등 연 2회 정도 30년 동안 상호 방문 교류를 하므로 소비자가 가족처럼 되어 있어 가격 인상 요구를 못 한다고 이야기한다.

도쿄에 있는 한 소비자의 집을 방문해서 대지에서 공급하는 농산물의 가격 수준을 질문해 보았더니, 슈퍼마켓 가격의 120~150% 정도라는 이야기도 들은 바 있다.

점심때가 되어 장남은 이탈리아 요리를 하는 식당으로 우리를 안내했다. 이 요리점 메뉴에는 세야마 농원에서 생산하는 채소를 사용한 요리가 3가지 정도 있었다. '현(縣) 청이 지정한 음식점'이라는 이름표도 붙어 있다. 지역에서 생산한 농산물을 지역에서 소비하는 음식점이라는 뜻이다. 지산지소(地産地消)를 운동만이 아니라 실제로 실천하고 있는 사례들이 지방자치단체마다 특색 있게 전개되고 있다. 어떤 지역은 관내 쌀을 연중 사용하는 조건으로 지원한다. 또 어떤 곳은 전통 음식을 연중 한 가지 이상 내놓도록 지도한다. 이러한 지산지소 실천 계획을 수립한 지자체가 50%가 넘는다.

세야마 씨의 농업은 단순한 농업이 아니다. 소비자와 생산자 모두를 위한 생명 산업임이 틀림없다. 20년 동안 12개의 품목을 연도별·포장별로 일목요연하게 색깔로 표시한 윤작 시스템을 보면 세야마 씨가 얼마나 노력을 하고 있는지 짐작이 가고, 생산한 농산물에 전적으로 믿음이 간다. 안전 농산물을 생산하기 위한 그의 노력은 생산자와 소비자 관계가 가족 관계라고 보기 때문에 가능한 것 같다.

이 농장을 떠나면서 자동차 안에서 하세가와 사장은 "세야마 농원이 30년 동안 대지와 거래하면서 계약 재배 조건을 한 번도 위약한 적이 없고 즐기는 농업을 하는 농가"라고 이야기한다.

4

농업 프랜차이즈화의 기수, 유니언팜

유기 채소 계획 생산 슈퍼마켓 식당 판매

일본 이바라기(茨城) 현 고미다마(小美玉) 시에 있는 유니언팜은 유기 채소 15종류를 비닐하우스에서 계획 생산하여 슈퍼마켓과 식당 등에 연간 1억 2천만엔을 판매한다. 프랜차이즈 방식의 농업 경영으로 유명하다. 비닐하우스 133동에서 시금치, 상추, 쑥갓, 고마쓰나 등 엽채류 15종류를 3~4일 간격으로 파종하고 주문받은 양을 연간 104회(연 52주×2) 계획, 생산하여 판매한다.

유니언팜은 자본금 1천 6백만엔으로 2000년 1월에 설립한 농업회사법인이다. 다마쓰쿠리(玉造) 사장은 당초 그의 아버지가 경영하는 농업자재 판매회사에 근무했다. 그러나 농가의 고령화와 농산물의 수입 개방으로 농업이 쇠퇴해지면서 농업자재 판매회사의 경영이 어려워지자, 이를 타개하기 위해 농업자재를 직접 사용하는 농업회사법인을 설립하기로 했다. 농업자재의 소비 촉진은 물론 농업을 직접 경영하면서 새로운 자재를 개발해서 판매하는 것도 성장 산업으로 판단되었기 때문이다.

농업회사법인의 기술을 담당할 파트너로 쯔쿠바(筑波)대학에서 농학 박사 학위를 받은 중국인 두젠밍(杜建明) 씨를 종합기획실장으로 발탁하고 기술적인 문제를 담당하기로 했다. 그는 300만엔을 출자했다.

두 실장은 유니언팜의 기본 이념을 "유기 재배 기술을 확립시키는 것과 농업의 기업 경영을 가능하게 하는 것"이라고 말하면서, 생산 농산물의 안전성 확보를 위해 유기 JAS(유기 JAS법에 의해서 기본적으로 화학 합성 농약과 화학 비료 등을 사용하지 않고 2년 또는 3년 이상 재배한 채소) 인증과 농장의 종합적인 관리 시스템인 JGAP(농산물의 안전성 확보, 환경 부하 저감, 노동자의 안전과 복지, 농장 경영 관리에 대해서 129항목의 관리점이 정해진 농장에 대한 인증 제도) 인증 획득은 회사의 기본 이념과 일치하므로 설립 이듬해 취득했다고 설명한다.

유기 농산물 17품목, 104회 공산품처럼 생산

연간 17품목의 유기 채소를 안정적으로 일정량 출하하기 위해 52주간의 생산 계획 달력을 하우스별로 만들어 부착하고 있다. 과거의 재배 자료를 기본으로 시기별, 하우스별 상황에 맞게 높은 정밀도의 세밀한 계획을 수립하고, 실천하기 위해 모든 노력을 아끼지 않는다.

두 실장은 각 농장을 매주 순회하면서 각 농장장과 정보를 공유하고, 농장 전체의 생육 관리와 출하 관리를 해서 연중무휴로 출하하고 정시(定時), 정량(定量), 정질(定質), 정가(定價)의 공급을 목표로 한다.

농산물을 공산품처럼, 주문받은 양을 계획 생산하고 판매한다는 점이 특징이다. 농산물은 기후 조건에 따라 풍흉이 결정되고 가격 등락도 심하다. 그러나 시설 농업의 경우 어느 정도 조절이 가능하므로 유기 시설 농업으로 하고 있다.

이들의 노력이 독특하여 신문과 TV 등에 자주 보도되면서 소비자의 인지도가 높아지고 판매도 순조롭게 되었다. 처음에 비닐하우스 한 동으로 시작했으나 지금은 133동으로 확대되었다.

철저하게 안전한 농산물을 생산하기 위해 토양 만들기와 천적 농법, 미생물 농약을 사용하여 유기 재배한다. 10a의 포장에 연간 3톤의 완숙 식물계 퇴비를 사용한다. 동물 분뇨는 절대 사용하지 않는다. 낙엽, 볏짚, 잔디 등 식물 퇴비를 사용하고, 산도는 6.5~7.0을 유지한다. 미생물 농약은 사서 사용한다. 미생물은 가격은 비싸지만, 효과가 오래가는 장점이 있다. 동일 포장에는 동일과(科)의 작물이 3~5년 이내에는 연작되지 않도록 윤작(輪作) 체계를 수립하여 안전한 농산물을 안정적으로 생산하기 위해 피나는 노력을 한다. 그래서 일반 관행 농업보다 인건비는 두 배가 더 들고, 농자재 비용은 관행 농업보다 덜 든다. 판매 가격은 관행 농업보다 두 배 비싸게 팔린다.

작물에서 상품으로

수확 이후의 채소는 화학 물질의 혼입이나 부착은 물론, 다양한 이물질의 혼입과 병원성 세균의 부착을 방지하기 위해 취급상 공정 관리를 철저히 한다. 전 품목이 SEICA(인터넷에 공개된 농산물에 관한 공적 데이터베이스. 등록된 농산물에는 하나하나에 카탈로그 번호가 발행되어 PC나 휴대전화로 채소가 생산된 이력을 확인할 수 있는 제도)에 등록되어 있어서 웹상에 재배 방법을 공개하고 있다. 팩마다 생산농장 코드와 개체 식별번호가 인자되어 있어 단시간에 컴퓨터나 휴대전화로 정확한 생산이력을 확인할 수 있도록 하고 있다.

유기 재배이지만 품질도 중요하다고 생각한다. 그래서 이 회사의 건강(元氣) 채소는 병충해의 피해를 받기 쉬운 유기 재배이지만 외관을 중요시한다. 해충의 부착, 해충이나 질병의 피해, 잎이 혼입되지 않도록 몇 번이고 점검한다. 또 품질에 대해서도 채소의 성분 분석(초산이온, 당도 등)을 매주 하고, 과

학적으로 현상을 정확히 파악해서 결과를 생산 현장에 피드백하여 과학적 근거가 있는 품질 향상을 위해 노력하고 있다.

생산은 품목별 판매 예측량의 120%를 생산해서 날씨 변화와 잡초 발생에 따른 생산량 감소에 대비하고, 과잉 생산 할 때에는 신규 판매처 개척용으로 사용한다. 120%를 생산 목표로 했으나 80% 정도가 생산되는 경우도 있다. 과잉 생산도 없고, 과소 생산도 없도록 관리하는 것이 가장 핵심이다.

JGAP 취득 후 교토(京都)생협, 오이식스(유기 채소 인터넷 판매 회사), 마루엣 등 대형 유통 매장에서 농산물 납품 요청이 쇄도하고 있다.

납품 요청 쇄도-농업 생산도 프랜차이즈

특히 유니언팜은 국내 농산물의 생산 확대와 영농후계자 육성을 위해서 심혈을 기울이고 있다. 40대 미만의 청년들을 입사시켜 2년 동안 교육해 독립된 농장을 경영하고, 유니언의 브랜드로 판매할 수 있도록 한다는 장점이 있다.

일반 프랜차이즈 음식점처럼 농업의 프랜차이즈화를 추진하고 있다는 점이 이채롭다. 그래서 창설 초기에 프랜차이즈 방식의 농업이라는 점에서 언론의 집중적인 조명을 받았고, 유니언팜의 농산물 안전성이 소비자에게 인식되어 매년 20%씩 판매가 증가하고 있다.

프랜차이즈 농업은 일본보다도 오히려 중국에서 가능하다고 보고 두 실장의 모국인 중국에서의 역수입도 검토하고 있다.

지금은 3인의 연수생이 독립해서 그룹의 일원이 되어 비닐하우스 3.5ha를 경영한다. 연간 매출액은 1억 2천만엔이다. 2013년에는 연간 매출액 13억엔과 50명의 신규 취농자를 받아들여 경영 면적을 45ha 규모로 더 확대할 계획이다.

2009년 10월에 후계자 육성과 환경 보전 활동에 공로가 인정되어 농림성의 표창을 받았다. 유니언팜의 프랜차이즈 시스템은 신규 취농 희망자에게, 유니언의 재배 노하우와 출하 기준 등을 습득시켜 독립한 후 유니언팜의 브랜드 <건강 채소>의 판매권을 부여하는 특전이 있다.

유니언팜의 채소 브랜드는 <건강 채소>이다. 대지가 건강하면 건강한 채소가 생산된다. 그래서 이를 섭취한 사람도 건강해진다는 의미가 있다.

이들은 화학 농약이나 화학 비료를 사용하지 않고, 식물 본래의 생명력을 살려서 건강하게 작물을 재배하기 위해 끊임없이 도전한다. 동시에 유기 재배 방법의 연구, 그리고 유기 농산물 생산과 보급을 위한 시스템 마련을 위해서도 노력하고 있다.

"토양을 어떻게 관리하면 지속적인 유기 재배가 가능할 것인지 유니언팜 스스로 영원히 실험과 연구를 계속해 나아갈 것이다."고 두 실장은 힘주어 말한다.

5

환경 운동과 유기 농산물 유통 - 대지(大地)를 지키는 모임

건강한 토양 만들기에 생산자-소비자 합심

농약의 위험성을 백만 번 외치는 것보다 한 개의 무농약 무를 생산하고, 유통하고, 먹는 것이 더 중요하다고 생각하는 젊은 청년 10여 명이 모여 1975년 <대지(大地)를 지키는 모임>(임의단체)을 창설했다.

농약, 화학 비료투성이인 근대 농법이 아니라 건강한 토양 만들기에 심혈을 기울이고, 자연의 힘을 활용한 유기 농업을 생산자와 소비자가 함께 손을 맞잡고 육성해 가자고 이들은 결의했다. 그것이 농업 공해를 추방하는 지름길이라고 생각했다는 것이다.

현재 대지를 지키는 모임은 2,500여 생산자 회원과 9만명의 소비자 회원, 그리고 5개 회사의 법인 회원으로 구성하고, 주로 환경 운동 등의 시민운동을 한다. 5개의 법인 회원은 전국 각지의 생산자와 제휴해서 회원 모두가 안전한 식품을 살 수 있는 시스템을 만들고, 소비자와의 네트워크를 넓혀 가면서 안심하고 먹을 수 있는 농산물, 축산물, 수산물, 가공 식품 등을 공급하기 위한 사업을 전개하고 있다. 5개의 회사 중 주식회사 <대지(大地)>는 생산자 회원과 소비자 회원의 파이프 역할을 하는 물류 조직을 운영하고, 각지의 활동 거점이 되는 센터를 건설하면서 공동 구입과 택배 사업을 한다. 나머지 회사는 유기 농업 농가를 지원하기 위한 기금을 운영하는 회사, 그리고 유기 농산물로 직접 조리해서 파는 음식점을 경영하는 회사 등이다.

유기 농산물 유통 전문 회사-대지(大地)

1977년에는 대지를 지키는 모임의 유통 부문으로 주식회사 대지(大地)를 설립했다. 전국 각지의 유기 농산물 생산자와 제휴하고, 누구나 안전한 식품을 사 먹을 수 있도록 소비자의 네트워크를 넓히면서 안심하고 먹을 수 있는 농축산물, 수산물, 가공 식품 등을 제공할 수 있도록 전력을 기울였다.

동시에 지속 가능한 1차 산업의 발전과 의(衣)와 식(食)도 포함한 생활 전체의 안전을 지키는 것을 목표로 하고, 환경 호르몬, 유전자 조작 식품의 배제, 식량 문제 등 다양한 활동을 해 왔다.

이 단체는 아시아 농민이나 NGO와도 연결하면서 국제적인 네트워크도 형성해 가고 있다.

소비자 회원이 대지의 농산물을 사기 위해서는 다음과 같은 순서가 필요하다.

먼저 대지가 발행하는 상품 정보지 『프로세스』와 주문서를 우편으로 요청한다. 『프로세스』를 보고 자기가 일주일 동안 필요로 하는 품목과 양을 주문서에 기록하여 배송원에게 제출하면, 일주일 후 지정된 요일에 보냉차에 실

유기 농산물 유통 전문 회사-대지의 물류센터와 사무소

려 상자 단위로 현관까지 배달된다. 물론 주문은 인터넷이나 팩스로도 주문 가능하다. 배송 수수료는 한 상자당 210엔이다. 배송한 다음 주 빈 상자를 회수해 간다. 대금은 배송한 다음 주 목요일 지정 계좌에서 자동 이체된다.

도쿄 근교권은 대지의 택배 회사가 직접 배송하고 그 외 지역은 야마도 택배 회사를 통해 배송된다. 배송료가 한 박스당 거리에 따라 420엔부터 630엔까지 한다. 물론 냉장품이나 냉동품은 735엔부터 945엔까지 한다. 나머지는 같은 방법이다.

이러한 활동을 통해서 '자연환경과 조화를 이루고 생명을 경외하는 사회의 실현'을 목표로 한다고 밝히고 있다.

소비자 회원 9만명과 생산자 회원 2,500명의 생활 공동체

현재는 생산자 회원 2,500명이 생산한 안전한 농축산물을 전국의 소비자 회원 9만명에게 3,500여 품목을 유통해 연간 매출액이 300억엔에 이르는 대형 회사를 이루었다. 말하자면 시민운동과 유기 농산물의 유통 사업을 동시에 하는 셈이다. 상품별로 생산이나 제조 기준을 설정해서 엄격하게 지킨다.

슈퍼 상품에 비해 1.5배 고가

도쿄 근교 지바(千葉) 현에 사는 한 회원이며 일본 농협중앙회 전무이사(현재는 참의원 의원) 집에서 민박할 기회가 있었다. 이 집 주부 야마다(山田, 여, 55세) 씨는 일반 슈퍼마켓보다 1.5배 비싸지만 안전하고 안심이 되어 10여 년 이상 이용하고 있다고 한다. 또 선도가 좋고, 과일도 맛이 좋고, 육류와 가공식품도 품질이 우수하므로 가격이 조금 비싼 것은 문제가 안 된다고 한다. 대지가 주관하는 생산자와 소비자의 교류 활동에도 적극적으로 참여하고 환경 운동에도 참여하면서 보람을 느낀다고 한다.

채소의 경우 재배 기준을 보면 이렇다.

첫째, 유기질 비료를 사용한 토양 관리가 기본이다. 식물의 병이나 해충에 강하고 품질이 좋은 채소류는 기름진 토양에서 자란 것이다. 땅을 잘 갈고 유기질 비료를 넣고 통기성과 보수성이 좋은 토양은 농약이나 화학 비료를 사용하지 않고도 채소 재배가 가능하다.

둘째, 토양 소독은 안 한다. 기름진 토양에는 지렁이나 미생물이 많다. 그러한 흙 속에 있는 생물을 죽이고 생태계를 파괴하는 토양 소독제는 일절 사용하지 않는다.

셋째, 제초제는 사용하지 않는다. 풀이 나면 수작업으로 제거한다. 풀 매는 노력을 절감하기 위해 풀을 말라 죽게 하고, 환경을 파괴하는 제초제는 전혀 사용하지 않는다.

육류나 달걀의 경우도 엄격한 기준을 설정하고 있다. 사료는 국산일 것, 유전자 조작한 것이 아닐 것, 그리고 수확 후 약품 처리를 하지 않는 사료를 사용할 것을 요구하고 있다.

가공 식품의 경우도 화학조미료와 식품 첨가물을 사용하지 않는 조건을 고수하고 있다. 대지의 가공 식품은 화학조미료를 전혀 사용하지 않고, 색을 선명하게 한다. 오래 보존하기 위한 식품 첨가물을 일절 사용하지 않고 가공한 것을 원칙으로 한다. 다만 제조상 불가피한 경우는 '대지의 기준'을 통해 모든 것을 소비자에게 공개한다.

생산자와 소비자 교류 활동 중요시

대지를 지키는 모임의 특징 중 하나가 생산자와 소비자의 교류 활동이다. 신뢰와 안심감이 더욱 넓혀지도록 생산자와 소비자, 도시와 농촌, 일본과 세계를 연결하고 얼굴을 서로 마주 볼 수 있는 관계를 만들어 가고 있다.

모내기 행사 체험, 가공 공장 견학, 가공 체험 등을 시행한다. 또 북해도에서 큐슈까지 일본 전국의 생산자를 방문하고 여유 있게 서로 이야기할 수 있는 산지 교류 여행도 주선한다. 도쿄 근교는 가족 모두가 참여하는 수확 체험이나 생산자와의 교류 등을 매년 개최한다.

1년에 한 번 전국 각지에서 생산자와 소비자 그리고 대지의 모든 직원이 참여하는 도쿄 집회는 수만명이 모이는 대규모 집회로 유명하다. 모두가 교류를 통해서 한가족이 된 셈이다. 생산자와 소비자가 공동체를 이루었다고 볼 수 있다.

대지의 생산자와 소비자 교류 모임의 일환으로 2002년에는 전봉준 장군의 동학농민운동 유적지를 필자와 함께 견학한 적도 있다.

2005년 11월 8일에는 '지금부터 일본 농업은 누가 담당할 것인가'를 주제로 포럼에 간사 단체로 참여하여 생산자와 소비자가 활발한 토론을 벌이고 함께 농업의 미래를 걱정하기도 한다.

유전자 조작 식품 반대 운동-세계 100대 사회적 기업

대지를 지키는 모임의 중요한 시민운동을 보면, 유전자 조작 식품 반대 운동, 여름밤 일시적으로 전깃불을 끄는 '100만인 촛불의 밤' 행사, 쌀 자급률 향상 운동, 쓰레기 리사이클 운동, 안전한 학교 급식 보급 운동, 대지의 농산물에 푸드 마일리지 기입운동, 탈 원자력 운동 등 다양한 활동을 다른 NGO 등과 연대하여 한다. 특히 농업 문제나 학교 급식 문제 그리고 100만명 정년 회귀 운동 등은 농협과 함께 개최하여 효과를 더욱 높이고 있다.

생산자 회원과 소비자 회원은 연 회비로 1천엔을 지불한다. 연간 약 9천만 엔의 회비를 받아 환경운동 등 NGO 활동을 한다

대지의 NGO 활동 생산자와 소비자의 연대를 통한 상호공생을 추진하는

역활이 높이 평가되어 세계 100대 사회적 기업으로 선정되기도 했다.

대지를 지키는 모임은 2005년 11월 5일 '막후하리 멧세(幕張 messe: 종합 전시장)' 신도심 지역에 있는 프린스 호텔에서 1천명의 생산자와 소비자 회원이 모여서 창립 30주년 기념식을 열었다. 필자는 여기서 축하 인사말을 하도록 부탁받았다. 다음과 같이 축하 인사말을 간단히 했다.

"저는 시조할아버지부터 27대손입니다. 본인의 14대 할아버지한테 한국의 유명한 인사가 보낸 편지 가운데 이런 내용이 있습니다. 약무농업시무국가(若無農業是無國家). 즉 농업이 없으면 국가도 있을 수 없다는 이야기입니다. 생산자, 소비자 여러분이 생활 공동체를 만들고 대지를 지키는 모임을 통해서 안전·안심 농산물을 이용하는 것은 바로 여러분의 농업을 지키는 길이고, 국가와 민족을 지키는 길입니다."

이런 내용으로 간단히 했더니 제일 잘했다고 하면서 박수도 많이 받고, 끝나고 나서 명함 교환을 많이 했다. 이 자리에서 일본 농림성의 젊은 계장으로부터 강의 요청도 받게 되었다.

이 단체의 특징은 환경 운동은 임의 단체인 대지를 지키는 모임이 소비자 회원으로부터 연회비로 1인당 1천엔씩 받아 합계 9천만엔으로 하고, 환경 운동 취지에 맞추어 사업은 별도의 주식회사를 만들어 한다는 점이다. 운동체와 경영체를 분리한 것이 인상적이다. '우리밀 살리기 운동'의 사례를 떠올려 보면 우리에게 시사하는 바가 크다.

어떤 바람이 불어도 생산자와 소비자가 생활 공동체를 만들고 서로가 이해하면서 얼굴이 보이는 농산물을 생산하고 소비한다면 그 나라의 농업도 유지되고, 식량 안보 문제도 해결되고, 자연환경과 전통문화도 유지할 수 있는 고품격 국가가 될 수 있다는 생각이 들었다.

6

돼지고기의 명품, 가고시마 흑돈(黑豚)

태풍의 길목 가고시마에서 재난에 강한 양돈 명품화

가고시마는 고구마와 양돈이 주산업을 이루는 지역으로 유명하다. 돼지고기는 전국 생산량의 약 60%를 이곳에서 생산한다. 태풍의 길목에 있는 가고시마 사람들은 오랫동안의 경험으로 고구마와 양돈이 재난에 강한 농축산물이라고 생각하여 고구마와 양돈 산업에 주력하고 있다. 고구마와 양돈, 특히 최근에 명품으로 소비가 확대되고 있는 흑돼지 양돈업을 시찰하기 위해 2007년 7월 11일 가고시마에 도착했다.

가고시마의 흑돼지는 400년 전 시마즈(島津) 18대 번주(藩主) 이에히자(家久)에 의하여 오키나와에서 유입되어 오랫동안 이곳의 풍토에 적응하면서 사육되었다. 1800년대에 영국의 버크셔와 교잡되기도 했지만, 양질의 혈통이 유지되며 현재까지 사육되고 있다. 1950년대까지는 흑돼지 일색이었으나 1960년대 후반부터 새끼 돼지 출산 수가 많고 성장이 빠른 흰돼지 사육으로 전환되었다. 한때 흑돼지는 전체 사육 두수의 1.6%까지 감소했다.

가고시마 흑돈 판매 지정점

흑돼지 생산량 6배 증가

흑돼지의 품질을 향상하기위해 1990년 흑돼지 생산자가 참여해서 <가고시마 현 흑돈 생산자 협의회>를 설립했다. 1992년에는 '가고시마 흑돈 증명제도'를 도입하여 명품 확립을 위한 생산 체제를 정비하고, 1999년 흑돼지를 가고시마 브랜드로 지정했다.

그 후 소비자의 건강 지향과 맛있는 돼지고기를 찾는 경향이 강해지면서 2006년 현재 돼지 출하 두수 가운데 23%를 흑돼지가 점유하고, 그중 60% 이상을 <가고시마 현 흑돈 생산자 협의회>가 출하한다. 가고시마에서 생산되는 흑돼지 생산량은 1990년 8만마리에 불과했으나 지금은 6배가 증가한 48만두에 이르며 매년 만두씩 늘어간다. 가고시마 현이 생산한 흑돼지는 전국 흑돼지 생산량의 70%를 차지한다. 사육 규모는 대부분이 소규모이고, 호당 평균 모돈 70두 정도를 사육한다.

사료는 기본적으로 수입한 배합 사료를 사용하지만, 흑돈 협의회에서는 60일간 고구마를 10~20% 정도 배합 사료에 혼합하여 사용할 것을 권장하고 있다. 이 흑돼지 가격은 보통 흰돼지보다 30% 정도 비싸다고 한다.

생산자 증명서-판매점 지정-소비자 모니터링

가고시마의 흑돼지를 명품으로 만든 배경을 가고시마 현(縣) 청의 농정부 축산과장 보좌 기다노(北野) 씨는 이렇게 설명한다. 첫째, 가고시마 흑돈을 출하할 때 생산자명과 출하연월일, 증명서 번호를 기재한 '가고시마 흑돈 증명서'를 첨부해서 판매점까지 유통한다. 이 증명서는 흑돈 브랜드 산지 지정 기준에 적합한 것으로 인정된 생산자만 사용할 수 있다. 이 증명서는 상표 등록되었다. 둘째, 흑돼지의 판매점 중에서도 판매 규모와 위생 상태 등을 점검해서 일정 기준에 도달한 점포를 판매 지정점으로 지정해서, 현재 333개의 점포가 지정되었다. 셋째, 소비자 모니터 제도를 도입한 점이다. 소비자로부터 흑돼지에 관한 솔직한 의견 수렴과 판매 상황을 파악하기 위해 2001년부터 동경을 중심으로 15명의 모니터 요원을 위촉해서 운영하고 있다.

가고시마 흑돼지의 특징은 다음과 같다.

첫째, 털은 검은색이고 다리와 코, 꼬리 끝 부분에 흰색 반점이 있다.

둘째, 체질이 강하고 사료 이용성이 높지만 성장이 늦고 새끼 돼지 출산 수가 적다.

셋째, 육질은 섬유질이 섬세하고 부드럽다.

넷째, 육질은 광택과 탄력성이 있고 보수성이 높다.

다섯째, 지방질이 융해되는 온도가 높다.

여섯째, 맛을 내는 아미노산 함유량이 많으므로 맛있고 특유의 감칠맛이 있고 돼지고기 냄새가 전혀 없다.

점심 때가 되어 현청 직원의 안내로 흑돼지 식당 <아지모리>에 갔다. 이집은 29년간 샤부샤부 등 50여 가지의 흑돼지 요리를 전문으로 하는 식당으

가고시마 흑돈 요리 전문점

로 가고시마에서도 유명하다. 점심때 예약이 다 찼고 순서를 기다리는 사람도 많았다.

신사유람단과 취재진 일행은 돈가스와 샤부샤부를 주문했다. 삼겹살과 등심 등 부위별 돈가스와 샤부샤부는 돼지고기 특유의 냄새가 전혀 없고 기름도 별로 없어 기존의 돼지고기와 다른 맛을 느낄 수 있었다. 이 정도의 맛을 낸다면 쇠고기보다 돼지고기를 더 많이 소비할 것 같았다. 1인분에 6,300엔이다.

40년간 흑돼지 연구

오후 4시경 장맛비가 내리는 가운데 가고시마(鹿兒島) 시에서 북쪽으로 자동차로 1시간을 달려서 가고시마 공항 근처의 기리시마(霧島) 시에 있는 흑돼지 농장 <가고시마 와다나베 버크셔 목장>을 견학하게 되었다. 목장 주인인 72세의 와다나베 치카오(渡邊近男) 씨는 우리 일행을 반갑게 맞이해 주었다. 가고시마 현 청에서는 흑돼지 목장은 방역상 절대 볼 수 없다고 거절했기 때문에 많은 걱정을 했는데, 의외로 양돈장을 쉽게 보여 주었다.

이 목장은 40년 전부터 흑돼지를 사육했고, 현재는 30가구의 다른 농가와 함께 공동 상표로 1만 5천마리를 출하한다. 와다나베 사장은 300두의 흑돼지를 사육한다.

맑은 물이 흐르는 계곡과 숲 속 3곳에 돈사와 방목장으로 분산되어 있다. 그곳에서 우리는 개방형 돈사와 햇빛을 받으면서 방목장을 뛰어다니는 흑돼지를 볼 수 있었다. 양돈장 구석구석을 안내하던 와다나베 사장은 "아시아는 하나다. 한국과 일본은 같은 민족이다. 맛있는 것이 있으면 세계의 모든 사람이 나누어 먹어야 하는 것이 인간의 도리다. 특히 일본은 한국 국민에게 큰 피해를 끼쳤다. 그래서 모두가 반대했지만 몇 년 전 흑돼지의 한국 수출을 강행했다.”고 이야기한다.

사료는 가고시마의 100개 슈퍼마켓과 백화점에서 나오는 유통 기한이 경과되어 폐기된 빵과 과일, 채소 등에 쌀겨를 넣어 80℃에서 발효시킨 것을 사용한다. 발효 사료 덕분에 양돈장 주변은 냄새가 나지 않으며, 특히 담백하고 질 좋은 고기를 생산할 수 있다고 한다. 와타나베 씨는 배합 사료를 주어서는 절대 맛있는 돼지고기를 생산할 수 없다고 끊임없이 주장한다.

와다나베 씨가 목장을 시작한 40년 전에는 다산이고 단기간에 성장하는 대형 흰돼지가 도입된 시기였다. 생산 효율이 떨어지는 흑돼지에서 흰돼지로 전환하는 농가가 늘면서 흑돼지는 쇠퇴의 길을 걸었다. 그런 가운데도 소수이지만 흑돼지를 보존하고 연구하는 사람도 있었다. 그중 한 사람이 와다나베 씨이다. 남아 있는 흑돼지를 사들이고 목장을 개장했다. 그리고 협력 농가를 모집해서 종돈과 사료를 통일해서 고품질의 흑돼지를 공급하는 협력 체계를 만들었다.

“맛있는 돼지고기를 생산하기 위해서 중요한 것은 훌륭한 유전자와 사료, 그리고 관리 방법이다.”라고 와다나베 사장은 말한다.

가고시마의 흑돼지는 에도(江戶) 시대에 오키나와에서 전해 온 재래종 흑돼지에 메이지(明治) 시대에 영국에서 들어온 버크셔 종의 흑돼지를 교배시켜 얻은 품종이다. 이 품종은 재래종의 장점을 보존하면서 버크셔 종의 장점도 살려 개량한 것이다. 와다나베 목장의 흑돼지는 재래종의 유전자를 보존하고 있는 유일한 품종이라고 한다. 근친 교배를 피하려고 현에서 버크셔 계통의 <뉴사쓰마> 혈통도 도입하고는 있지만, 와다나베 사장의 흑돼지는 재래종의 유전자를 갖고 있기 때문에 재래종과 같이 코가 짧고 위로 치켜든 모양이다. 본래의 형질과 맛을 가진 것으로 널리 알려졌다.

와타나베 목장에서는 돼지가 70㎏에 이를 때까지 배합 사료를 주지만 이후는 쌀겨나 대두 찌꺼기, 빵 껍질이나 폐기물을 혼합해서 발효시킨 사료(고구마 10% 혼합)와 옥수수 등 청초류를 준다. 신기하게 생각하는 우리 일행에게 와다나베 사장은 발효시킨 노란색의 사료를 보여 주면서 냄새나 맛을 느껴보라고 권한다. 밀 종류, 특히 발효시킨 빵을 급여함으로써 기름이 근육에 섞인 듯한, 즉 마블링이 되어 있고 냄새가 전혀 없는 돼지고기를 생산할 수 있다고 한다.

이러한 사육 방법은 폐기물도 재활용되므로 일거양득의 효과가 있다. 과거 우리가 고구마나 고구마 줄기, 남은 밥 등을 먹이로 주던 방식을 형태만 바꾸어 답습한 것으로 볼 수 있다.

흑돼지 방사, 항생 물질 없이 사육

사양 관리의 특징은 힘차게 운동장을 돌아다니는 흑돼지를 보면 알 수 있다. 자연에 가까운 상태에서 스트레스를 받지 않도록 사육하는 것이 건강한 돼지를 기르는 지름길이다. 그래서 자돈 때에 백신을 한 번 주입한 뒤 항생 물질 등을 전혀 사용하지 않는다. 사육 기간은 다른 돼지보다 2~3개월이 긴 270일 정도다. "인간과 마찬가지로 어느 정도 성숙하지 않으면 진짜의 맛은 나지 않는다. 노동력도 투입되고 시간도 걸리지만, 효율만 생각해서는 품질 좋은 돼지고기를 생산할 수 없다."고 와다나베 씨는 힘주어 말한다.

흑돼지는 붉은색 육질도 좋지만, 비계 부위에도 맛의 비밀이 숨겨져 있다. 비계 자체에 맛이 있고 보통의 돼지보다 지방의 융점(融点)이 높으므로 담백한 맛이 난다. 특히 와다나베 목장의 흑돼지 비계는 냄새가 없고 부드럽고 놀랄 만큼 맛이 있다는 평이다. "비계가 많은 흑돼지가 저평가되는 경우도 있다. 하지만 유럽이나 미국처럼 붉은색 고기를 몇백 g씩 주식으로 하는 것이 아니므로 반찬으로 먹는 동양인에게는 기름기가 섞여 있는 맛이 강한 돼지고기가 적합하다."고 말한다.

흑돼지는 풍토의 산물이다. 그 토지에 맞는 품종이 있고, 사육 방법이 있으며 맛 자체도 토지의 음식 문화와 깊은 관련이 있다. 삼겹살 샤부샤부나 돈가스가 번화가 곳곳에서 인기리에 판매되는 것을 보면 가고시마 현 흑돼지 요리가 풍토에 맞는다는 사실을 증명해 준다.

명품은 생산자가 만드는 것이 아니고 소비자가 만든다

농장을 한 시간 동안 구석구석 안내한 와다나베 사장은 언덕에 있는 자료실로 우리 일행을 안내한다. 자료실에는 돼지 관련 사진과 자료가 200여 점 전시되어 있다. 세계 모든 나라의 돼지 사진과 자기 농장에서 육성한 모돈으로 경진 대회에서 1등을 차지한 돼지의 박제도 가장 중요한 자리에 전시해 놓았다. 앞으로 건설성과 상의해서 이 자리에 돼지 박물관을 설립할 계획을 하고 있다고 한다.

벽면에는 액자가 걸려 있다. '명품은 생산자보다는 소비자의 마음에서 우러나온 소리로 탄생한다. 가고시마 흑돼지는 오랫동안 선인들의 노력과 지혜의 결합으로 만들어졌다. 돈을 추구하면 돈은 멀리 도망간다. 명품 만들기에 전념하는 것이 무엇보다 중요하다.'는 정신을 모든 협동 농장 식구들이 공유하면서 한결같이 브랜드를 지켜왔다는 것을 강조한다.

가고시마 흑돼지 산업이 이렇게 발전할 수 있었던 것은 무엇보다 사람이라는 생각이 든다. 40년간 흑돼지의 혈통 보존과 사육 방법을 개선해 온 와다나베 씨, 30년간 흑돼지 요리만 개발해 온 흑돼지 요리 전문점, 그리고 흑돼지의 품종 개량과 사양 기술을 40년간 개발해서 기술을 축적해 온 축산 시험장의 연구진이 있었기에 가능했다고 본다.

6차산업을
디자인하라

6부
그래도 농촌이 희망이다

1

가미가츠 읍의 나뭇잎 판매

지역 자원을 활용한 비즈니스로 유명세

2005년 10월 14일, 시코쿠의 국도 55호선을 따라 동쪽 끝까지 가서 바람이 없는데도 무섭게 파도치는 태평양을 보며 북쪽으로 달렸다. 현도 16호선으로 접어들어 서쪽으로 1시간 정도 달리니 오후 5시경 도쿠시마(德島) 현 가미가츠(上勝) 읍의 온천 호텔에 도착할 수 있었다.

이 호텔은 읍사무소가 운영하는데 요금이 1인 1박에 1만 2천엔이었다. 온천 목욕을 하니 하루의 긴장과 피로가 풀리고 기분도 그만이었다. 특히 온천수가 아주 좋았다. 이 호텔은 달과 관련된 책과 음악 등 다양한 자료를 전시하고 있어서 '달의 여관'이라는 별칭을 갖고 있었다. 음식도 지역 특산물로만 요리해서 소박하고 맛이 좋았다.

가미가츠 읍은 총 면적의 85.6%가 인공 삼나무 숲이며 '일본의 다랑논 100선'에 뽑힐 만큼 아름다운 농촌 풍경을 가지고 있다. 인구는 2,140명인데 최고인 때는 6,300명에 이르렀다고 한다. 총 인구 중 46.2%가 65세 이상으로, 고령화와 과소화가 급격하게 진행되고 있지만 신생아가 1년에 10명 정도는 태어난다.

바로 이 가미가츠 읍이 지역 자원을 활용한 비즈니스로 일본 내에서 유명세를 떨치고 있다. 2004년 한 해에만 3천명 이상이 벤치마킹 겸 관광을 위해 이 지역을 방문했다.

나뭇잎 팔아 1천만엔 소득

가미가츠 감잎

읍사무소 지하에 있는 이로도리(彩) 회사로 찾아간 것은 다음 날 아침 9시쯤이었다. 인터넷으로 예약해 놓았던 때문인지 담당 여직원이 반갑게 맞아 주었다. 그리고는 나눠준 자료를 설명하기 전에 '나뭇잎 사업'에 대한 안내 비디오를 보여 주었다.

읍과 지역 주민이 공동으로 출자해서 만든 제3섹터 방식의 이 회사에서는 감잎, 밤잎, 은행잎, 단풍잎, 동백잎 등 나뭇잎을 10매씩 포장해서 고급 요정이나 음식점, 도매 시장 등에 출하한다. 출하 회원은 대부분이 할머니들이다. 일본에는 '도시락에 단풍잎이나 감잎을 곁들이면 행운이 찾아온다'는 이야기가 오래전부터 전해져 오고 있다. 또 나뭇잎 장식은 계절 변화에 따른 미적 감각을 높여 주는 것은 물론, 해독 효과가 있는 치안산수소를 방출하여 식품의 안전성 확보에도 도움이 된다고 한다.

20년 전부터 시작된 이 나뭇잎 판매 사업(이곳에서는 '이로도리 사업'이라고 한다.)은 일본 요리에 나뭇잎을 장식하여 그 음식을 먹는 사람이 계절감을 느끼거나 고향을 생각하게 하는 데서 출발했다. 계절에 따라 변하는 나뭇잎은 물론이고 나무의 잔가지, 꽃 등도 상품이 되는데 330종의 상품을 팔아 연간 2억 5천만엔의 수입을 올린다. 판매에 따른 수수료는 회사가 3%, 농협이 2%를 취한다. 할머니 회원은 물론이고 지역으로서도 막대한 현금 수입을 올리는 사업이다.

나뭇잎 판매 사업의 등록 회원은 177명이다. 30대부터 90대까지 다양하지만, 주력이 60대 이상의 할머니들로서 평균 연령이 67세이고 90%가 여성이다. 그중에는 월수입 200만엔, 연 수입 1천만엔 이상을 얻는 회원도 있다. 연소득 500만엔 이상인 회원이 20명 정도 된다.

지역을 바꾼 농협 영농 지도원

이 사업을 창안하고 현재의 시장 규모까지 성장시킨 주인공은 이로도리 회사의 부사장 요코이시 토모리(橫石知二, 47세) 씨이다. 애초 가마가츠 읍 지역은 목재와 감귤이 특산품이었다. 하지만 목재 생산은 값싼 목재가 해외에서 수입되면서 점차 소멸했고, 감귤은 1981년 극심한 한파로 나무가 모두 얼어 죽어 재기 불능 상태에 빠지고 말았다. 여기에 실망한 농민들은 아무 일도 하지 않고 걱정만 하고 있었다.

읍장과 농협의 간부들은 이대로 가면 가미가츠 읍이 폐촌이 되고 말 것이라는 위기감을 느끼고 읍을 살리기 위한 논의를 시작했다. 무엇보다도 읍 전체를 변화시킬 수 있는 새로운 사업이 필요하다는 공감대가 형성되었는데, 여기에 적임자로 뽑힌 사람이 바로 농협의 영농 지도원 요코이시 씨였다.

요코이시 씨에게 주어진 책무는 지역을 활성화할 수 있고, 여성의 힘으로 할 수 있는 일거리를 찾는 것이었다. 그는 전국을 돌아다니며 과연 가미가츠 읍에서 무엇을 팔아야 하는지 고민했다. 그러나 쉽게 찾아지는 것은 아니었다.

이렇게 지내기를 무려 5년째, 요코이시 씨는 어느 날 오사카의 한 음식점에 들렀다가 우연히 옆에 앉은 젊은 여성이 요리 접시를 곱게 물든 단풍잎으로 장식하는 것을 보고 '바로 이거다!' 하는 생각이 들었다. 가미가츠 읍은 산촌이니 각종 나무가 많고 일교차가 심하므로 어떤 지역보다도 단풍이 아름다웠다. 또 나뭇잎 채취는 노인이나 여성이 하기에 적합한 일감이라는 생각이 들었다.

그 길로 가미가츠 읍으로 돌아온 요코이시 씨는 농가를 돌아다니면서 나뭇잎 채취 방법을 지도하고 출하하도록 했으나 참여하는 농가가 별로 없었다. 그래도 그는 나뭇잎을 갖고 전국의 유명한 음식점을 돌아다니면서 상담을 했다. 그렇게 해서 1년 반이 흐를 무렵 서서히 상황이 반전되었다. 마침내 시장에서도 나뭇잎이 '상품'으로 취급되기 시작했던 것이다. 가격도 처음에는 나뭇잎 10매 한 팩이 5~10엔 정도였지만 사업이 정착되면서 100~300엔 정도에서 형성되었다.

감잎만 수확, 감은 무용지물

최소한 가미가츠 읍에서 감은 농산물이 아니다. 이곳에서는 감나무에서 감을 따는 것이 아니라 감잎을 딴다. 감은 버리고 예쁘게 물든 잎만 따서 10매씩 소포장을 하고 한 팩에 300엔 정도에 판매한다. 그러니까 감나무에 매달려 있는 이파리는 한 장 한 장이 30엔짜리 지폐나 다름없는 것이다.

가미가츠 읍의 노인들은 자신의 통장에 돈이 들어오니 재미가 있고, 아침 일찍부터 밤늦게까지 생각하고 움직이므로 건강도 좋다. 이 마을은 도쿠시마 현 내에서 건강 보험료 납부율이 가장 높은데 그 이유는 늘 현금 수입이 있기 때문이다. 그러나 1인당 의료비 지출액은 현 내에서 가장 낮은 수준이며 치매 노인도 한 명뿐이라고 한다. 노년기의 적당한 노동과 정신 활동, 이를테면 나뭇잎을 채취하기 위해 산을 오르내리고 통장으로 들어오는 돈을 확인하는 즐거움이 노인의 건강에 얼마나 좋은 영향을 끼치는지를 보여 주는 좋은 사례이다.

진정한 노인 복지는 일자리 제공

일반적으로 '노인 복지'라고 하면 노인들에게 노인홈이나 데이서비스, 오락 등을 제공하고 식사와 목욕을 보살펴 주는 것으로 인식되고 있다. 최초에 이 사업을 시작한 요코이시 씨는 노인들에게 적당한 일감을 주어 경제적 성취감을 제공하고, 정신적·신체적으로 자립할 수 있는 환경을 조성해 스스로 생각하고 행동하도록 하는 것이 중요하다고 생각했다. 노인들에게 일자리 제공이 진정한 복지 사업이라는 것이다. 요즈음은 이를 '산업 복지'라고 한다.

요코이시 씨는 농협이 합병되면서 다른 지역으로 이동하게 되었는데, 지역의 할머니들이 그를 다시 돌아오게 해달라고 탄원서를 내자, 읍사무소에서 승진까지 시켜가며 특채를 했다. 현재는 이 사업을 관장하는 회사의 부사장을 맡고 있다.

80대 할머니도 컴퓨터 사용, 연 400만엔 수입

나뭇잎 출하 회원인 소부마키코(81세) 할머니 집을 방문해 보았다. 할머니는 마침 컴퓨터 앞에서 전날 출하한 나뭇잎들이 얼마에 팔렸는지를 검색해 보고 있었다. 이 할머니는 성출하기에는 하루에 밤잎 10매씩 130팩을 포장한다. 하루에 3만엔 넘게 버는 셈인데 연간 수입으로는 400만엔 정도라고 한다. 할머니는 "이 일을 하면서 잔병이 없어졌고, 병원에도 거의 가지 않는다."고 자랑했다. 또 "아침 일찍 일어나게 되고, 무엇보다 한 달에 두 번씩 통장에 돈이 들어오니 아주 즐겁다."고 말했다.

컴퓨터를 활용하는 가미가츠 마을의 소부마키코 할머니

점심때가 거의 다되어 고맙다는 인사를 하고 할머니의 집을 나왔다. 농협 지소에도 들러서 내가 한국농협 직원으로 40년 동안 일했다고 인사를 나누고 나뭇잎 출하 광경도 구경했다.

지역 자원을 활용한 지역 활성화는 누구나 이야기하지만 그렇게 쉽게 되는 것이 아니다. 그러나 가미가츠 읍처럼 풍요로운 자연환경, 건강한 노인들 그리고 그들이 가진 다양한 지식과 경험을 살린다면 지역 활성화는 결코 불가능한 것만도 아니다. 문제는 시골이기 때문에 불가능하다거나 아무리 해도 소용이 없다거나 하는 패배 의식을 극복하는 것이다.

물론 지역의 특징적인 기능이나 역할, 간접 자본을 생각할 때 농촌이 도시를 무작정 흉내 내는 것은 분명히 무리다. 가미가츠 읍이 보여 주는 것과 같이 도시에 없는 것을 찾아 상품화하고 주민들의 의식을 변화시켜가는 노력이 뒷받침될 때 지역 활성화는 앞당겨진다고 하겠다.

2

정년 없는 농촌, 오가와 촌

고령자 파워와 전통식을 살려 지역 활성화-오가와(小川) 촌

나가노(長野) 역에서 자동차로 약 40분 꼬불꼬불한 국도를 달려서 오가와에 도착한 것은 낮 12시가 다 되어서다. 오가와가 가까워져 오자 도로변에 '오야키'라는 간판이 자주 눈에 띈다. 국도변 미치노에키(國道の 驛: 휴게소와 특산품 판매점)에 들려서 오야키(밀가루로 반죽해서 만든 만두피에 양념한 채소류를 넣어서 구운 만두 비슷함)라고 하는 부침개를 200엔에 사서 먹어 보았다. 빈대떡을 된장으로 무친 것 같은 맛이다.

해발 500~1,000m이고 몇 개의 계곡으로 나누어 형성된 경지는 경사가 심하고 규모가 적은 다랑이밭이 대부분이다. 여기서 주로 대맥, 소맥과 콩, 팥 등 잡곡류를 주로 재배한다. 특히 북알프스 영봉을 관람하기에 가장 좋은 곳으로 정평이 나 있으며, '나가노 현(縣) 자연 100선'에 선정되었고 그중에서도 특별 경관 지역으로 선정된 바 있다.

참나무와 상수리나무에 둘러싸인 인구 3,700명의 작은 산촌이다. 예전에는 양잠과 마(麻) 재배가 성행했으나 화학섬유가 나오면서부터 쇠퇴하고 그 후는 특별한 산업이 없는 지역이다. 젊은이들은 밖으로 나가고 핵가족화가 진행되어 고령화율이 39%로 나가노(長野) 현 내에서 최고로 높은 지역이다.

들어가는 입구는 자동차 두 대가 교차 통행이 불가능할 정도로 일방통행 길을 한참 올라가서 동네의 초입에 도착했다.

전통 음식을 상품화

이 작은 산촌의 입구에 허름한 옛모습의 건물이 한 동 있고, 안으로 들어가자 잡곡류와 전통 절임류 등 다양한 특산품도 팔고 있고, 우동, 메밀국수 등 음식도 팔고 있다. 더 깊숙이 들어가자 장작불을 피운 화롯가에 할머니 두 분과 할아버지 한 분이 앉아서 오야키를 열심히 만들고 있었다. 어두컴컴한 실내에서 장작불을 피우고 불 위에 올려놓은 철판 위에서 70대 정도의 할아버지 한 분은 오야키를 굽고, 옆에서는 60대 중반의 할머니 두 분이 부지런한 손놀림으로 오야키를 만들고 있는 모습은 마치 시대를 200년 정도 거슬러 올라간 모습인 것 같다.

할아버지·할머니 93명이 만든 오가와노쇼-7억 5천만엔 판매

이 음식은 옛날에 식량이 부족하던 때에 가난한 사람들이 먹는 식품으로 알려져, 이 산촌 지역에서 흔히 먹었다고 한다. 오야키를 만들어 팔기 위해 할머니, 할아버지 93명과 농협이 공동으로 출자하여 '오가와노쇼(小川の庄)'라는 주식회사를 만든 것은 1986년이다. 이 지역에서 생산된 농산물만 원료로 사용하는 것을 원칙으로 한다. 다만 밀가루는 인접 군마(群馬) 현에서 생산한 것을 사용한다. 오야키를 중심으로 된장, 간장, 단무지 등 20여 종의 가공 식품과 버섯, 수수, 검정콩, 조 등 60여 종의 특산물을 개발하여 연간 7억 5천만엔을 판매한다. 50%는 이 지역을 방문하는 연간 7만명의 관광객에게 직접 판매하고, 나머지 50%는 주문에 따라 택배로 판매한다. 전통 식품을 지역 주민의 손으로 재배하고 제조한 것을 직접 판매하는 지역 활성화 기업으

오가와노쇼

로 전국에 널리 알려졌다.

회사 직원 93명 중 반수 이상이 65세 이상의 고령자이다. 평균 연령이 58세로 일본 최고의 고령자 직원으로 운영되는 회사라고 볼 수 있다.

20년 전 이 회사를 처음 진두지휘하면서 발족시킨 사람은 콘다 이치로(權田市郞) 씨이다. 콘다 씨는 태어나고 자란 고향을 어떻게 해서 잘살게 할 것인가를 두고 고등학교를 졸업하면서부터 끊임없이 고민해 왔다고 한다. 고등학교를 졸업하고 그는 3년간 미국 캘리포니아에서 농업 연수를 받았고, 1963년에는 오가와 촌(村, 우리의 면과 같은 규모의 자치 행정 기관)에 취직했다. 그리고 농업 구조 개선 사업을 담당했다. 당시 콘다 씨의 일은 촌의 지역 경제를 유지해 주는 농업을 위해 자부심을 품고 일을 하고 있었지만, 현실적으로 인구 유출이 급격히 진행되는 상항이라 행정이 중심이 되어 지역을 활성화하는 데는 한계가 있음을 인정하게 되었다.

콘다 씨를 위시해서 청년단과 공민관 활동의 중심이었던 청년 7명은 장남(長男)들의 모임인 <메아리회>를 만들었다. 이들은 동네에서 모일 때마다 고향이 처한 상황을 어떻게 타파해 나갈 것인지 항상 논의하고 고민해 왔다. 그 결과 이구동성으로 이대로는 해결되지 않는다고 생각했다. 그래서 일단 지역을 떠나서 인맥을 만들고 각각 자기 분야에서 최선을 다해 기능과 기술을 배워 전문가가 되면, 10년 후 다시 고향에 돌아와서 지역을 활성화하기 위해 힘을 모으자고 결의하고 뿔뿔이 헤어졌다. 각자의 가슴 속에는 지역 주민을 위한다는 생각도 있었지만 '사랑하는 어머니의 즐거워하는 얼굴을 보고 싶다.'는 간절한 소망은 공통적인 심정이었다고 한다. 7명은 국가 공무원, 현청 공무원, 우체국 직원, 무역 회사 직원, 식품 회사 직원, 건설 회사 직원, 농업 등 다양한 분야로 진출했다.

기술을 익혀 15년 후 다시 고향으로 돌아온 청년들

콘다 씨는 농산물의 가공과 판매의 기술을 배워서 농산 가공품으로 지역을 활성화하겠다고 생각했다. 그래서 1969년에 촌 행정 공무원을 그만두고 식품 가공 회사로 전직했다. 15년 동안 식품 회사에서 식품 가공 기술, 상품 개발, 마케팅 등 경영의 노하우를 배운 후 사장까지 지냈으나 애초 약속대로 1985년 고향으로 돌아왔다. 콘다 씨는 다시 모이기로 하고 15년 전 헤어졌던 7명의 친구를 다시 불러 모아 1986년 지역 주민과 함께 주식회사 <오가와노쇼>를 설립했다.

설립 당시 '연금에 5만엔을 추가한 소득'과 '60세 이상의 노인을 고용'한다는 두 가지를 목표로 내걸었다. 이 회사는 농협의 출자와 양잠 관련 유휴 시설을 받고, 촌으로부터는 기업에 출자할 수 있는 조례가 없으므로 출자는 받지 못하고 시설 정비 등 측면 지원을 받았다. 콘다 씨 등 최초의 7명이 중심이 되어 농협과 함께 자본금 5백만엔의 주식회사로 출발했다. 현재는 주주가 20명이고, 자본금은 3천만엔이 되었다.

1986년 처음 설립해서는 간장, 된장 절임류의 생산부터 시작했고 6개월 후 '오야키'를 가공하기 시작했다. '오야키'는 된장이나 간장으로 양념한 채소를 밀가루 반죽으로 만든 기지로 싸서 불에 굽거나 쪄서 먹는 가정 요리다.

생애 현역(生涯現役)

콘다 씨가 회사를 설립한 본래의 목적은 오가와 촌에서 사는 사람들이 생애 현역(生涯現役)으로 사는 보람을 갖고 일을 할 수 있는 조건을 만들어야겠다는 생각에서 시작했다. 오야키, 메밀국수, 간장 절임 등을 촌의 고령자 특히 여성이 자신을 갖고 만들 수 있는 분야의 상품을 개발하기로 했다고 한다.

오야키를 처음 만들어 팔 때는 하루 6천개를 만들어 동날 정도로 인기리에 판매했으나 눈이 오기 시작하자 도로 사정이 나쁜 이곳은 찾아오는 손님이 전혀 없었다. 모처럼 일하기 위해 모인 노인들에게 일감이 없다고는 말할 수 없어 만들기를 계속해서 내년 봄에 팔기로 했다. 그래서 겨우내 만든 오야키 5만 개가 재고로 쌓였다.

공장 내에 냉동 보존 공간을 확보하기는 했지만 팔릴 전망이 있는 것도 아니었다. 고민하던 콘다 씨는 현(縣)청의 구내식당에서 오야키를 쪄서 나누어 주기도 하고, 신문사나 학교, 상공 회의소 등의 연줄을 이용해서 여기저기 선전하고 다녔다. 이런 모양을 본 매스컴이 보도하기 시작하자 다음 해 3월부터는 조용한 산촌에 사람들이 모여들면서 대성황을 이루었다.

3년째가 되던 해 로스엔젤레스에서 '재팬 엑스포 89'가 열리는데 거기에 참가하게 되었다. 할머니들이 몸뻬를 입고 오야키를 직접 현장에서 만들어 판매하자 시식하기 위해 줄을 서는 사람으로 성황을 이루었다. 이를 본 일본의 주요 신문들이 다투어 소개하여 더욱 유명한 특산품으로 자리매김 하기 시작했다.

파견된 실연(實演) 대원 15명은 해외여행이 처음이었고 서투른 영어 몇 마디로 바삐 움직였으나 그렇게 서투른 것이 인기가 있었는지 현지인들이 "원더풀"을 연발하는 모습을 자주 볼 수 있을 만큼 대성황을 이루었다. 일과가 끝나고 나서 둘러앉은 할머니들이 '오가와 촌에 시집오길 잘했다.'든가, '오가와 촌에서 태어나기를 잘했다.'는 등의 이야기를 나누고, 콘다 씨는 고등학교 졸업 후 40년간 고향을 어떻게 할 것인가 항상 고민해 온 자기의 인생행로가 주마등처럼 되살려져 감격스러웠다고 한다. '재팬 엑스포' 참가는 그 뒤 10년간 계속되어 연인원 300명의 할머니가 미국 현장에 파견된 경험이 있다.

60세 입사, 정년은 없다

이 회사는 또 '지역 사람들이 평상복으로 즐겁게 일할 수 있는 직장 만들기'를 목표로 했다. 60세 이상의 고령자를 정사원으로 채용하고, 설립 당시에는 78세를 정년으로 했으나 더 일할 수 있는데 섭섭하다는 이야기가 나와 현재는 정년제를 폐지했다.

'1부락 1품 만들기'를 회사의 경영 방침으로 정하고 있다. 걸어서 15분 걸리는 곳에 15명의 노인이 모여 일할 장소를 만들자는 것이다. 촌을 10개의 마을로 나누고, 각 마을의 조건에 맞는 농산 가공의 공방(工房)을 만들자는 것이다. 지금까지 '산채 촌, 오야키 촌, 농원 촌, 갓김치 촌'을 만들었고, 앞으로는 나머지 6개 지역에도 작은 공방을 만들 방침이라고 강조한다. 공방은 본래 한 곳에 모이고, 작은 버스로 노인들을 실어 나르면 되지만, 노인에게 도로변까지 걸어 나오도록 하고 또 버스로 움직이는 것은 불편을 강요한다고 생각하였다. 그래서 매일 즐겁게 가벼운 마음으로 출근할 수 있게 하려고 공방을 분산했다고 한다.

고등학교 졸업 후 40년을 줄곧 고향의 발전을 위해 항상 고민하고 노력해 온 콘다 씨는 고향 오가와 촌을 산촌 발전의 모델 지역으로 만들었으나 2006년 3월 지병으로 숨졌다. 그 후 오가와노쇼의 사장직은 콘다 씨의 동생이 뒤를 이었다.

지역 식생활 문화의 재평가

우리 일행에게 장시간 설명해 준 총무부장 이토 무네요시(伊藤宗善, 창립회원 7명 중의 한 사람) 씨에게 왜 다른 창립 회원이 사장을 맡지 않느냐고 질문하자 "회사 경영은 아무나 하는 자리가 아니다. 젊고 창의력 있는 사람이라야 회사를 발전시킬 수 있다."고 말한다.

또 이토 씨는 오가와노쇼의 장래에 대해 이렇게 말한다.

"이제까지는 '지역 활성화, 고령자의 취업 기회와 삶의 보람 만들기, 국제교류' 같은 시대의 조류에 도움을 받았다고 생각한다. 그러나 10년, 20년 후에도 하나의 산업으로 이 지역 사회를 유지할 수 있을 만큼의 내실 있는 기업이 되기 위해서는 상품 개발, 판로 확대, 생산의 합리화, 유통의 합리화 등 해결해야 할 과제도 산적해 있다."

콘다 이치로 씨는 어떤 강연회에서 이렇게 말했다. "오가와노쇼의 상품 개발을 생각할 때 오가와 촌의 산과 자연 그리고 전통문화를 곰곰이 염두에 두고 생각해 보아야 한다. 도쿄나 빌딩을 상상하면서 오가와 촌의 특산품을 개발할 수는 없다. 그렇다면 옛날에 매일 먹었던 맛 중에서 새로운 것이나 좀 더 개량하거나 개선하면 현대인에게 매력적인 상품이 될 수 있는, 즉 글로벌 상품도 창안해 낼 수 있다고 본다. 글로벌 상품이 대단한 것 같지만 우리 주위에 많다고 본다. 발끝에 치인 돌멩이처럼 흔히 보이는 것 중에서 좀 더 개선하면 히트 칠 수 있는 상품 발견 능력만 있으면 된다."

가난한 산촌의 전통 식품인 오야키가 국제적으로 인정받는 글로벌 식품이 된 것을 보면 농촌 지역의 특색을 살린 식생활 문화가 새롭게 평가받을 수 있는 시대가 되었음을 알 수 있을 것 같다.

3

일자리 창출로 건강한 노후 실천하는 다노시키샤

산촌에 떡 공장 성업-다노시키샤(樂四季舍)

산촌에 떡 공장이 성업 중이다. 특별한 특산품도 없는 산촌에 농가 주부 9명이 현(縣) 행정과 농협의 지원을 받아 지역산 쌀 등 농산물을 가공하여 생산한 쌀 빵과 만두 등 6가지를 생산 연간 4,800만엔을 판매한다.

오래전부터 이 지역은 '산향의 고향'이라고 불렸다. 깊은 산 속에 있어서 맑은 공기와 땅에서 솟아나오는 용출수 그리고 황토의 혜택을 받아서 <산향미(山香米)>를 위시해서 품질 좋은 농산물을 생산하는 곳으로 유명하다. 1년 4계절이 즐거운 집이라는 뜻의 '다노시키샤'는 아름답고 선명한 이 고장의 4계절을 담은 맛있는 떡과 빵을 만들기 위해 어머니들이 모여서 창업한 회사이다.

"재료가 고품질이고 첨가물은 전혀 사용하지 않으므로 어린이들의 간식에 좋다."고 가이 에이코(甲斐榮子, 65세) 사장은 설명한다.

고령 여성들이 떡 공장 운영

원료인 산향미는 서일본에서 유일하게 벼 상태로 자연 건조한 방식으로 생산한 쌀로 유명하다. 일반적으로 화력을 사용해서 열풍으로 급격히 건조한 방법과는 달리, 쌀 맛이 많이 남아 있는 것이 특징이다. 맛있는 고품질 쌀로 빵과 떡을 만든다는 것이 영업 전략이고 판매 전략이다.

가장 인기가 있는 상품은 '가쿠렌보 만두'이다. 고구마의 단맛과 말랑말랑한 식감을 즐길 수 있어 소비자에게 인기가 있다. 고구마 껍질이 있는 채로 두껍게 자른 고구마에 팥소를 넣어서 만들고 밀가루를 사용한 얇은 만두피로 싸서 쪄낸 만두이다. 고구마의 식감을 보존하기 위해 삶아서 반죽하기 어려운 고구마 품종을 사용하는 것이 비결이다. 고구마 껍질을 그대로 사용하는 것은 소화 효과가 있기 때문이다. 만두 하나하나를 수작업으로 만들고 크기를 고르게 하려고 많은 노력을 한다.

자연 건조한 지역산 쌀을 원료로 차별화

산향미로 만든 '산향순미단고'도 인기리에 판매된다. 쫄깃쫄깃하고 향기가 좋아서 인기다. 찹쌀이 아니고 멥쌀을 사용한다. 멥쌀을 특수 제분기에 넣어 분말을 만든다음 물 적당량을 첨가하여 독특한 방법으로 만드는 것이 비법이라 한다.

가공 공장과 판매장은 농협의 쌀 창고를 개수해서 사용하고, 후계자가 없어 폐업한 오오이다 시내의 떡 전문점 제조 기계와 기술을 전수받았다. 농가 주부 모임 17명이 안전·안심의 간식거리를 어린이들에게 제공하기 위해 정성을 들여 만든다는 자세이다.

다노시키샤는 4가지 원칙을 정하고 있다.

첫째, 맛을 창조하는 풍요로운 정신

둘째, 맛있는 상품에 안심 재료

셋째, 맛을 애지중지하는 착실한 사람들

넷째, 맛을 사랑하는 고운 마음씨

다노시키샤 벼 자연 건조

또 소비자와 4가지 약속을 정하여 실행하고 있다.

첫째, 지역생산의 식재료 활용한다.

둘째, 지역 주민 모두의 융화로 운영한다.

셋째, 지역에 알맞은 상품을 발송한다.

넷째, 지역의 사랑을 받는 모임이 된다.

농가 주부 회원들은 하루 5시간씩 교대 근무하고 시간급으로 630엔에 교통비를 추가하여 받는다.

현 행정이 2천 9백만엔 농협이 1천만엔 보조하고, 9명의 회원이 6백만엔을 출자하여 자본금 4천 5백만엔으로 출발했다. 현 행정은 오오이다 현 합병 지역 활력 창조 특별대책사업으로 보조했다.

정직원 1명, 시간제 직원 13명

임원이 3명이고, 정사원이 1명, 시간제 직원 13명이 일하고 있다. 현과 농협이 주부 모임에 지원한 것은 지역 농산물의 부가가치를 높여 상품화하도록 하고, 지역 내에 일자리 창출이 목적이다. 한편 중앙정부는 여성들의 창업의욕을 고취해서 농업 문제를 해결하기 위해 농림성 내에 여성창업지원팀을 두어 자문하고, 교육 지원하는 정책을 시행하고 있다.

현 내의 관광지와 국도의 역 슈퍼마켓 등에서 판매한다. 여러 지역의 이벤트에도 개점해서 판촉 활동을 한다. 과자점에 도매도 하고 직매점에서 소매도 한다. 관내에 10개 점, 관외에 10개 점에 매일 2명이 교대로 배달 판매한다.

고령화 시대에 지역의 일자리 창출은 매우 중요하다. 고령자에게 일자리 제공은 최상의 복지 정책이다. 이를 일본인들을 '산업 복지'라고 한다. 건강 수명을 연장할 수 있기 때문이다. 의료비 등 국가 예산을 절감할 수도 있다.

지역에서 생산하고 지역에서 소비하는 것은 녹색 경제의 표본이다. 농촌에 부가가치 높은 농산물을 생산하고 일자리를 창출하는 것은 지방 행정과 농민들의 몫이다.

4

미니 농협의 생존 비결, 사와다농협

미니 농협의 생존 전략-사와다(澤田)농협

　일본 군마 현 온천 지역으로 가는 길목, 깊은 산골에 있어 조합원이 500여 명밖에 되지 않는 작은 농협이 사와다농협이다. 지난 수년간 일본 전체가 대

사와다농협

규모 합병 바람이 불던 와중에도 가공 판매 사업 하나로 의연하게 버텨 온 농협이다. 오히려 작아서 더욱 아름다운 농협이 아닐 수 없다. 필자가 처음 찾은 때가 1986년이었으니 사와다와의 인연이 어느덧 20년을 넘었다. 이번이 다섯 번째 방문이라 그리 낯설지는 않지만, 그동안 어떤 변화가 있었는지 궁금하기 짝이 없었다. 왜냐하면, 일본 전중(농협중앙회)의 강경한 합병 정책에 대한 이야기를 들었기 때문이다. 그래서 이젠 별수 없이 다른 조합에 합병되어 버렸거니 했는데 무심한 방문자의 우려는 기우가 되어 버렸다. 오히려 허브테마파크(약초 공원) 사업을 추가하고 가공 사업의 품목도 다양해졌다. 여전히 신용 사업은 필요한 만큼만 하고 있으며 오로지 농산물 부가가치 만들어 내기에만 여념이 없었다. 또 한 번 뒤통수를 맞고 말았다. 역시 진한 감동을 주는 '진짜' 농협이다.

지산지소는 이미 오래전부터

처음 방문은 필자가 일본 사무소장으로 있을 때 회원 농협 조합장 10명을 안내한 것이었다. 아주 조그만 산촌 농협이 다양한 관내 농산물로만 수십 가지의 가공품을 개발하고 직판하는 것이 놀라웠다. 아직 일본에서 지산지소(地産地消)라는 개념이 널리 퍼지지 않았을 때, 그리고 우리나라에서는 아직 일반인은 우루과이라운드(UR)가 뭔지 잘 몰랐을 때 일이다. 필자는 이 조합을 보고 "아! 이것이 농협이다." 하고 감탄했던 기억이 난다. 그래서 1986년 농민신문에 <동경통신>의 첫 보고로 이 농협을 소개한 적이 있다.

일본 농협의 사료 수입 관계 조사차 동경에 갔다가 하루를 틈내어 다시 찾은 것이 역시 헛되지 않았다. 변함없이 신제품을 개발하고 지역 농업의 발전을 위해 가공 판매를 열심히 하고 있었다. 사와다농협을 방문한 또 다른 이유 하나는 얼마 전 고인이 된 20년 전 참사 시절부터 친구였던 고 세키 가즈야

(關克 , 72세)의 조문을 하기 위해서이다. 지난 10여 년 조합장을 역임하다가, 최근에 건강이 악화하여 사망했다는 소식을 들었다. 조화와 향촉을 사서 묘소를 참배하고 가족을 만나 위로했다.

사와다농협은 지난해 농산물 가공 판매로 12억엔의 판매 사업 실적을 올렸다. 고령 농가가 많은 산촌에서 조합원 500여 명을 가지고 이만한 실적을 올리기란 절대 쉽지 않은 일이다. 더구나 한두 가지 특화된 품목이 아니고 무, 오이, 가지, 우엉, 버섯, 오디, 매실, 모과 등 관내에서 생산되는 40여 가지의 크고 작은 농산물을 50여 개 제품으로 가공해서 60%는 직판장과 통신 판매로 판매하고 나머지 40%는 도매상을 통해 판매한다. 1986년 방문했을 때는 5억엔이었으니 2.4배가 증가한 셈이다.

일본의 농정은 지산지소와 농업의 6차 산업화를 강조한다. 그래서 농림성 내에는 지산지소 추진팀도 있고 여성창업지원팀도 설치되어 있다. 그런데 이 사업은 사와다농협이 이미 오래전부터 해 온 일이다. 이미 그때부터 도시 소비자들을 초청해서 단무지 만들기 체험 등을 통해 큰 인기를 얻은 경험이 있다. 농업의 6차 산업화와 지산지소를 실천하고 있는 셈이다.

신용 사업은 필요한 만큼만

이전 농산물 가공 공장 공장장이던 세키 쯔네오(현재는 전무 이사) 씨는 지금 총무부장과 신용 담당 상임 이사를 겸하고 있다면서 우리를 비좁은 사무실로 안내했다. 농협 법에 따라서 신용 업무를 하는 농협은 의무적으로 상임 이사 세 명을 두게 되어 있고, 그중 한 명은 신용 업무를 전담하게 되어 있으나 소규모 농협은 감당할 수가 없으므로 편법으로 부장 겸 대표권 없는 상임 이사를 하고 있다는 설명이다. 나머지 두 명의 상임 이사는 조합장과 전무 이사이다.

신용 사업 종사 직원은 전체 임직원 120명 가운데 4명에 불과하다. 예수금 58억엔, 대출금은 8억엔으로 예금과 대출 비율이 전국 농협 평균의 절반도 안 되는 14%이다. 총 인구 중 65세 이상이 60%가 되어 관내에서는 대출 수요가 없어 대부분의 여유 자금을 농림 중앙 금고에 예치하고 있다.

이 농협은 지역 개발과 관련하여 여러 가지 상도 받았다. 1967년에는 아사히(朝日)신문사가 주관하는 아사히 농업상을 받았고, 1998년에는 악조건 아래에서도 지역 개발에 공헌한 점이 높이 평가되어 일본개발은행 총재상을 받았다. 또 같은 해에 다양한 특산품 개발로 산촌 지역을 활성화하고 국토의 균형 개발 차원에서 그 공적이 인정되어 국토청장관상도 받았다.

신제품 개발에 총력

사와다농협이 40여 년 동안 합병의 소용돌이에 휘말리지 않고 버텨 온 비결을 세키 부장에게 물었다. 그는 단연코 '신상품 개발력'이 비결이라고 강조한다. 신상품의 수명은 보통 6개월 또는 1년이라고 한다. 그러니 얼마나 연구하고 또 했을까? 소비자는 끊임없이 변하기 때문에 변화의 요구를 먼저 알아내 제품 개발에 반영한다고 설명한다.

신상품을 개발하기 위해 직원들은 국내외 여행이나 출장 중에도 직원들의 관심은 신상품 개발을 위한 아이디어 발굴이다. 여행에서 돌아오면 샘플이나 아이디어를 가져와야 한다. 그리고 직원 총회에 제안하면 검토해서 개발 여부를 결정한다. 10년 전에 폭발적인 인기를 얻었던 간타군(눈과 간에 좋은 약나무 잎으로 만든 드링크 제품) 개발이나, 마늘과 달걀, 한약을 혼합하여 만든 건정왕(健情王, 일본판 비아그라), 묶은 생강 뿌리를 이용하여 감초, 계피 등 한약재와 함께 만든 생강차 제품 등은 직원들의 제안으로 제품 개발에 성공한 경우다.

국도변에 있는 사와다 직판장에는 20년 전 30여 개의 상품이 있었으나 지금은 50여 개의 상품이 진열되어 있다. 이러한 가공 사업을 하기 위해 모두 10억엔을 투자했다. 50%는 국가의 보조를 받았고 10%는 현(縣) 정부와 읍에서 보조를 받았다. 나머지 40%는 농협의 부담으로 완성했다.

술전용 쌀로 한정 판매 청주 개발

15년 전 일본에서 한국 김치의 인기가 상승하자 세키 부장은 그 당시 가공 공장의 공장장으로서 서울을 방문하여 필자의 집에서 김치 담는 법을 배워 간 적이 있다. 그 뒤 귀국하여 사와다농협은 일본식 오이 김치를 개발하여 시판에 나선 적이 있다. 지금도 인기 상품의 하나라고 한다.

앞으로 내놓을 신제품이 무엇이냐는 질문에 한정 판매 청주와 멧돼지 가공 제품이라고 대답한다. 사와다농협 관내의 논 40%는 쌀이 아닌 다른 작물로 전작하거나 휴경해야 하는데, 여기에서 술 전용 쌀을 생산하여 술 공장에서 위탁 가공하고, 출향민과 관광객들에게 한정 판매하면 높은 가격으로 팔 수 있다고 한다. 일본의 청주 한 되는 보통 1,700엔 하는데, 한정 판매하는 청주는 3천엔에 팔린다고 한다. 이 술병에는 2차원 바코드를 붙여서 주정용 쌀의 생산이력을 휴대전화로 확인하면서 살 수 있다고 한다.

멧돼지 가공 제품은 와가쯔마(吾妻) 군내에서 연간 800마리의 멧돼지를 포획하므로 이를 상품화하기로 행정 기관과 합의했다고 한다. 그래서 농협이 운영하는 '약왕원(藥王園, 약초 공원)' 내에 행정 기관이 투자하여 도축장과 햄, 소시지 등 가공 공장을 건축 중이다.

멧돼지 가공품은 올해에 맛을 볼 수 있고, 한정 판매 청주는 2년 후에 맛을 볼 수 있을 것이라면서 그때 다시 오라고 우리를 초대했다.

일본 농정의 방향이 개인 농가는 4ha, 법인 경영체는 20ha 크기로 대규모화하고, 작물은 쌀, 밀, 보리, 콩, 사탕무를 대상으로 일본형 직접 지급을 하기로 되어 있다. 그러나 사와다 같은 산촌은 4~20ha로 규모화할 수도 없고 쌀, 보리, 콩 등도 재배하지 않는 지역이다. 그래서 2007년부터 시행되는 경영안정 대책에 농협 중심으로 다양한 농산물을 생산하여 가공판매하는 지역도 경영안정 대책의 대상으로 포함해 줄 것을 농협을 중심으로 요구하고 있다고 한다.

경제 사업만 하는 농협으로 전환 검토

일본 농협의 합병도 급진적으로 이루어지고 있다. 2009년 이후는 출자금 최저 5억엔, 예수금 500억엔 미만의 농협은 모두 합병하도록 정부가 방침을 결정했기 때문이다.

20년 전 일본 전국에는 4,200개의 농협이 있었다. 현재는 500개의 농협만 남아 있다. 앞으로 합병이 진전되면 최종적으로는 50여 개 농협만 남을 것이라고 한다. 한편 현(縣) 내 하나의 농협으로 합병한 곳이 나라(奈良), 미에(三重), 기후(岐阜), 사가(佐賀), 가고시마(鹿兒島) 등 5개 지역이고, 이들 농협은 조합원 규모가 2만~5만명 규모에 이른다.

군마(群馬) 현도 현재 남아 있는 농협 23개를 1~3개의 농협으로 합병하는 움직임이 있지만, 사와다농협의 조합원들은 합병에 절대 반대한다. 합병하면 가공 사업 중심의 경제사업이 소홀해질 것을 염려하기 때문이다. 그래서 경제 사업만 하는 사와다농협으로 존속시키고, 인접해 있는 대규모 농협이 사와다농협 관내에 지점을 내어 신용 사업을 인수하도록 하는 것을 검토하고 있다고 한다.

지도자의 창의력이 중요

우리 일행을 종일 안내해 준 세키 총무부장은 "신용 업무는 수익을 창출할 수 없는 때가 곧 닥치기 때문에 그 영역은 점차 축소될 수밖에 없다."고 한다. 그는 농협이 생존하는 길을 다음과 같이 말했다.

"농협은 소비자가 요구하는 안전한 농산물을 생산하고 이를 부가가치 높은 가공품으로 개발해야 한다. 그리고 그것을 직접 판매하면서 농민들의 일자리도 창출하고 소득도 올려야 한다. 그 길만이 사와다와 같은 작은 농협과 농민이 살길이다."

도쿄로 돌아오는 열차를 타고 동행한 농협대학 최찬호 박사와 필자는 일본의 농업과 농협에 관하여 많은 이야기를 나누었다. 최 박사는 ICA(국제 협동조합 연맹) 본부가 있는 제네바에서 3년 동안 근무하면서 선진국과 후진국의 많은 협동조합을 보았지만 농협다운 농협을 처음 보았다고 감탄한다. 결국, 자연조건이나 고령화 등 사회 환경의 변화가 농업 발전의 걸림돌이 되지 않으려면, 이를 극복하려는 지도자의 창의력과 지역 주민 모두의 의지가 중요한 것 같다는 생각으로 나와 일치된 의견이었다.

일본은 우리와 가장 가까운 이웃이다. 그래서 애증이 교차하는 관계이기도 하다. 역사적으로 보면 일본이 우리의 문화를 받아들이는 시기가 더 많았다. 백제 시대 영암 출신인 왕인 박사는 천자문과 논어를 일본에 전수하고 오진 천황의 태자에게 유학을 가르치는 스승이 되었다.

그러나 일본이 1867년 메이지(明治) 유신 후 서양 문물을 받아들이고 국가를 개조하면서 문물의 흐름은 일본을 통해 한반도로 향하는 경우가 많아졌다. '새우·오페라 현상'도 그렇다. 처음에는 영국이, 그리고 미국이, 그다음 일본이 새우를 많이 소비하고 오페라를 즐기는 시기가 있었다. 요즘 일본은 서구 문화를 먼저 받아들이고 창조하면서 거기에 합당한 자기 말을 만들어 낸다. 많은 용어나 단어를 일본이 먼저 만들어 사용하고, 한국은 그 말을 번역해서 사용한다.

'6차 산업'이라는 말도 그렇다. 이 말은 도쿄대학의 교수가 오랫동안 오야마(大山)농협을 조사·연구하면서 농산물 직매장과 농가식당을 운영하는 것을 보고 만들어 낸 신조어다. 요즘처럼 한일 간에 애증이 교차하는 때도 드문데, 일본에서 들어온 이 용어를 굳이 사용해야 하는가 하는 의문이 든다. 그러나 언론도 정부도 이 말을 사용하므로, 이 책 역시 제목에 사용하기로 하고 독자 여러분의 양해를 바랄 따름이다.

요즈음 우리가 사용하는 '로컬푸드 직매장'을 이 책에서는 시장, 직매장, 직판장, 파머스마켓 등으로 표현했다. 이는 지역마다 사용하는 용어를 존중

했고 '로컬푸드' 용어는 일본에서 잘 사용하지 않기 때문이다.

또 하나 양해를 구하는 점은, 모두 39개 지역의 사례를 소개했지만, 필자가 이미 출간한 책 『밥상 경제학』과 『문화를 파는 농촌에 희망이 있다!』에서 6차 산업에 적합한 사례를 상당 부분 발췌하여 가필했으며 나머지는 2007년부터 최근까지 견학한 사례를 추가했다는 점이다. 통계 숫자는 가능한 한 최근의 것으로 수정했으나 미치지 못한 부분도 있음을 밝힌다.

책 내용이 일본에서 잘사는 지역을 중심으로 다루고 있기 때문에 독자들은 일본의 모든 농촌이 다 이렇게 잘하고 있는 것으로 오해할 수도 있을 것이다. 물론 일본에도 형편이 좋은 농촌이 있고 그렇지 못한 농촌이 있다. 그러나 잘사는 지역에는 몇 가지 공통점이 있다.

첫째, 농·산촌의 자연경관(어메니티)과 역사·문화의 보전을 매우 중요시한다. 중앙정부에는 경관법이 있고 말단 지자체는 경관 조례를 제정하여 엄격하게 경관 훼손을 규제하고 감독한다. 시설물의 디자인, 고층 건물의 인허가, 상가 간판 등 모든 시설물의 경관과 디자인의 적합성 여부를 검토한다. 지자체 중심으로 어메니티 연구회가 구성되고 어메니티 콩쿠르도 개최된다.

둘째, 농수산물의 투명성을 무엇보다 강조한다. 특정 국가의 농산물에 대한 소비자들의 위기감은 매우 심각하다. 이 나라에서 농산물이 대량 수입되어 일본인을 점진적으로 안락사시키고 있다는 책이 팔리고 있을 정도다. 농산물 직매장 농산물의 99%가 생산이력을 공개하고 있고, 지역 내에서 농가의 이름을 표기한 농산물이 80% 정도다. 생산자의 이름은 곧 브랜드이다.

셋째, 발전한 지역에는 희생적인 지도자가 있다. 지도자는 행정공무원이 80%는 되는 것 같다. 나머지는 창작예술가, 농협 직원, 교수, 지방 기업가, 부녀회원 등이다. 이들의 역할은 절대적이다. 창작예술인들이 적지 않은 것은 경관이 아름다운 곳이 창작활동에 도움이 되기 때문인 것 같다.

넷째, 개인 한 사람만이 잘사는 것이 아니고 지역사회의 구성원 모두를 함께 잘살게 하려고 노력한다. 그래서 이 책에는 개인이 독창성을 발휘해서 부농이 된 사례는 싣지 않았다.

다섯째, 농업·농촌의 문제에 농민만이 아니고 모든 국민이 관심을 두고 있다. 농·산촌 지역사회가 붕괴하면 도시의 식수 확보가 어려워진다면서, 농산촌 지역사회 유지가 생산자와 소비자 모두에게 중요하다는 인식을 공유하고 있다. 이는 꾸준한 교육의 결과라고 생각된다.

여섯째, 자립 의지가 강하다. 정부나 지자체의 보조를 받는 사업은 자립 의지가 없어서 망한다는 이야기를 흔히 한다. 6차 산업의 모델 지역인 오오야마농협은 농가식당 4곳, 직매장 10곳을 운영하지만, 행정의 보조금을 받지 않고 내부 유보된 자금과 출자금으로 투자했다.

일곱째, 농업의 6차 산업 방향으로 가기 위해 농민도 정부도 적극적으로 노력하고 있다. 일본의 농업 생산액이 8조엔인데, 소비자의 식음료 구입비는 80조엔이므로 6차 산업은 80조엔 시장을 목표로 해야 한다는 생각이다. 농어민의 창업을 위해 정부 출자기관과 상공회의소, 농협의 연구소 등이 분야별로 컨설팅을 담당하는 등 매우 적극적이다.

여덟째, '산업복지'라는 말을 어디서나 들을 수 있다. 고령화 사회에는 복지가 중요한데, 특히 고령자에게는 일자리 제공으로 자립 의지를 길러 주면 건강 수명이 연장된다. 감나무 잎을 상품화해서 파는 가미가츠(上勝) 읍장은 "일자리가 최상의 복지다. 노인들에게 나뭇잎을 따서 파는 일자리 제공으로 치매환자 없는 지역사회를 만들었다."고 자랑한다.

이러한 판단들에는 필자의 주관이 담겼고, 일부만 살펴볼 수밖에 없었던 한계도 분명히 있을 것이다. 또 우리 농업과 농촌이 반드시 일본과 같은 방식으로 가야 하는 것도 아니다. 우리의 장기는 압축 성장과 빠른 결정력이다. 그러나 전체적인 흐름은 두 나라의 농촌이 크게 다르지 않으리라고 생각한다.

이 책이 농·산촌 문제를 끌어안고 고민하는 행정가, 농협 임직원, 농·축산인들에게 물방울 정도의 작은 힌트라도 된다면 그것으로 의미는 충분하다고 생각한다.

2014년 6월

현 의 송

6차 산업을 디자인하라

초판 1쇄 발행일 2014년 6월 27일
초판 6쇄 발행일 2018년 5월 24일

지은이 현의송

펴낸이 이상욱
펴낸곳 책넝쿨
출판등록 제25100-2017-000078호
주 소 서울특별시 서대문구 독립문로 59
전화 02-3703-6097 | 팩스 02-3703-6213
홈페이지 www.nongmin.com

디자인 솜씨스토리
마케팅 김흥선 김용덕 황의성

편집저작권ⓒ 2018 책넝쿨
ISBN 979-11-952899-1-2